글로벌 이주와
초국가적
가족유대

글로벌 이주와
초국가적
가족유대

김혜선 지음

이담 Books

책머리에

오늘날 글로벌화의 맥락에서 진행되고 있는 국제이주의 흐름은 과거 어느 때보다 빈번하게 일어나고 있으며, 전통적인 노동이주와는 질적으로 다른 다양한 이주경로와 유형을 드러내고 있다. 초국가적 결혼을 통한 결혼이주의 증가는 이를 단적으로 보여준다.

이 책은 초국가적 결혼을 통해 형성된 결혼이주가족의 이주과정, 초국가적 가족 형성과정, 초국가적 가족네트워크와 가족유대 등이 가족생활에서 어떻게 접합되어 나타나는지를 살펴보고 있다. 초국가적 가족이란 국가의 경계를 넘어 가족들이 떨어져 살면서도 한 가족이라는 가족감정(familyhood)을 지니는 것으로 정의할 수 있다. 결혼이주와 관련해서 초국가적 가족은 국경을 넘어 혼인관계를 맺고, 이주여성이 본국 가족과 지리적인 분리를 경험하고, 이주 후 삶과 경험에서 본국의 가족과 네트워크를 형성하고 가족유대를 맺어가고 있는 현상에서 잘 드러난다.

초국가적 결혼을 통해 이주한 베트남 여성의 삶을 이해하기 위하여 이 책은 이주여성의 행위성에 초점을 맞추고 있다. 행위성 접근방법은 구조적 강제에도 불구하고 다양한 자원을 동원하여 협상하고,

행위전략을 세우는 등 행위자의 주체적인 실천과 이러한 실천행위가 사회관계를 변형시킬 수 있는 가능성을 중요하게 다루는 연구방법이다. 이러한 입장에서 보면 이주여성은 초국가적 사회관계 속에서 가족구성원들과 상호작용하는 사회적 행위자라고 할 수 있다.

이 책의 중심과제는 세 가지이다. 첫째, 베트남 여성과 한국 남성 사이의 초국가적 결혼이 성사되는 과정에 영향을 미치는 요인들을 살펴보는 것이다. 국제결혼이주 과정에는 송출국과 수용국의 사회구조적 맥락, 이주정책, 가부장적 헤게모니, 결혼중개업체, 이주 네트워크, 가족의 사회경제적 지위, 그리고 개인의 열망과 동기 등 구조적 요인과 개인적 차원의 요인들이 복잡하게 얽혀 있다. 이 주제와 관련한 핵심적인 질문은 베트남 여성과 한국 남성이 어떠한 동기에 의해서 초국가적 결혼을 선택하는가이다.

둘째, 결혼이주가족의 초국가적 가족의 형성과 일상적 삶의 실천행위에 관련한 주제이다. 초국가적 결혼을 통해 이루어진 초국가적 가족은 서로 다른 문화적·사회적·경제적 배경을 가지며, 두 국가 사이를 오가며 초국가적 가족관계라는 사회적 관계를 유지한다. 이러한 사회적 관계는 이주생활에 도움이 되기도 하고, 남편이나 시댁과의 가족관계에서 협상의 자원으로 활용되기도 한다. 한편 초국가적 가족은 국경을 넘나드는 가족유대 이외에도 가족구성원이 상이한 문화와 정체성을 체화하고 있다는 점에서 초국가적이라고 할 수 있다. 주요한 연구문제는 이러한 초국가적 특성이 가족의 형성과정에서 어떻게 동원되고 변형되는가, 그리고 이러한 초국가적 자원이 자녀양육과 같은 일상적인 삶의 실천 행위들에서 어떻게 활용되고 협상되는가 등이다.

세 번째 연구과제는 결혼이주여성이 본국과 맺는 초국가적 가족유대와 초국가적 실천을 살펴보는 것이다. 대부분의 결혼이주여성은 본국에 있는 가족과 초국가적 유대를 맺고 있지만, 그 유대의 지속성과 성격은 다양하게 나타나고 변화한다. 여기에서 다루는 주요한 문제들은 누가 그리고 왜 초국가적 가족유대를 맺어가는가, 송금의 문화적 의미는 무엇인가, 이주여성이 어떻게 연쇄 이주를 촉진하는가 등이다.

국제결혼이주는 단순히 이주를 하고자 하는 이주여성의 바람으로 생겨나는 개인적인 사건이라기보다는 이주를 불러일으키는 국가 간의 위계와 젠더 위계에 의해 지지되고 있다고 할 수 있다. 하지만 개인적인 동기와 열망, 삶의 기대들은 이들이 놓인 구조적 강제 속에서 다양한 실천을 낳는 기제가 된다. 초국가적 결혼과 이주를 선택하게 된 가장 큰 이유는 가난이지만, 경제적 동기로만 환원될 수 없는 다양한 이유가 결합되어 있는 것이다. 결혼이주여성은 경제적 동기 이외에도 가족을 위해서, 보다 나은 삶을 위해서 등 다양한 동기에서 결혼을 선택한다. 남성 역시 마땅한 배우자를 찾지 못하는 사회경제적 요인이 크게 작용하지만, 삶의 전환이나 새로운 삶으로 기획되고 있다. 그러나 남성은 이주여성과 마찬가지로 구조적 제약 속에 위치하지만 젠더 관계에서 우월적인 위치로 인해 상대적인 권력을 더 많이 갖고 있다.

초국가적 가족의 형성과 가족관계를 살펴보는 데 있어서 이주여성은 가부장적 가족관계를 협상할 수 있는 다양한 자원을 가지고 남편과 성 역할을 협상하고 가부장적 가족관계를 변화시키려고 하였다. 그러한 협상자원은 전통적인 성 역할과 관련된 출산, 자녀양육, 언어능력, 문화 차이, 초국가적 정체성, 그리고 초국가적 가족 네트워크

등이다. 이주여성은 전통적인 성 역할을 거부감 없이 수행하면서 아내와 어머니로서의 지위를 공고히 하는 전략으로 활용하기도 하지만 현실적으로 여성의 권력자원들은 제한되고, 이주여성은 종종 친밀성의 위기와 갈등 상황에 놓인다. 한편 가족전략 차원에서 결혼이주가족이 계급적 조건에서 행해지는 자녀양육 방식, 교육기대, 삶의 전망 등을 초국가적 가족자원과의 연관 속에서 살펴보았다. 즉, 결혼이주가족은 초국가적 가족 네트워크를 삶의 자원으로 가지고 있지만, 이를 활용하는 데는 계급적 배경, 삶의 전망 등에 따라 다르게 나타나고 있다.

마지막으로 초국가적 가족 네트워크와 관련해서 밝혀진 사실은 대부분의 이주여성은 본국의 가족과 초국가적 네트워크를 형성해 정서적·문화적 그리고 경제적인 가족유대를 맺고 있으며, 이를 현실을 살아가는 삶의 방편으로 활용하고 있다는 점이다. 이주여성은 이러한 가족유대를 한국 생활에 적응하고 정착하는 데 유용한 자원으로 활용하기도 하지만, 종종 본국 가족과 남편과 자녀로 이뤄진 현실 가족 사이에서 갈등하는 위치에 놓여 있다. 송금 행위에서 이러한 요소가 확연히 드러났는데, 이러한 갈등 상황 속에서 이주여성은 누가 가족인가를 놓고 가족의 경계를 설정하거나 본국에 있는 가족과 거리 두기를 하였다. 한 가지 새로운 사실은 이주여성이 본국 가족과 맺는 관계는 이주여성이 친정에 송금하는 일방적인 관계가 아니라 베트남 가족으로부터 경제적 지원을 받기도 하는 등 다양한 형태가 나타난다는 점이다. 이러한 초국적 가족의 경제적 지원은 이주여성의 경제적 안정에 도움이 되었다.

요약하면, 본 연구는 이제까지 한국의 이주연구에서 중요하게 다루어지지 않았던 초국가주의 현상을 결혼이주가족 사례를 중심으로 이들이 초국가적 가족을 형성하고, 초국가적 가족관계를 맺어가는 현상을 살펴본 데 있다. 본 연구에서 밝혀진 결과들은 앞으로 다양한 민족적 배경을 가진 이주여성의 초국가적 삶을 연구할 때 시금석이 될 것이다. 또한 본 연구에서 논의된 초국가적 가족의 이슈들은 '이주의 시대'를 맞아 이주가족의 욕구와 경험에 바탕을 둔 이주정책을 모색하기 위해 이 문제를 공론화시키고, 활발히 연구할 필요성을 제기한다.

주제어: 초국가적 가족, 결혼이주, 초국가적 네트워크, 가족유대, 행위성, 협상, 가족전략, 연쇄 이주, 송금

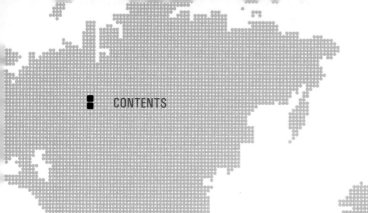

■ CONTENTS

서론: 국제이주와 초국가적 가족의 등장

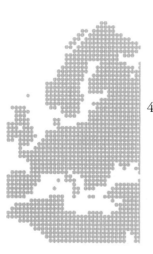

03 초국가적 가족의 형성과 삶의 실천

04 초국가적 가족 네트워크와 가족유대

결론

서론:
국제이주와 초국가적
가족의 등장

1. 들어가기

한국 가족의 획기적인 변화 중 하나는 2000년 이후 급격히 증가하고 있는 다문화 가족[1](이하 국제결혼이주가족)이라 할 수 있다. 혼인 건수 중 10% 정도는 국제결혼이 차지하고 있으며[2], 앞으로 이러한 추세는 지속될 것으로 보인다. 1992년 농촌 총각 장가보내기 사업으

---

[1] 다문화 가족은 「재한외국인처우 기본법」의 결혼이민자와 「국적법」 제2조에서 제4조에 정한 규정에서 한국 국적을 가진 자, 「국적법」 제3조와 제4조에서 외국인이 한국 국적을 취득한 자와 「국적법」 제2조에서 제4조에 해당되는 본래적 한국인뿐만 아니라 외국인으로 한국 국적을 취득한 자로 이루어진 가족을 지칭한다(다문화가족지원법 제2조, 2011. 4. 개정). 다문화가족지원법 제정 당시(2008. 3. 21)에는 「국적법」 제4조에 따라 귀화 허가를 받은 자와 동법 제2조에 출생 시부터 대한민국 국적을 취득한 자로 이루어진 가족으로 한정하고 있었다. 따라서 법 개정 전에는 외국인으로 한국 국적을 취득한 자와 본래부터 한국인 경우에만 다문화 가족으로 포함되었지만 개정 이후 결혼 당사자 모두 외국인이면서 한국 국적을 취득한 경우 다문화 가족으로 포함되게 되었다. 한편 다문화 가족이라는 용어는 국제결혼이라는 이주의 맥락이 드러나지 않는다는 점에서 본 연구에서는 국제결혼이주가족이라고 말할 것이며, 법이나 제도상 다문화 가족이 명시된 경우는 다문화 가족으로 사용할 것이다.

[2] 통계청의 혼인통계에 따르면 2011년 국제결혼 건수는 총 2만 9,700건으로 2010년 3만 4,000건보다 13.1% 줄어들었다. 전체 혼인 건수는 329,087건으로 국제결혼이 차지하는 비율은 9.2%이다. 이는 2011년 전체 혼인 건수 32만 6,000건 중 국제결혼의 비율 10.4%보다 다소 낮아졌다.

로 시작된 국제결혼은 점차 도시 저소득층 남성에게로 확대되어 우리 사회의 핵심 화두 중 하나인 다문화 가족이라는 새로운 가족유형을 만들고 있다.

국제결혼이주가족에 대한 연구는 주로 이주여성들이 한국 사회에서 겪는 차별이나 편견, 폭력, 중개업소의 횡포 등에 노출되는 '피해자'임을 부각시키는 연구들과 한편으로는 가족생활의 적응과 한국 문화에 통합을 높이기 위한 연구들(윤형숙, 2005; 김민정, 2007; 김이선 외, 2006)이 한 축을 이루고 있다. 전자가 한국 사회구조의 억압적인 조건들을 폭로하는 데 초점이 맞추어졌다면 후자는 가족관계에서 부부간, 시대 간의 갈등 요인을 밝히고 한국 문화의 적응력을 높이기 위한 방안들을 찾는 데 관심이 모아졌다. 그러나 현실 속의 결혼이주 가족은 일방적인 피해자이거나 한국 사회에 서둘러 통합되어야 할 대상도 아니다. 그들은 국제이주를 불러일으키는 구조적 동력과 상업화된 결혼중개 시스템 속에서도 삶의 열망, 기대, 동기 등을 가지고 다양한 실천을 만들어내고 있다.

국제결혼이주는 지극히 개인적인 사랑의 감정과 배우자 선택이라는 친밀성의 영역이 국경을 넘는 초국가적 결혼행위로 인해서 이주를 초래하는 정치적·경제적·국가적 요인들과 상호 교차하게 되는 현상이라고 할 수 있다. 따라서 국제결혼이주는 개인적 차원의 이주 동기뿐만 아니라 이를 불러일으키는 사회경제적인 구조적 요인들, 그리고 이러한 요인들 간의 역동적인 관계들을 살펴볼 필요가 있다. 이런 의미에서 울리히 벡과 엘리자베스 벡-게른스하임(2011)이 결혼이주를 "개인화된 집단적 사건"으로 보고, 이를 다중적 관점으로 이해해야 한다고 주장한 맥락과 상통한다.

이제까지 국제결혼 현상을 '이주'에 초점을 두어 연구하는 분야에서는 주로 이주여성의 이주 동기와 이주 경험에 주목하고 있는데(윤형숙, 2003; 이혜경, 2005; 홍기혜, 2000; Constable, 2003, 2005), 이주의 동기를 설명하는 방식은 주로 이주자의 경제적 이해관계에 의해서, 가난한 국가에서 보다 나은 경제적 기회가 있는 부자 나라로 이동하는 것으로 설명한다. 경제적 동기로 결혼이주를 설명하는 방식은 결혼이주여성이[3] 경제적 이득을 얻고자 국제결혼을 선택하고, 남성은 배우자를 구하지 못한 사회적으로 소외된 하위계층에 위치해 있으며, 가부장적 권위를 가진 전근대적인 남성으로 그려진다. 경제적 요인이 이주현상을 설명하는 주요한 요인이기도 하지만, 이것만으로 이주를 설명하기에는 부족한 점이 있다. 결혼이주여성은 단순히 경제적 이득만을 위해서가 아니라 보다 나은 미래나 삶의 전환으로서 결혼을 선택하기도 하고, 가족을 위해 희생자로서 결혼이주를 하는 것이 아니라 가족을 벗어나는 전략으로(Constable, 2005; Oxfeld, 2005), 혹은 비전 없어 보이는 자국 남성을 선택하지 않는 대안으로 국제결혼을 실천하기도 한다. 남성 역시 가부장적 규범에서 완전히 자유롭지는 않지만, 자신의 삶의 새로운 전환이나 희망으로서 국제결혼을 선택하고, 전통적인 성 역할 규범이나 가족주의 사고에서 벗어나 보다 평등한 부부관계나 가족규범을 나타내기도 한다.

결혼이주여성들은 '팔려온 신부'가 아니라 스스로 원해서, 혹은 보

---

3) 한국인과 결혼한 결혼이주여성을 지칭할 때 결혼이주여성, 여성결혼이민자, 국민의 배우자, 외국인 아내 등 다양하게 사용된다. 정부에서는 「재한외국인처우 기본법」(2007. 5. 17. 제정)이나 「다문화가족지원법」(2008. 3. 21. 제정) 등에서 결혼이민자로 사용하고 있다. 본 연구에서는 결혼을 통한 이주라는 '이주의 맥락'을 드러내고, 젠더 구조의 성별 관계를 드러내기 위해 결혼이주여성이라는 개념으로 통일하여 사용한다.

다 나은 삶을 위해서 결혼이주를 선택한 경우가 많다. 다양한 삶의 선택들 중에서 '결혼'과 '이주'를 결정했다고 볼 수 있다. 비록 결혼이주여성이 결혼한 남편의 경제적 지위나 형편이 열악하고, 사회적 편견에서 자유롭지 않다고 하더라도 결혼이주여성에게는 결혼이주가 보다 나은 삶을 위한 최선의 삶의 선택일 수 있다. 타자의 관점에서는 이러한 결혼이주가 오히려 비주체적인 선택으로 비치지만, 결혼이주여성의 이해관계 혹은 그들의 입장에서는 이를 기회로 여긴다. 따라서 결혼이주여성의 이주 동기, 삶의 열망, 삶의 기대 등은 그들의 관점에서 이해하고 해석할 필요가 있다.

국제결혼 혹은 초국가적 결혼으로 이들이 만들어내는 가족의 모습은 기존의 가족개념과는 다른 모습을 띤다. 이들의 가족은 국가의 경계를 넘는 초국가적 가족을 만들고 있다고 할 수 있다. 초국가적 가족이란 가족이 서로 다른 둘 이상의 국가에서 떨어져 살지만, 국경을 초월해서 가족 소속감을 공유하는 집단으로 정의할 수 있다(Bryceson and Vuorela, 2002). 초국가적 가족의 모습은 결혼이주여성이 본국 가족과 네트워크를 유지하고, 정서적·경제적·문화적 가족유대를 유지하는 현상에서 잘 나타난다. 결혼이주여성은 본국 가족과 초국가적 가족 네트워크와 가족유대를 유지하면서 정착국의 사회 문화를 수용하면서도 자신의 문화적 정체성을 유지하고, 가족관계 안에서 이를 협상의 자원으로 활용한다. 즉, 결혼이주는 국적이 다른 배우자와의 결혼이라는 단순한 의미를 넘어서 한 국가의 문화적·정치적·경제적 배경들이 서로 다른 두 남녀가 가족이라는 공간 안에서 마주하는 것이라 할 수 있다. 이러한 초국가적인 특성들은 가족관계에서 젠더 관계를 변형하거나 그 가족의 생존전략으로 쓰이고 있다.

결혼이주가족이 갖는 초국가성은 이주여성에게는 본국 가족 이외에 결혼으로 생긴 남편과 자녀로 구성된 핵가족이라는 두 개의 가족 사이에(in-between) 놓여 있다.[4] 이러한 이중적 위치성은 이주여성에게 초국적 자원으로 활용되기도 하는 반면, 가족 갈등의 요인이 되기도 한다. 즉, 본국 가족과 유대를 유지하면서 경제적·사회적 자원을 주고받으며 정착국에서의 생활을 이롭게 하지만 때로는 송금 행위에서 현실 가족과 갈등이 빚어지기도 하고, 남편과 협상을 벌이기도 한다. 본국에 돈을 보낼 수 있는 현실적인 조건이 성립하지 않을 때, 이주여성은 자신이 취업해서 돈을 보내기도 하고, '여기가 내 가족'이라고 가족 개념을 재설정하여 본국 가족과 거리 두기를 실천하기도 한다. 본국 가족과의 관계는 잘사는 나라로 시집온 이주여성의 일방적인 경제적 송금 행위만을 의미하지 않으며, 본국 가족으로부터 경제적 지원을 받는 경우도 포함된다. 또한 친족 네트워크를 통한 연쇄이주는 상호 호혜성에 바탕을 두어 '가족'과 '이주'를 전략적으로 결합시키고 있다.

한편 결혼이주는 한국 사회에서 어머니이자 아내, 시민으로서의 역할과 위치를 가지면서 정착하는 이주라는 점에서 노동이주와 다른 차이를 보인다. 물론 노동이주로 한국에 왔다가 한국 남성과 결혼하게 되고, 결혼이주여성이 이혼이나 사별 등으로 부부관계가 해소된 이후에 노동이주자로 남게 되거나, 결혼이주와 노동이주가 동시에 이

---

4) 결혼으로 인해 남편과 가족으로 구성된 핵가족을 본 연구에서는 현실 가족이라는 개념으로 사용할 것이다. 이는 이주여성의 출생 가족과 대비되는 개념으로 사용하기 위해 조작한 개념이다. 이주여성은 현실 가족과 본국의 출생 가족 사이에 "끼어 있는" 것으로 파악되는데, 이 개념은 호미 바바(Homi K. Bhabha, 1994)가 주체들의 위치들을 근원적이고 기원적인 서사를 넘어서서 문화적 차이들의 분절에 초점을 맞춰야 한다고 하면서 '사이에 낀(in-between)' 공간들과 사이에 낀 주체의 개념에서 차용하였다.

루어지는 등 이 두 영역 간의 경계가 엄격하지 않다. 하지만 결혼이 주는 결혼을 통해 가족이라는 사적(private) 공간에 위치하고, 가족관계 속에서 아내, 어머니, 며느리로서의 역할을 수행한다는 점에서 이들의 경험의 특수한 조건을 말해준다.

이들이 위치한 가족이라는 사회적 장은 이주여성과 남편, 시댁, 친정 가족 등 가족구성원들과의 직접적·간접적인 상호작용 속에서 사회관계를 만들어낸다. 따라서 가족관계라는 상황적 맥락 속에서 일어나는 다양한 삶의 실천들을 밝히기 위해서는 이주여성뿐만 아니라 남편과 친족 가족의 역동적인 가족행위를 분석해야 할 것이지만, 이 책에서는 이주여성과 남편의 상호작용 측면에 주력하였다. 이주여성은 가부장적 가족관계 안에서 여성으로서 기대되는 성 역할을 수행할 것으로 기대되지만, 이를 맹목적으로 수용한다기보다는 자신의 욕구와 의도, 기대, 열망 등과 자원들을 동원하여 협상하고, 자신이 원하는 바를 이루어나간다. 또한 이들 가족은 가족이라는 집단적 이해관계를 위해 가족이 가진 자원을 최대한 활용하는 모습을 보인다. 의식적이든 무의식적이든 이들 가족은 주어진 조건 속에서 가용한 자원을 동원하고 이를 전략적으로 활용하고 있다.

이러한 개인이나 가족의 행위성 혹은 전략은 구조적 틈새 속에서 개인이 영위할 수 있는 협상의 개념으로 이해될 수 있다. 칸디요티(Kandiyoti, 1988)는 가부장제를 문화적이고 변동적인 것으로 이해하기 위해 '가부장제적 협상(patriarchal bargain)'의 개념을 사용하여 여성의 행위전략과 이에 대응하는 메커니즘을 비교 분석하였다. 서로 다른 유형의 가부장제는 각기 구별되는 게임의 법칙이 있으며, 삶의 조건 속에서 억압에 대항하는 다양한 전략이 있다는 것이다. 일부다처제 안에서 여성들이 상대적인 자율성을 갖고 있는 아프리카 사하라 이남 지역과 전형적인 가부장제 유형을 보이는 남동부 아시아 그리고 중동 이슬람 지역 등 두 종류의 가부장제 유형을 비교하는데 이때 가부장제적 협상이 서로 다른 사회적 맥락 속에서 젠더 이데올로기와 젠더 주체성을 결정짓는다는 것이다. 가부장제라는 것은 고정되고 변하지 않는 것이 아니라 역사적으로 형성되는 것으로 젠더 관계에서 협상과 수용의 결과임을 알 수 있다.

마찬가지로 이주여성이 정착국에서 적응하며 살아가는 과정은 가족이나 사회라는 공간 안에서 일어나는 상호작용의 과정이며, 끊임없이 협상이 일어난다고 볼 수 있다. 주어진 자원이나 조건을 고려한 전략적 행위, 협상 등은 이러한 행위자의 주체적이고 실천적인 측면을 분석하기 위한 조작적 개념들이라 할 수 있다. 이 책에서 이주여성과 남성 혹은 가족 차원에서 협상과 전략 등을 중요하게 살펴보는 것은 이주 집단 내에서의 다양한 차이를 드러내고, 나아가 이러한 차이들은 일상의 실천으로부터 변형될 수 있음을 드러내기 위해서이다.

앞서 지적한 바와 같이 지금까지 결혼이주가족 연구는 주로 이주여성의 현실적인 적응의 문제나 인권 침해의 대책마련 차원에 논의의 초점이 모아졌다. 이제는 연구관심이 보다 심화될 필요가 있다고 여겨진다. 이주자들이 정착국에서 겪는 적응 문제에 초점을 맞추는 데 한 걸음 더 나아가서 이주자들이 떠나온 송출국과 정착국의 관계에 관심이 주어질 필요가 있다. 즉, 이주자의 본국과 한국 사이에서 맺는 네트워크와 가족유대, 그리고 경제적·정치적·문화적 활동 등 다양한 실천에 대한 논의가 시작되어야 할 것으로 보인다. 국제결혼 이주가족에 대한 체계적인 이론화 작업은 그들의 목소리를 통해 그들의 이주경험과 삶의 이야기를 듣는 데서 출발할 것이다.

이 책은 국제결혼이주가족을 중심으로 '이주'와 '결혼'의 결합 현상과 '결혼이주'를 통해 '초국가적 가족'을 형성하는 과정, 그리고 초국적 네트워크를 통해 유지되는 가족유대의 특성을 살펴보고 있다. 구체적인 가족관계 속에서 이주여성과 남성의 행위성의 측면들은 임신과 출산, 엄마 역할, 젠더 정체성, 언어습득, 일과 가족의 경계 등 성 역할 영역과 그들 가족이 생활하고 생존하기 위한 가족전략의 측면, 그리고 초국가적 가족 네트워크라는 세 가지 영역으로 구성된다.

이주여성과 남성은 자신이 가진 자원, 즉 계급적 배경, 문화적 배경, 교육수준, 경제력, 임신 능력, 언어 능력, 초국가적 네트워크 등 다양한 자원을 동원하고 현실의 삶을 살아가는 방편으로 활용한다. 때로는 개인적 차원에서 때로는 가족의 생존전략 차원에서 이들의 가족관계는 다양하고 역동적인 모습을 보이고 있다. 특히 결혼이주여성은 본국 가족과의 초국가적 네트워크를 통해 가족유대를 형성하고, 송금이나 연쇄 이주와 같은 다양한 실천들을 수행하고 있다. 이주여성은 초국가적 가족 네트워크라는 사회적 관계를 현실 생활 속에서 자원화하는 적극적인 행위성을 보여준다. 본국 가족과 현실 가족의 경계에 위치한 위치성으로 인해 이주여성은 갈등적 상황에 처하기도 하지만, 그들이 갈등을 풀어가는 방식 역시 다양한 실천행위가 나타난다. 결혼이주여성의 초국가적 가족 네트워크는 이주여성의 적응과 정착 과정에 직접적·간접적으로 연관되어 있고, 연쇄 이주(chain migration)를 불러일으키는 요소가 되고 있다고 말할 수 있다.

종합하면, 국제결혼이주가족은 국가 간의 경제 불균형에 의해 야기되는 이주의 맥락에 위치해 있다. 국제결혼이주 현상에는 지구적

차원의 경제구조와 각 나라 안에서의 다양한 경제적·사회적 구조
요인들이 맞물려 있으며 동시에 개인들의 동기와 열망, 선택 등이 결
합되어 있다. 따라서 국제결혼이주가족은 국경을 넘어(cross-border) 서
로 다른 문화적 배경을 가진 남녀의 개인적인 만남의 의미를 넘어서
글로벌 경제의 변동과 국가의 이주 정책, 상업적인 중개업소의 매개
적 역할, 개인의 동기와 열망, 삶의 기대 등이 결합된 총체적인 모습
으로 그려져야 할 것이다.

2. 연구문제

이 책은 국제결혼이주를 통한 가족의 실제 모습은 어떠한가라는
물음으로부터 시작되었다. 신문이나 TV, 인터넷 등 대중매체에서 보
이는 '팔려온 신부', '도망가는 아내' 또는 신붓감을 구하지 못하는
남성들의 가부장적 욕망이나 성적 판타지에서 비롯된 결혼일 것이라
는 암묵적인 동의대로 이들의 결혼의 의미는 상업적이거나 돈을 좇
아 고향을 떠나왔거나 전통적인 가부장제로의 욕망으로 읽히는가라
는 질문이다.

이를 위해 먼저 국제결혼이주를 불러일으키는 구조적 맥락과 결혼
중개 시스템이 어떻게 이주의 조건을 형성하고 유도하는가를 살펴본
다. 이주여성과 남성의 결혼 동기는 경제적 동기 이외에 다양한 동기
는 무엇인가를 살펴본다. 즉, 이주여성과 남성의 사회경제적 배경과
개인적인 동기, 삶의 기대 등이 국제이주를 불러일으키는 구조적 조

건 속에서 어떻게 접합되는가? 그리고 이 안에서 개인들의 행위성은 어떻게 나타나는가라는 질문이다.

두 번째 질문은 국제결혼이주가족은 초국가적 가족관계에서 어떠한 자원을 가지고 협상하고, 가족의 이해관계를 실천하는가이다. 초국가적 결혼으로 형성된 이들 가족은 '초국가적 가족'관계를 만들고, 국가의 경계를 넘어서 가족 네트워크를 형성하고 가족유대를 유지하는 등 이주로 인한 가족관계의 역동적인 측면이 나타나고 있다. 이러한 가족의 특성을 '초국가적 가족' 측면에서 살펴보고자 한다.

한편 성별, 계급, 민족의 다양한 범주가 한데 얽혀 있는 가족이라는 공간 속에서 이주여성과 한국 남편은 어떻게 서로 다른 문화 차이와 젠더 질서를 형성하고, 가족이 처한 계급적 상황을 어떻게 재생산하고 변형시키려고 하는지 등을 살펴볼 것이다.[5]

세 번째 질문은 초국가적 가족의 네트워크와 가족유대에 관한 것으로, 국제결혼이주가족은 새롭게 연결된 초국가적 가족유대를 어떻게 유지하고 형성하는가이다. 이주여성은 본국의 가족과 유대를 유지하면서 친정 부모 초청이나 친척, 친구들의 연쇄 이주를 불러오는 등 다양한 사회적 네트워크를 만들어가면서 사회적 자본으로 활용하고 있다. 이러한 네트워크의 성격과 의미들, 그리고 가족유대의 행위 차원을 이주여성과 이들 가족의 삶의 전략 차원에서 살펴볼 것이다. 그럼으로써 초국가적 가족 네트워크와 가족유대의 역동적인 측면들을 밝히고자 한다.

---

5) 예를 들면, 결혼이주여성이 취업을 할 것인가, 전업주부로 남을 것인가의 문제는 그 가족의 처한 경제적 상황을 고려한 선택이지만 한편으로는 외국인 아내가 도망가지 못하도록 집에 머무르게 강제하는 남편의 주장은 민족 변수를 고려함으로써 이해될 수 있는 것이다.

3. 연구방법

(1) 질적 연구방법

한국 남성과 결혼한 이주여성들의 삶과, 그 가족이 살아가며 겪는 일상의 모습을 이해하는 것은 다문화 사회로 접어든 한국 사회의 요청이다. 이러한 타자에 대한 이해는 한국 사회에서 살고 있는 내집단(in-group)[6]의 경험으로는 이해될 수 없기 때문에 그들의 경험에서 세상을 바라보는 방식으로 해석해야 할 것이다. 이러한 입장에서 본 연구는 질적 연구방법을 통해 수집된 자료를 주로 사용하였다. 질적 연구방법의 장점은 엄격한 가설설정에 의한 이론검증에 있지 않고, "발견의 맥락"에서 얻어지는 새로운 사실들에 있기 때문에 국제결혼이주가족의 입장에서 그들의 이야기를 들음으로써 오히려 문제가 무엇이며, 어떠한 해결방안이 있는지를 더 선명하게 볼 수 있을 것이다.

질적 연구방법에는 전기 연구(biography study), 현상학적 연구(phenamenological study), 근거 이론(grounded theory), 문화기술지(ethnography), 사례 연구(case study) 등 여러 방법을 포함하고 있다(Cresswell, 2005). 한편 인류학적 전통에서 현지조사와 문화기술지 등 질적 연구방법을 어떻게 연구할 것인가를 놓고 참여관찰, 심층면접, 초점집단연구, 생애사 등의 방법으로 구분하기도 한다(윤택림, 2004). 본 연구는 심층면접

---

6) 미국 사회학자 Willian Granham Sumner는 외집단을 이해하는 데 있어서 내집단의 세계관을 통해 보는 경향이 인간에 있어서 일반적인 경향임을 지적하고, 그 잘못을 경고하였다. Hyman은 '개인이 자기 자신이나 타인을 판단하고 평가하는 기준이 되는 집단을 준거집단(reference group)'이라 말하면서 섬너가 말하는 내집단이 대부분의 사회에서 준거집단으로 작용한다고 말하고 있다. 이렇게 인간에게 체험은 인간 자신의 지식과 가치의 원천이 되며, 그 체험이 이루어지는 내집단은 한 인간이 세계를 판단하는 기준을 형성하는 장소라 할 수 있다(이종일, 2001).

(in-depth interview)을 통한 사례 연구 방법을 선택하였고, 연구참여자가 자신의 이야기를 주어진 형식에 얽매이지 않고 자유롭게 들려줄 수 있도록 최대한 연구자의 개입을 자제하였다.

(2) 자료수집

텔레비전이나 신문에서 다문화 가족, 혹은 이주여성, 이주노동자들의 이야기를 자주 접하지만 막상 그들의 존재를 일상에서 쉽게 만나기는 어려운 일이다. 따라서 이주여성들을 직접 만날 수 있고 지속적인 만남을 유지하기 위해서 이주여성들을 위한 지역단체를 찾아가 자원봉사 활동을 시작하였다. 2010년 4월부터 약 2년 동안 수원과 안양, 군포지역의 이주 관련 단체에서 자원봉사 활동을 하면서 이주여성들과 얼굴을 익히고, 동시에 참여관찰을 병행하였다. 주로 결혼이민자 자녀 돌보기 자원봉사, 한국어강좌 보조강사, 사무실 보조 등의 자원 활동이었으며, 이러한 활동을 통해 알게 된 이주여성과 남편들의 심층면접은 2010년 4월부터 2011년 11월까지 진행되었다.

이주여성의 국적은 중요한 변수인데, 본 연구에서는 베트남 국가로 한정하였다. 연구대상을 선정하는 과정에서 기존 연구의 성과와 한계점이 좌표가 되었다. 이제까지는 결혼이주 연구가 언어의 접근도가 높다는 이유에서 조선족과 필리핀 여성 연구가 다수를 이루고 있다. 조선족 여성들은 한국인과 언어적·혈통적 유사성으로 인해 이주 경험이 다른 이주여성 집단과 차이가 있을 수 있다. 그리고 필리핀 이주여성들은 교육수준이 높고, 영어라는 언어적 자원을 갖고 있다는 점에서 다른 이주 집단의 경험과 차이가 있다. 베트남은 2000년 이후 국제결혼의 주요 대상 국가로 부상하면서 급격히 증가하고 있으며, 2005년 이후 조선족과 중국을 제외하면 세 번째로 높은 비중을 차지하지만, 베트남 국제결혼에 대한 연구는 조선족 연구에 비해 상대적으로 적기 때문에 베트남 국제결혼 가족을 따로 연구할 필요가 있다고 생각하였다. 특히 베트남은 한국과 언어와 문화가 다른 점이 많기 때문에 실제 결혼과 가족생활에 있어서 부딪치는 문제도 많을 것으로 예상하였다.

자료의 수집은 자원봉사를 하면서 알게 된 베트남 여성을 개별적으로 섭외하여 연구의도를 밝힌 후 인터뷰를 요청하였고, 인터뷰에 동의할 경우 연구 참여자가 편하게 생각하는 장소를 정하여 인터뷰 일정을 잡았다. 따라서 인터뷰 장소는 주로 연구 참여자의 집에서 이루어졌으며, 커피숍, 연구자의 집, 강의실 등에서도 이루어졌다. 연구 참여자의 집에서 인터뷰를 하는 경우 연구 참여자가 살림하는 공간을 직접 눈으로 볼 수 있어 가족관계나 생활환경 등 여러 가지 상황을 판단하는 데 보조적인 정보를 얻을 수 있었다. 예를 들면, 집의 부엌살림을 자신의 권한 대로 옮기고 변형할 수 있는지, 어떻게 정리되었는지를 통해 이주여성이 집에서 차지하는 존재의 크기나 권한의 정도 등을 유추해볼 수 있었다. 또 인터뷰 중에 어린아이가 집에 있을 때는 같이 아이를 돌보며 이야기를 나누었는데, 아이를 돌보는 태도나 생활방식을 간접적으로 느끼고 확인해볼 수 있었다. 몇몇의 집에서는 같이 점심을 먹거나 라면을 끓여 먹으면서 자연스럽게 이야기를 나누었고, 인터뷰를 마칠 때 베트남에서 가져온 것이라며 음식이나 과일 등을 선물로 받기도 하였다. 연구 참여자들에게서 과일이나 음식을 선물로 받는 것은 특별한 경험이었다. 베트남 친정엄마가 보내준 생강에 절인 과일을 나눠 먹었을 때, 이것은 베트남 음식문화를 공유하는 것이기도 했지만 무엇보다도 연구자와의 거리감을 좁히고 우정을 쌓는 경험이었다.

연구 참여자의 인터뷰 시간은 최소 2~3시간이 소요되었고, 경우에 따라서 2회 이상을 인터뷰하기도 하였다. 그리고 베트남 통역자와 같이 인터뷰한 경우도 있는데, 이는 결혼한 지 얼마 되지 않아서 한국말이 서툰 이주여성의 경우로 10명 사례에 해당된다. 한국말 통역을 도와준 베트남 여성은 3명으로, 이 중 2명은 자신이 한국 남성과 결혼한 이주여성이면서 한국 생활이 10년 이상 경과해 한국말로 의사소통하는 데 어려움이 없었고, 나머지 1명은 결혼한 지 4년 정도로 비교적 한국 생활 기간이 짧았지만 시민단체에서 한국어 강좌를 이수하고 상담사로 활동하면서 한국어 의사소통능력이 뛰어났다. 이 중 1명은 시민단체에서 통·번역과정을 이수하였고, 나머지 두 명은 이러한 통·번역과정을 이수한 전문 통역사는 아니었다. 이런 이유로 통역의 과정에서 생긴 미묘한 말의 오역들이 있을 수 있으리라 생각된다.

한편 자료의 수집의 연구자가 활동하는 기관을 중심으로 연구 참여자를 섭외하는 동시에 그들의 친구들을 소개받아 눈덩이 표집으로 사례를 넓히기도 하였다. 쉽게 찾기 힘든 사례, 특히 이혼을 고려 중이거나 이혼한 여성을 만나기 위해 이들을 만날 수 있는 시민단체의 협조를 얻었고, 이주민상담소에서 자원봉사를 하면서 직접 사례를 섭외하였다.

이렇게 눈덩이 표집을 하는 과정에서 연구 설계 당시 예상하지도 않았던 사례들, 예를 들면, 한국과 베트남의 수교 초기에 산업연수생으로 한국에 와서 남편을 만난 경우, 베트남에 사업차 들른 남편을 만나 결혼하고 사별한 경우, 베트남 남성과 이혼 또는 사별 후 한국 남성과 재혼한 경우 등을 포함할 수 있었다. 이렇게 수집된 사례들의 실존적 삶은 너무나 다양하고, 역동적이며, 독특한 사연을 안고 있기 때문에, 어느 사례를 만나더라도 새롭고 소중한 이야기로 넘쳐났다. 이렇듯 삶의 이야기는 중복되기도 하고 새롭기도 하면서 점점 다양한 이야기가 포함되었는데, 비교를 위한 다양한 사례가 포함되고, 풍부한 자료가 수집되어 더 이상 새로운 사례를 첨가할 필요가 없다고 판단한 시점에 이르러 자료수집을 중단하였다.

(3) 심층면접의 과정과 내용

본 연구의 대상자는 베트남 결혼이주여성과 그녀의 한국인 남편이다. 부부를 한 쌍으로 인터뷰를 계획하였으나, 부부 모두를 같이 인터뷰하기는 무척 어려운 일이었다. 특히 남편들의 경우 대부분 인터뷰를 거절하였는데, 이를 무척 어려운 일로 여기는 듯하였고 때로는 사생활 노출을 꺼려 인터뷰를 거절하였다. 인터뷰를 거절하는 남편을 설득하기 위해서 이주여성을 통해 편지를 전달하기도 하고 전화통화를 시도하여 보기도 하였다. 이런 이유로 10쌍의 부부와 보조사례 3쌍의 부부를 인터뷰하고, 개별적으로 이주여성 19명, 한국 남성 2명 등 21명과 보조사례 3명을 인터뷰하였다. 부부인터뷰 중 남성의 경우 2사례는 전화로 인터뷰하였는데, 그중 한 사례는 몸이 불편한 장애인의 경우로 연구자를 직접 만나는 것을 기피하였고, 다른 한 사례는 지방에 일을 하러 내려가 있는 상황이라 바쁘다며 전화로 인터뷰한 경우였다. 베트남 이외의 국가로 캄보디아, 필리핀, 우즈베키스탄, 콩고, 네팔 등이다.

인터뷰에 응한 부부들 중 6사례는 한국어 자원봉사활동을 하면서 알게 된 경우로, 이 기관에서 개최한 1박 2일 부부캠프에 같이 참여하면서 많은 이야기를 나누기도 하였다. 이외에 안양과 군포의 이주 관련 기관에서 사무실 보조를 하면서 알게 된 베트남 여성의 친분을 도움으로 사례를 소개받아 인터뷰한 경우가 6사례이다. 부부를 인터뷰하는 데 중요한 점은 연구자의 신분이나 태도가 연구 참여자에게 믿음을 줄 수 있는가의 여부였다. 이러한 믿음은 일시적인 만남에서는 생겨나기 어려운 만큼 지속적인 관계유지가 중요했다고 생각했다. 한편 연구자가 직접 연구 참여자와의 지속적인 신뢰 관계를 만들지 않았어도 베트남 네트워크에서 상당한 신뢰를 지닌 이주여성이 다른 이주여성을 소개할 경우, 소개받은 이주여성은 연구자를 경계하지 않고 마음을 열어주었다. 이렇게 해서 만난 13쌍의 부부들과(보조사례 포함) 24명의 개별사례들을 만나게 되었다.

한국말이 능숙하지 않은 이주여성들의 경우 사용하는 어휘가 정확히 그 의미를 담고 있는지 재차 물어볼 때가 있었다. 예를 들면, 남편을 처음 만났을 때의 느낌을 말할 때 '무섭다'라는 대답을 하였는데, '무섭다'의 의미는 '마음이 떨린다'의 의미로 확인되었다. 결혼 9년차인 사랑(개별, A7)은 남편이 공무원으로 ○○에 근무하는 정도만 알고, 직위는 무엇이고, 연봉이 얼마나 되고, 시부모님은 무슨 일을 했고, 어떻게 살아왔는지에 대한 세세한 사항은 잘 몰랐다. 따라서 개별 인터뷰를 통해 배우자의 인적 사항이나 가족배경 질문은 잘 모르거나 정확하지 않을 수도 있다.

한편 남편들의 경우 개인사를 이야기하는 것에 익숙하지 않아 인터뷰 진행이 원만할까 우려했지만, 대부분이 자신의 어렸을 때 개인사부터 시작해 현재 결혼생활, 미래 삶까지 많은 이야기를 들려주었다. 어떤 남성은 학력이나 소득 등을 솔직히 말하기도 했지만 어떤 남성은 자신의 학력, 소득을 묻는 것을 예민하게 받아들이고, 얼버무리는 경향이 있었다. 이럴 때는 굳이 학력이나 나이, 소득 등을 자세히 묻지 않고 다음 질문으로 넘어갔다.

남성들을 만나 인터뷰하기는 말이 통하지 않는 이주여성보다 더 어려운 경험이었다. 연구자와 성별이 다르다는 점은 긴장감을 주었고, 결혼생활에 관한 사적인 이야기를 공적인 관계로 만나서 이야기할 때 어려움을 느끼기 때문이라고 생각한다. 이런 긴강감을 깨는 방법으로 편하게 식사를 하면서 직장일이나 사회적인 이슈를 먼저 이야기한 뒤, 본격적으로 인터뷰를 시작하기도 하였다. 그리고 사전에 남편들을 만날 수 있는 기회가 있다면 가급적 참석하여 얼굴을 익히도록 노력하였다. 부인을 한국어교실에 바래다주는 남편들과 인사도 나누고, 부부 캠프나 이주민 행사 등에 참석하면서 나중에 시간이 될 때 인터뷰를 부탁하기도 하였다.

이들의 이야기는 녹음을 거부한 2명을 제외하고는 사전에 동의를 받아 모두 녹음기로 녹음하였고, 동시에 노트에 대화내용을 받아 적으면서 당시의 상황이나 분위기, 느낌 등을 간단히 메모하였다. 이와 같이 녹음도 하면서 동시에 필기하는 이 중의 작업은 보다 완전하게 연구 참여자의 말뜻을 이해하는 데 도움이 되었다. 간혹 녹음기를 풀어 쓰는 과정에서 생각치 못한 잡음이나 소리가 작게 녹음되는 경우 혹은 통역자의 말이 작게 녹음되는 상황 등에서 인터뷰 중에 병행한

노트 필기는 요긴한 자료로 활용되었다.[7]

질문의 내용은 여성과 남성이 각자 국제결혼을 선택한 결혼의 이유, 배우자를 선택한 이유와 결혼(이주)과정, 사랑의 감정, 주변 사람들의 결혼에 대한 태도, 결혼생활과정, 성별 분업, 자녀교육, 미래 삶의 계획, 초국가적 가족유대와 네트워크, 이주여성의 일과 가족, 문화의 차이 등으로 구성되었으나, 경우에 따라서는 연구자가 계획한 질문 이외의 다양한 주제가 이야기되었다. 예를 들면, 희영(개별, A17)은 어떻게 국적 취득을 하는지, 남편이 먹고 있는 약(비아그라)을 보여주면서 무슨 약인지 물어보았고, 이러한 대화과정을 통해 희영과 남편 사이의 부부관계를 알 수 있었다. 이외에도 아기용품은 어디서 사는지, 어린이집은 어느 곳이 좋은지, 아이의 담당 선생님과는 어떻게 소통하는지 등 일상생활에서 느끼는 다양한 이야기가 인터뷰 중간에 오갔고, 이러한 이야기는 연구자와 연구 참여자의 거리를 좁히면서 그들의 실생활을 엿볼 수 있는 자료가 되었다.

---

7) 연구 참여자의 말의 인용은 대화의 맥락이 생략되기 때문에 쉽게 왜곡될 수 있다. 따라서 본 연구에서는 그들의 목소리를 적극적으로 드러내고, 그러한 말이 위치한 맥락을 잘 드러낼 수 있도록 대화의 내용을 최대한 살리려고 노력하였다. 따라서 종종 대화의 인용 부분이 긴 부분도 생겨났다. 녹취록은 다음과 같은 원칙에 입각해서 인용하였다. (1) 심층면접에서 연구자는 연구 참여자 스스로 자신의 이야기를 이어나가도록 질문을 하고 듣는 과정이지만, 동시에 연구자와 연구 참여자가 자연스러운 대화를 나누는 과정이다. 인용에서 연구자의 이야기는 빼었고, 연구자가 면접 도중에 한 질문은[] 로 표현하였다. (2) 녹취록은 연구 참여자의 목소리를 그대로 옮겼으나, 문법상 그리고 문맥상 뜻이 통하도록 최소한의 수정이나 첨가를 하였다. 수정은 []표시로, 첨가는 ( ) 안에 들어 있는 단어나 문장이다. (3) 문맥상 녹취록의 일부를 생략한 경우 ……(중략)……으로 표시하였고, 침묵이나 웃음 등 대화상 시간적 공백을 각각 (침묵), (웃음), 그리고 ……(말줄임표)로 표시하였다. (4) 인용한 녹취록은 본문과 구분하기 위해 글꼴을 고딕체로 하고 들여쓰기를 하였다. (5) 인용된 녹취록의 끝에 사례번호를 연구 참여자의 특성 표와 쉽게 대조할 수 있도록 ( ) 안에 표시하였다.

(4) 연구 참여자의 특성

본 연구는 베트남 국적의 부부사례 10쌍(20명)과 개별사례 21명, 베트남 국적 이외 기타국의 부부사례 3쌍(6명)과 개별사례 3명을 보조사례로 하여 총 50명을 심층면접 하였다. 사례 선정은 결혼연도, 자녀수 등을 고려하여 신혼부부에서부터 결혼 10년차 이상의 가족으로 비교적 고루 포함될 수 있도록 하였다. 부부사례의 경우 개인적 특성으로 연령과 학력, 초혼/재혼 여부, 연애혼/중매혼 여부, 시부모 동거 여부, 장남/맏딸 여부 등을 인적 사항을 기록하였으며, 개별사례의 경우 남성 혹은 여성을 심층면접하더라도 그들의 배우자의 인적 사항을 함께 질문하였다.

특히 학력과 직업변수는 개인이 가진 사회경제적 자원으로 계급으로서의 가족의 차이를 보여줄 수 있는 중요한 변수로 여겨 사례 중 초대졸 이상의 여성과 남성이 포함될 수 있도록 사례 선정을 하였다. 이주여성의 학력은 초졸 이하 4명, 중졸 이하 12명, 고졸 이하 8명, 초대졸 이상 8명, 대학 중퇴 1명, 미확인이 2명이었다. 남편의 경우 초등학교 이하 1명, 중졸 이하 1명, 고등학교 이하 15명, 초대졸 이상 4명, 대학중퇴 2명, 미확인이 12명으로 나타났다. 남편의 직업의 다양성을 적극적으로 반영하지는 못하였는데, 전문직이나 대기업 사무직에 종사하는 사례를 찾기 어려운 현실적인 문제 때문이었다. 실제 심층면접한 연구 참여자의 직업은 건축일용직이 가장 많았고, 이는 남성의 경제적 지위가 주로 도시 저소득층을 형성하고 있다는 것을 보여준다. 하지만 대기업 영업부서와 생산부서에 2명, 신문기자 1명, 공무원 2명 등이 포함되었다.

연구 참여자 부부의 연령은 남편의 경우 모두 40세 이상이고, 아내의 경우 20대가 5명, 30대가 2명, 40대가 3명이다. 남편과 아내의 연령차는 동갑에서부터 최고 24년이며, 평균 연령 차이는 약 14년이다. 초혼/재혼 여부의 경우에 있어서, 부부 모두 초혼인 경우가 30건이고, 이주여성이 재혼인 경우는 4건이고, 남성이 재혼인 경우는 3건이고, 부부 모두 재혼인 경우는 1건이다.

남편이 장남인 경우가 9명이고, 이주여성이 맏딸인 경우는 5명이다. 시부모와 동거하고 있는 경우는 11사례이고, 시부모와 동거 후 분가한 경우가 2사례인데, 2사례 모두 남편이 장남이다. 장남인 경우 9명 중 시부모 동거는 6명이었다. 이들은 모두 결혼 전부터 부모와 같이 살고 있던 경우로 결혼 후에도 계속 동거하는 경우다. 장남이 아니면서 시부모와 동거하는 경우 5사례는 남편이 장애인인 경우(1명), 지적 결함(1명), 차남이지만 장남의 역할(2명), 경제적 이유(1명) 등이다. 시부모와 동거의 여부는 가족관계에서 중요한 변수이고, 동거로 인한 갈등이 부부관계에도 상당한 영향을 미치지만, 본 연구에서는 시부모를 인터뷰에 포함시키지 않았다. 다만 시어머니와 갈등을 일으키는 보람, 라영, 노영의 경우를 통해 가족관계를 살펴보았다.

만남의 형식에 있어서 연애혼과 결혼소개업소를 통한 중매혼으로 크게 구분하였는데, 개인의 소개로 만났어도 연애기간 없이 결혼한 경우는 중매혼에 포함시켰다. 연애혼의 경우 9사례이고, 나머지는 모두 결혼소개업소나 개인의 소개로 만나 결혼하였다. 자녀의 경우 자녀가 없는 경우 6사례, 1명인 경우 12사례, 2명인 경우 15명, 3명인 경우 2명이다. 인터뷰 당시 첫째 아이를 임신 중인 경우가 2사례, 둘째 아이를 임신 중인 경우가 1사례, 셋째 아이를 임신 중인 경우가 1사례이다. 이 중 전 결혼에서 낳은 자녀와 같이 사는 경우가 2사례(우영, 차영) 있었다. 이 경우는 모두 이주여성이 전 결혼에서 낳은 자녀인데, 우영은 한국 남편을 사별한 후 혼자 자녀를 키우던 중 결혼한 사례이고, 차영은 베트남 남편과 사별 후 베트남에 딸을 남겨두고 한국에 와서 일하던 중 친척의 소개로 남편을 만나 결혼하고 베트남에 있는 딸을 입양하여 한국에 데려온 경우이다. 이들 모두 현재 남편과 결혼하여 낳은 아이가 1명씩 있었다.

한편 한국이 1992년 베트남과 문호를 개방한 후 산업연수생 신분으로 와서 남편을 만나 결혼하게 된 이주여성이 2사례 포함되었다. 남편과의 갈등으로 쉼터에 입소 중인 여성 1명, 이혼한 여성 1명, 재혼이면서 현재 이혼소송이 진행 중인 여성 1명, 남편과 이혼소송을 취하했지만 여전히 갈등을 안고 있는 여성 3명의 사례가 포함되었다. 다음은 연구 참여자의 특성을 표로 정리한 것이다(<부록> 참조).

(5) 연구자와 연구 참여자의 관계

질적 연구방법에서는 연구자 자신도 연구에 큰 영향을 끼친다. 일반적으로 심층면접이나 현지답사, 참여관찰 등 질적 연구방법은 다른 사람에 대한 연구가 아니라 '자기 변형과 성찰의 경험'이다(윤형숙, 1996). 다른 한편으로는 연구자와 연구 참여자와의 상호작용 속에서 연구자의 정체성이 영향을 미치기도 한다.[8] 자기 문화를 연구하는 연

---

[8] 이와 관련해 윤택림(2004)은 자문화 연구에서 연구자의 정체성에 영향을 미치는 요소로 출신 지역, 출신 학교, 혈연, 교육 정도, 직업, 계층, 사회적 지위, 성, 혼인 여부, 아이가 있는지 등을 들고 있다. 같은 한국인이고 같은 한국말을 할 줄 아는 토착인류학자도 한 문화 안에 있는 사회적 경계에 따라서 외부인이 되기 때문이다.

구자라고 할지라도 외래인과 마찬가지로 자문화 내에 존재하는 사회적·문화적 경계 넘기를 해야 하며, 자기도 모르게 가지고 있는 많은 문화적 편견에 대한 자기반성의 과정이 필요하게 된다.

심층면접하는 과정은 연구 참여자의 경험을 이해하고 알아가는 과정일 뿐만 아니라 연구자의 사회 문화적 편견들을 발견하고 이를 교정하고, 사고를 넓혀가는 과정이었다. 예를 들면, 육아에 대한 이야기를 나누거나 음식조리에 대한 이야기를 나눌 때, 종종 계몽주의적 입장에서 지식을 전수하는 데 급급해하는 연구자의 모습을 발견하기도 하고[9], 심층면접 과정에서 연구 참여자의 말을 옳고 그름이라는 도덕적 잣대에서 평가 내리는 모습을 볼 때가 있었다. 연구자가 한국 사회의 문화적 전통 속에서 생활하면서 가지고 있는 자기 문화 중심적 편견 등을 성찰적 과정을 통해 교정하려고 노력하였으며, 특히 다문화 연구자들과 비판적인 교류를 통해 조언을 얻었다.

심층면접의 과정은 타인의 삶을 이해하고, 그 삶 속에 같이 동승하여 여행하는 과정이었다. 이는 다양한 삶을 알아가는 과정이어서 가슴 설레기도 하지만 그 삶의 무게가 전해져 감당하기 어려운 과정이기도 하다. 삶은 일상적인 일들이 반복되는 단순한 일과이기도 하지만 갑작스러운 사건이 일어나 예상치 못한 상황에 휩싸이는 불안정

---

9) 한 베트남 여성의 집에 놀러가 음식을 만드는 중 옛날에 우리 어머니 세대가 많이 사용했던 '맛나'를 듬뿍 넣어 요리하는 것을 보고 나는 깜짝 놀랐다. 가급적 화학조미료는 쓰지 않는 것이 좋다고 알고 있던 터였기 때문이다. 베트남 친구는 정성껏 만들었지만 나는 왠지 꺼림칙하였다. 나를 위해 차려준 음식을 맛있게 맛보며 정성을 기억하는 것이 우선이겠지만, 이런 조미료를 넣으면 안 된다는 이야기를 하는 나의 태도는 계몽주의적 시각을 반영하고 있음을 뒤늦게 알게 되었다. 한국으로 온 이주여성에게 누가 어떻게 음식 만들기를 알려주는가는 이주여성이 한국 생활 적응에 중요하다는 것을 알 수 있었다. 이 여성은 시부모님이 모두 돌아가신 상황에서 혼자 한국 음식을 배우던 중 조미료를 알게 된 것 같았다. 그녀에게 이 맛나의 사용은 음식을 맛있게 만드는 신기한 재료인 것이다. 다른 예로 출산한 한국 여성들이 당연히 먹는 미역국이 베트남 여성들에게는 처음 먹어보는 이상한 음식일 뿐이다. 그래서 미역국 먹기는 당연하게 먹는 산후 음식이 아니었다. 이러한 사실은 너무나 당연한 것을 다르게 볼 수 있는 경험이 되었다.

한 과정이기도 하다.[10] 이러한 점으로 인해 타인의 삶을 들여다보는 일은 한두 번의 인터뷰로 알아지는 것이 아니라 지속적인 만남과 교류를 통해 한 조각 한 조각 퍼즐을 완성해가는 과정이라고 생각되었고, 인터뷰한 참여자들과의 관계를 지속하기 위해 노력하였다.

한편 인터뷰를 하면서 연구 참여자에게 고통스러운 과거의 경험이나 심리적 이유 등을 물었을 때는 윤리적으로 미안함을 느껴 더 파고드는 질문을 멈출 때가 있었다. 진주(개별, A20)의 경우, 한국 남성과 재혼했지만 남편의 정신지체로 인해 이혼 소송을 제기했는데, 재혼을 하게 된 이유를 묻자 자신이 너무 쉽게 생각하여 결정했다며 눈물을 흘리고 후회할 때가 그러하였고, 아름(개별, A11)의 경우 부모님의 병간호로 진 빚을 자신이 갚아야 하는 상황에서 국제결혼을 하게 되었는데, 인터뷰 당시 남편이 술을 먹고 자신을 괴롭혀 집을 나온 상태로, 베트남 부모님의 안부를 묻자 갑자기 걷잡을 수 없이 눈물을 흘려 한동안 인터뷰를 중단하고 진정하기를 기다리기도 했다. 이렇듯 연구 참여자의 고통과 슬픔의 지점들을 말하게 될 때, 이런 질문을 꼭 해야만 하는가라는 윤리적인 책임감을 느끼게 되었지만, 결국 이러한 질문을 통해 연구 참여자가 경험하고 느끼는 삶을 생생히 알게 되었고, 연구 참여자 또한 자신의 경험이나 삶을 말로 되짚어보는 과정을 통해 현재 상황을 정확히 인식하고 앞으로의 삶의 비전을 계획해보는 시간이 되기도 하였다.

---

10) 김상진(개별 A5)의 경우 베트남에서 결혼식을 올리고 한국에 와서 다시 결혼식을 올리려던 중 남편이 혈액암 판정이 났고, 이에 남편 측 친족들이 결혼을 취소할 건지, 진행할 것인지를 두고 논란이 있은 뒤, 신부가 결혼하겠다는 말을 듣고 결혼식을 올렸다. 최근 딸을 낳아 백일 때 찍은 사진이 카카오톡에 올라와 있어 행복하게 살고 있는 모습을 확인할 수 있었다.

4. 연구의 분석틀

국제결혼이주라는 현상 속에는 다차원적인 분석 수준이 개입되어 있다. 파레나스(2001, 한글판 2009)는 이를 거시 수준, 중범위 수준, 주체 수준의 3단계로 구분한다. 거시 수준의 분석에는 글로벌 자본주의, 임노동의 여성화, 글로벌 도시(지리적 중심부의 부상) 등이 포함되고, 중범위 수준의 분석에는 초국가주의와 사회관계로서 젠더를 논의한다. 주체 수준의 분석은 사회적 과정에서 만들어지는 주체를 논의하고 있다. 한편 설동훈(2000)은 구조적 접근, 사회 네트워크 접근, 개인적 접근으로 나눈다.

본 연구도 이러한 다차원적인 분석 수준에 의거하고 있다. 먼저 거시구조적 차원에서 글로벌화, 인구학적 요인, 국가의 이주정책, 국가의 경제적 조건 등이 논의된다. 국제결혼이 증가하는 현상은 개인적인 선택을 넘어선 글로벌 자본주의 체계, 국내와 송출국의 사회구조적 맥락, 결혼중개업소 등 다양한 사회 구조적 요인들이 복합되어 나타난 현상이다. 인구학적 원인으로는 전통적인 유교사상에 입각한 남아선호 사상으로 출생성비의 불균형, 출산력 변화, 도시/농촌 지역 간 격차에 따른 결혼적령기 인구의 불균형 등을 들 수 있다. 이러한 인구학적 요인 이외에도 사회 변화에 따른 가치관의 변화, 경제활동 참여증가, 여성의 고학력화 등 사회경제적 요인에 의한 결혼지연이나 결혼포기 현상들도 국제결혼을 증가시키는 요인이다. 이러한 이유로 도시 저소득층 남성이나 농촌지역 남성들은 마땅한 배우자를 찾지 못함에 따라 국제결혼을 선택하게 될 가능성이 높다.

한편 송출국의 맥락에서 살펴보면, 빈곤과 실업에 시달리는 저개발국의 여성들은 계층 상승의 꿈을 갖고 미국·일본·한국·대만 등 상대적으로 부유한 국가로 끊임없이 이동하고 있다. 그들이 자기 나라를 떠나는 가장 근본적 이유는 가난이다.[11] 이주노동자로 해외 취업의 길에 나서는 것보다 국제결혼을 하는 것이 비용이 훨씬 덜 들기 때문에, 빈국의 저소득층에 속하는 젊은 여성들이 결혼이민자가 되고 있다(설동훈 외, 2005; 김현미, 2006).

국제결혼이주현상을 설명하는 데 이와 같은 경제적인 요인 이외에도 콘스타블(Constable, 2003, 2005)이 지적한 사회적·문화적 맥락이 있다. 자국의 결혼시장에서 배우자를 찾지 못한 서구 남성은 해외로 눈을 돌려 배우자를 구하는데, 동양 여성이 보다 전통적인 가족 가치를 가진 것으로 여긴다. 자국의 여성들이 이기적이고, 계산적이고, 소비적이고, 가정보다 일을 중요시하고, 아이를 낳고 양육하는 일을 꺼리는 반면, 동양 여성은 이타적이고, 가족과 결혼에 헌신하며, 순종적이라고 생각한다. 반면, 중국, 필리핀, 베트남 여성들은 서구 남성이 자국 남성들보다 젠더 역할에 대해 보다 현대적이고 열린 사고를 가진 것으로 생각한다. 이러한 문화적 차원의 담론도 국제결혼이 선택되고 실천되는 주요 원인으로 분석할 필요가 있다.

한편 중범위 수준의 결혼중개업소의 개입은 개인들의 욕망을 자극하고, 결혼시장을 창출하고 확대하는 기제로 작동한다. 서구에서의 우편주문신부가 개인적인 매칭이라는 특징이 있다면, 동아시아 남성

---

11) 다영(부부, 다-1)의 경우 12시간 넘게 새우 껍질을 까는 일을 하면서 버는 한 달 월급이 한국 돈 10만 원 안팎이다. 하지만 한국에 와서 같은 노동으로 일을 해서 돈을 번다면 100만 원 안팎의 돈을 벌 수 있어 경제적 가치가 다르다. 이러한 이유로 한국은 잘사는 나라로 인식되고 있고, 큰돈을 벌 수 있는 곳으로 여겨진다.

과 동남아시아 여성의 국제결혼에는 결혼중개업소의 중개자 역할이 중요하게 작용한다(Wang & Chang, 2002; Jones & Sen, 2008; Constable, 2003; 설동훈 외, 2006; 김현미, 2006).

마지막으로 미시적 차원에서 행위자는 사회경제적 위치에서 교육, 연령, 학력, 언어, 사회적 관계망 등 다양한 자원을 가지고 있고, 객관적인 구조로부터 체화된 열망, 기대 그리고 동기 등을 지닌다. 이 세 가지 분석 수준은 상호 유기적으로 연계되어 있고 구체적인 사회적 관계 속에서 접합하게 된다. 본 연구에서는 사회적 관계를 3가지 형태로 구분하였다. 첫째, 성별·민족·계급 등에 의한 위계적 사회적 관계이다. 둘째, 사랑·감정·친밀성 등 친밀성의 사회적 관계이다. 셋째, 초국가적 네트워크로 개인들이 맺는 사회적 관계망이다. 본 연구는 이러한 다층적인 사회적 관계 속에서 이주여성과 남성이 초국가적 가족을 형성하고, 초국가적 가족 네트워크를 유지하고 가족유대를 실천하는 다양한 행위측면을 탐색해볼 것이다.

01

국제이주이론

1. 이론적 논의

(1) 글로벌화와 국제이주

세계 전반에서 일어나고 있는 국제이주(international migration)[12] 현상은 글로벌화(globalization)라는 현상 속에서 역동적인 모습으로 일어나고 있다(Castles and Miller, 2003).[13] 글로벌화는 국가 간 투자, 무역, 정치적 협력, 문화 교류, 이주 등 다양한 경제적·정치적 그리고 사회문화적 활동과 교류가 증가되면서 상호 의존의 삶의 경험이 가중되

---

[12] UN(2010. 8. 유엔총회 자료집)은 2010년 국제이주민의 수를 대략 2억 1천4백만 명 정도로 추산하는데, 이는 2005년 1억 9천5백만 명에 비해 증가하고 있고, 세계 인구의 약 3%에 해당한다. 이 중 여성 이주자의 수는 49%를 차지한다.

[13] Castles and Miller(2003)는 현대의 이주를 이주의 글로벌화, 이주의 가속화, 이주의 다양화, 이주의 여성화 그리고 이주의 정치 쟁점화 등으로 다섯 가지로 요약하고 있다. 이 중 이주의 글로벌화는 보다 많은 국가가 이주에 의해 영향을 받으며, 유입국 사회는 경제적·사회적·문화적 배경이 다양한 이주자를 맞이함으로써 사회변화를 겪는다고 한다.

고 지구촌(global village)이라는 의식이 심화되는 과정을 말한다. 즉, 글로벌화는 첨단 기술을 통한 통신망의 발전과 저렴한 운송 수단으로 인해 전 세계를 하나의 단일 시장으로 만들고, 국경 없는 거대한 자유무역의 힘이 범지구적으로 확대되어 한 나라의 정부가 경제활동을 마음대로 행사할 수 없는 현상이거나(Martin & Schumann, 1997), 세계 자본주의 경제체제의 지배력이 확대되고, 민족국가보다는 초국가적 기업과 조직이 우선시되며, 로컬 문화가 글로벌 문화를 통해 잠식되는 현상(Kellner, 2002) 등으로 논의되고 있다. 국제이주는 비단 최근에 일어난 현상은 아니지만[14], 글로벌화 맥락에서 일어나는 현재의 국제이주는 과거와는 그 규모와 메커니즘에서 많은 차이가 있다(Massey et al., 2005).

글로벌화는 단순히 위로부터의 자본의 이동뿐만 아니라, 글로벌과 로컬, 송출국과 정착국과의 역동적인 관계 안에서 일어나는 아래로부터의 노동이주와 결혼이주를 포함한다(Sassen, 2002). 이러한 의미에서

---

14) 메시 외(Massey et al., 2005)는 국제이주의 역사를 크게 4개의 시기로 구분하고 있다. ① 1500년에서 1800년 사이 중상주의 시기로, 국제이주는 중상주의 자본주의 아래 경제성장과 식민지 과정에서 일어났는데, 유럽인들이 이주의 주된 흐름을 이루었다. 유럽인들이 신대륙으로 이주하면서 그 숫자는 적지만 아메리카의 인구구성과 규모에 중요한 영향을 주었고, 플랜테이션 생산에 값싼 노동력의 수요를 일부는 동아시아의 고용계약 노동자와 대부분 아프리카 노예의 강제이주로 충당하였다. 300년 동안 천만 명의 아프리카 노예들이 아메리카로 이주하였다. ② 19세기 초반 산업화 시기로, 유럽의 경제성장과 신대륙의 산업화 과정에서 일어났다. 1800년에서 1925년 사이 4천8백만 명의 유럽인이 주로 미국, 캐나다, 뉴질랜드, 호주, 아르헨티나 등으로 이주하였다. 주요 송출국은 영국, 이탈리아, 노르웨이, 포르투갈, 스페인, 스웨덴 등이다. ③ 제1차 세계대전과 그 후 40년 동안은 제한된 이주의 시기로, 1929년 대공황 등 경제 악화로 인해 국제이주는 귀환이주를 제외하고는 사실상 중단되었다. 1940년대 제2차 세계대전으로 대규모 난민과 디아스포라가 발생했고, 이는 경제적 성장과 발전과는 관계가 없는 이주이다. ④ 1960년대 후기 산업 사회 이주로, 앞서 이주는 유럽에서 식민지 국가로 이주(emigration)했다면 이 시기는 이주(immigration)가 글로벌 현상으로 일어난다. 이는 송출국과 유입국이 대규모로 늘어나고, 개발도상국의 이민자들의 글로벌 공급이 일어난다. 1970년대는 오랜 이주의 역사를 가진 이탈리아, 스페인, 포르투갈이 아프리카와 지중해연안으로부터 이민을 받기 시작하고, 1973년 오일쇼크 이후 걸프 지역에 대규모 노동이주가 발생한다. 1980년대는 국제이주가 아시아 지역으로 확산되어서 일본뿐만 아니라 한국, 대만, 홍콩, 싱가포르, 말레이시아, 태국 등과 같은 신흥 산업국으로 이주가 일어난다.

글로벌화는 국제이주 현상이 일어나는 거시적 맥락이며, 송출국의 지역적인 특수성뿐만 아니라 송출국과 유입국의 관계를 고려하는 구성틀이다(파레나스, 2009). 국제결혼이주를 글로벌화의 맥락에서 살펴보는 것은 본국을 떠나 이주를 선택하고 결정하는 과정에 영향을 미치는 사회구조적인 조건이면서 국가 간의 불균등한 정치경제학적 권력의 지형과 관련된다.

국제결혼이주를 설명하는 이론적 시각은 크게 세 가지로 구분해볼 수 있다. 첫째, 가난하고 노동시장의 조건이 열악한 나라에서 상대적으로 더 발전되고 노동시장 조건이 좋은 나라로 이주한다는 주장이다(Castle and Miller, 2003).[15] 이러한 설명은 전통적인 경제학적 접근법으로 배출/유입의 접근법(push-pull framework)과 일맥상통한다.[16] 배출 요인은 가난, 높은 실업률, 경제적 기회구조의 부족, 낮은 생활수준, 정치적 억압 등의 부정적 요인인 반면, 유입 요인으로는 좋은 직업 기회, 보다 좋은 임금, 높은 생활수준, 노동력 수요와 정치적 자유 등 긍정적인 요인들이다(Lee, 1966; Kim, 2009). 이러한 접근법은 이주

---

[15] 캐슬과 밀러(Castle and Miller, 2003, 4)는 국제이주가 폭발적으로 증대하고 결혼이주와 같이 전통적인 노동이주와 차이가 있는 다양한 이주 유형이 출현하는 이 시대를 "이주의 시대(the age of migration)"라고 부르고 있다. 그것의 구체적인 이유는 다음과 같다. ① 부에 있어서 남북의 불균형은 많은 이들이 보다 좋은 조건을 찾아 이주하게 한다. ② 정치적·경제적·인구학적 압력은 많은 이들이 자신의 나라 밖의 피난처를 찾게 만든다. ③ 많은 지역에서 정치적 혹은 에스닉 갈등은 앞으로 집단적 이주를 이끌 것이다. ④ 새로운 자유무역지역의 발생은 정부가 의도하든 그렇지 않든지 간에 노동이주를 불러일으킨다. ⑤ 국제이주는 정착국뿐만 아니라 송출국에서도 중요하게 영향을 미친다.

[16] 메시 외(Msssey et al., 2005)는 배출−유인 분석틀이 토마스(Thomas, 1973)가 사용한 것으로, 영국에서 미국으로 이주해가는 산업화 시기를 분석했는데, 영국의 경제 주기는 미국과 반작용의 관계를 보인다고 한다. 영국 쪽에서 배출의 시기는 미국에 있어서 유입의 시기와 일치하고, 반대로 영국에서 유인의 시기는 미국에서 배출의 시기와 일치한다는 것이다. 이 분석틀은 이주란 서로 다른 지리적 위치에서 경제적 성장과 경기불황의 힘 사이에서 균형을 이루려는 것으로 여긴다. 이 이론은 후기 산업 사회에서 남북의 임금 격차는 경제주기와는 상관없이 이주자에게 지속적으로 인센티브를 주고, 이전 산업 시대에는 없었던 새로운 이주의 형태들(예, 미등록, 망명, 난민 등)은 유입요인보다는 배출요인이 더 중요하고, 국가의 정책이 중요하게 고려하지 않는다는 점에서 한계를 지닌다.

자를 합리적인 의사결정을 수행하는 행위자로 보고, 이성적인 선택을 한다고 가정함으로써 경제적이고 목적 합리적인 행위 이외의 다른 동기에서 이주를 하는 사례를 설명하지 못한다는 점과 국가 간의 위계질서, 즉 권력이라는 측면을 간과하고 있다는 점에서 비판을 면치 못한다.

두 번째 접근법은 월러스타인의 세계체제론이나 이중노동시장론으로 이주의 원인을 거시적인 경제체제나 노동시장 구조에서 찾는다. 세계체제론은 자본주의의 확장과 경제적 세계화가 이주를 유발한다고 보는데, 중심국에서 주변국으로 자본주의가 침투하는 과정에서 노동력의 이동이 뒤따르고 세계 전 지역에서 인간은 지구적 시장경제로 흡수된다는 것이다(Wallerstein, 1984; Portes & Walton, 1981). 이중노동시장론은 고숙련, 고임금의 안정된 지위를 얻는 1차 노동시장과 미숙련, 저임금, 열악한 노동조건 등 주변화된 2차 노동시장의 분절화에 기인하는 것으로, 이러한 주변부 노동시장의 수요에 의해 국제이주가 발생할 수밖에 없다고 본다(Piore, 1979). 하지만 이 접근법은 미시적 차원을 간과한다는 점에서 한계를 갖는다(Massey et al., 1993).

세 번째 접근법은 중범위 이론으로 사회 네트워크 이론이다. 이주를 미시적 시각에서 합리적 선택으로 보는 신고전주의 경제학은 개인을 이주의 분석 단위로 삼고, 이주가 높은 소득을 기대하는 개인의 합리적인 이해에 기반을 둔 것이라고 본다. 즉, 이주에 따르는 비용과 효과를 계산할 줄 아는 합리적인 개별 행위자와 자기 규제적이고 경쟁적인 노동시장을 전제하고, 국가 간 임금 격차 그리고 국가 간 노동의 수요와 공급의 불균형을 해소하는 방향으로 이주가 일어난다는 것이다. 반면에 국제이주를 거시적 시각에서 구조적으로 접근하는 세계체제론과 노동시장 분절론은 자본주의체제의 확산, 송출국과 유입국 사이의 국제관계, 세계체제 안에서의 이들 국가의 위치, 정착국 내 이주공동체의 경제활동과 같은 구조적 유인 요인들을 중요시한다. 이러한 미시적 그리고 거시적 시각은 국제이주와 적응과정을 구체적으로 설명하지 못한다는 점에서 한계가 있다. 국제이주와 적응과정에 영향을 미치는 이주자의 사회관계망 그리고 이주와 관련된 단체와 조직 등의 역할을 간과하기 때문이다(Massey et al., 1993, 2005).

미시적 그리고 거시적 시각의 단점을 보완해주는 사회적 네트워크 이론은 이주자의 사회관계망과 이주 단체 및 조직의 역할에 초점을 둔다. 사회관계망을 통해 누적되고 촉진되는 연쇄 이주를 예로 들 수 있다. 이주자는 이미 정착국에 가 있는 가족, 친척, 친구 등 네트워크를 통해 이주에 필요한 정보와 도움을 얻음으로써 이주에 따른 비용과 위험을 감소시킬 수 있다. 또한 영리적 혹은 비영리적 목적으로 운영되는 이주 관련 단체와 조직은 이주자에게 다양한 서비스를 제공해줌으로써 국제이주를 촉진한다. 실제로 이 책의 심층면접에 참여한 결혼이주여성들은 대부분 네트워크를 통해 이주 정보를 얻고, 결혼중개업소를 통해 배우자를 만나고, 이주 후에는 자신이 결혼이주의 중개자 역할을 하며, 초국가적 네트워크를 맺어가고 있었다. 이와 관련한 사회적 네트워크 이론은 3절에서 보다 자세히 다룰 것이다.

(2) 여성주의 시각에서 국제이주이론

오늘날의 이주현상에 있어서 새로운 점 중 하나는 여성의 이주가 점차 증가하고 있고, 이주 패턴이 남성과 다르다는 점이라 하겠다. 여성의 이주의 양적 증가와 여성의 이주현상의 특성을 주목할 때, 이를 '이주의 여성화(feminization of migration)'로 개념화한다. 이주의 여성화는 이주민의 양적 구성에서 여성의 비율이 많아지고 있는 현상(Castle and Miller, 2003)과 함께 여성 이주자의 경험은 남성 이주자와 다르다는 점을 강조하는 개념이다(Piper, 2006; Piper, 2008). 그리고 이주의 질적인 측면에서 여성이 남편을 따라 이동하는 동반 이주자로서가 아니라 여성 스스로가 주체적인 노동자의 신분으로 이주하는 취업이주자가 많아졌다는 것을 의미한다(이혜경 외, 2006).

아시아 지역에서의 여성의 이주는 사회적 네트워크와 이주 산업에 힘입어 크게 증가하고 있다(Hugo, 2005).[17] 아시아 지역의 이주현상에 있어 주목할 만한 점은 여성 이주자의 수가 남성보다 더 많다는 점이고, 여성 이주노동자가 노동 착취에 쉽게 노출된다는 점이다(<표 1> 참조).

〈표 1〉 아시아 국가의 여성 이주노동자

국가	연도	전체 이주자 수	여성 이주자 비율(%)
필리핀	2003	651,938	72.5
스리랑카	2002	203,710	65.3
태국	2003	147,769	17.0
인도네시아	2003	293,674	72.8
방글라데시	1999	268,182	0.1

※ 출처: 휴고(Hugo, 2005), p.112.

---

17) 휴고(Hugo, 2005)는 자국을 떠난 이주민이 전체 1억 7천5백만 명 중에서 아시아 비율은 5천만 명 정도이며(UN, 2002), 아시아 지역에서 국제이주가 기하급수적으로 증가하고 있지만 이와 관련해서 인구학적 자료가 양적으로나 질적으로 부족하다고 지적한다. 이주의 수치는 정확히 측정하기 힘든 영역인데, 미등록 혹은 불법 이주자들의 경우도 이러한 측정의 어려움을 가중시킨다. 아시아 국가 중 소수의 국가들만이 이주와 관련한 통계를 가지고, 대부분 임시 이주자(temporary migrant) 같은 경우는 제외되고 있어 아시아 지역의 인구자료가 보다 체계적으로 수집될 필요성이 있다고 말한다.

아시아 지역에서 결혼이주 현상의 특징을 꼽으면, 첫째, 대부분 중국·필리핀·베트남 등에서 한국·대만·일본·싱가포르 등 동아시아 지역으로 여성들이 이주하고 있으며(Jones and Sen, 2008; Jones, 2012)[18], 둘째, 결혼중개업소의 상업화된 매개적 역할의 결과 대규모 국제결혼이 가능하게 되었다는 점(Wang and Chang, 2002; Constable, 2003), 셋째, 국가의 정책 또한 국제결혼이주를 설명하는 주요한 변인이라는 점(Lee, 2008; Jones and Sen, 2008)[19] 등을 들 수 있다.

한편 여성의 이주 패턴은 남성 이주자와는 다르게 여성의 섹슈얼리티에 근거한 결혼, 성 산업, 가사노동자로서 나타나는데(이수자, 2004; Wang & Chang, 2002), 이러한 성별화된 이주 패턴은 여성의 이주를 양적 혹은 인구학적 측면보다는 질적인 삶의 경험에 주목할 것을 요구한다(정현주, 2009). 그렇다면 왜 여성은 다른 나라로 이주할 때 남성과는 달리 결혼이주, 성 산업 노동자 혹은 가사노동자의 삶을 선택하는가? 이러한 선택의 기저에는 어떠한 사회적 메커니즘이 작동하는가? 이러한 질문은 이주여성을 논의할 때, 지구적 차원에서 이

18) 존스(Jones, 2012)는 아시아 4개국에서 국제결혼이 일반화되지 않았던 시기에는 남성과 이주여성, 여성과 이주남성의 결혼비율이 비슷하였으나 국제결혼이 증가하면서 자국 남성과 이주여성의 국제결혼비율이 크게 높아졌다고 지적한다. 일본의 경우 1970년대 외국인 배우자와 결혼한 남성, 여성의 비율은 비슷했으나 일본 남성이 외국인 아내와 결혼하는 비율이 그 반대의 경우보다 3~4배 높아졌다. 국제결혼의 성별비율을 살펴보면, 한국의 경우 2000과 2001년 2:1에서 2006년 3:1로 외국인 배우자와 결혼하는 남성의 비율이 높아졌고, 싱가포르의 경우 지난 10년간 국제결혼이 일반적인 현상이었는데, 2.5:1, 3:1에서 2003년 이후에는 3:1에서 3.7:1 정도로 상승하였다. 대만의 경우 국제결혼의 성별 비율을 보면 남성이 여성보다 훨씬 높게 나타나는데, 대만 남성과 외국인 아내의 경우가 대만 여성과 외국인 남편의 비율은 8:1 정도이다.

19) 한국의 경우 1990년 이후 국제결혼이 증가하게 된 배경에는 국가가 정책적으로 이를 장려하고(Lee, 2008), 같은 에스닉 집단에서 국제결혼을 유지하려 한다는 점에서 한국은 보수적인 입장을 고수했다고 말할 수 있다(Jones and Sen, 2008). 한편 홍콩과 대만의 경우 중국 여성과의 국제결혼이 증가하고 있는데, 중국은 이들 국가의 사회적·국가적 안보를 위협하는 것으로 여겨져 홍콩에 거주하는 중국인의 배우자와 그들 자녀가 가족 재회를 하기까지는 10년이 걸린다. 대만의 경우도 중국 배우자에 있어서는 노동은 허용되지만 시민권은 다른 국적과 비교할 때 다르게 적용된다고 지적하면서 국가의 정책은 국제결혼에 있어 중요한 역할을 담당한다고 한다(*ibid.*, 2008).

주의 맥락뿐만 아니라 가부장제라는 성별체제가 이주방식에 작용하고 있음을 드러내는 것이라 할 수 있다.

여성주의 시각에서 국제이주에 관한 이론을 살펴보면, 먼저 여성주의 도시경제학 시각에서 글로벌 도시와 개인의 행위성을 연결시키려는 분석으로 사센(Sassen, 2002)의 논의를 들 수 있다. 사센에 의하면, 이주는 지구적 노동공급 시스템으로서 여성들이 일자리를 찾아 주변부에서 중심부로 이주할 때 두 종류의 역동적 지형 속에서 일어난다. 하나는 지구적 도시(global cities)이고, 다른 하나는 다소 제도화된 생존체계(survival circuits)이다. 지구적 도시는 지구적 경제에 있어 중요한 기능과 자원들이 집중되어 있고, 여기에 몰려 있는 기업과 전문직 노동자의 라이프스타일은 저임금의 서비스노동자를 필요로 한다. 지구적 도시는 저임금 여성과 이주자들을 전략적으로 경제 부문에 편입시킨다. 반면에 세계체계의 주변부에 있는 제3세계 경제는 빚과 가난에 처해 있으며, 그들은 필사적으로 여성의 노동참여에 의존하는 생존전략을 구축한다. 경제의 세계화로 인하여 여성이 성 산업으로 유입되거나 신부나 가사노동자로 유출될 수 있는 제도적인 하부 구조가 마련되고, 제3세계 국가들은 경제적인 동기에 의해 비록 비합법적이고 비공식적이지만 다소 조직화된 방식으로 이를 조장하고 있다. 이주여성이 일을 해서 번 돈을 송금할 경우, 이는 이주자의 가구뿐만 아니라 송출국가의 주요한 세입원이 되기 때문이다.

또 다른 여성주의적 시각에서 미즈(Mies, 1998)는 인도의 여성 노동자들의 사례를 통해 국제적 성별노동분업을 분석하고 있다. 제1세계의 주변화된 저임금 노동시장을 제3세계 여성들이 차지하고, 제1세계 여성들은 '가정주부화'된다. 이러한 국제적 성별 노동시장이라는 개념에서 한발 더 나아가 파레냐스(Parenas, 2001)는 재생산노동의 국제적 성별노동분업 개념을 발전시킨다. 세계체제 안에서 국가 간 불평등한 위계관계를 생산의 영역에서뿐만 아니라 재생산노동의 영역에서도 함께 고려하여야 한다고 주장하고 있다. 그녀는 로마와 로스앤젤레스에서 가사노동자로 일하는 필리핀 여성 이주노동자들을 심층 면접한 결과 국제적 차원에서 재생산노동의 성별분업체계가 작동하고 있음을 밝히고 있다.

마지막으로 콘스타블(Constable, 2005)은 흔히 상승혼(marrying up, 혹은 hypergamy)[20]으로 개념화되는 국제결혼이 지위상승욕구에서 비롯된다는 견해에 의문을 제기한다. 국경을 넘는 결혼을 가난한 여성들이 부자 남편을 만나려는 욕구로만 설명하는 것은 여성을 피해자화하고 행위자성을 사장시키고 만다는 것이다. 그녀는 우편주문신부(mail order bride)라는 말에 따라붙는 고정적인 이미지를 해체하는 작업을 하면서 이러한 결혼에서 성별관계가 어떻게 나타나는지를 설명하려 한다.[21] 즉, 어떻게 누구에 의해서 국경을 넘나드는가? 그러한

---

20) 콘스타블(Constable, 2003, 165-169)은 여성들이 자신의 사회적·경제적 집단 밖에서 보다 좋은 사회로 결혼하는 것으로 여기는데, 원래 상승혼의 개념은 카스트나 계급과 같이 보다 넓은 사회적 범주에 한정된 개념으로 개인적 차원에서 이동보다는 집단 이동에 관련된다고 한다. 상승혼의 개념은 또한 문화적 개념(cultural concept)으로 마가렛 울프가 지적한 것처럼 중국 사회에서 아내는 남편과 같거나 보다 좀 낮은 집안에서 데려오는 것이 좋다는 문화적 준거틀을 의미한다. 또한 레비스트로스는 여성이 남성의 커뮤니티로 이동하고, 신부거래를 통해 사회적 유대를 강화한다고 주장하는데, 그의 연구는 여성을 교환의 대상으로 간주한다고 콘스타블은 비판한다. 콘스타블은 상승혼이라고 할 때 과연 누구의 상승혼인가를 물으면서 이 개념은 다분히 신랑이나 시댁의 입장에 기반을 둔 것이라고 지적하고 있다.

21) 마크 칼레스니코의 그래픽노블인 『우편주문신부』(2010)는 캐나다인 남성 몬티와 한국 여성 경서의 국제결혼에 관한 이야기이다. 몬티의 부모나 주변 친구들은 모두 경서를 팔려온 신부로 바라본다. 몬티는 "순종적이고, 귀엽고, 이색적이고, 가정적이고, 순진한" 동양 여성 이미지를 상상한다. 그런데 몬티와 결혼한 경서는 키도 크고, 영어도 잘한다. 몬티가 기대한 아내는 자신의 성적 판타지를 충족시켜 줄 순종적인 여성이었지만, 경서는 모델일을 하고, 예술사 강좌를 듣는 등 바깥 활동을 하면서 점점 변해간다. 경서와 몬티의 사랑은 위기에 도달하는 지점에서 이야기가 끝이 난다. 이 둘의 앞으로의 미래는 남겨진 숙제다.

국제결혼이 어떻게 젠더화되었는가? 국제결혼이 어떻게 시작되고, 협상되었는가? 계급, 라이프스타일, 교육, 사회적 지위, 지리적 이동을 고려하여 결혼이동의 모순은 무엇인가? 등의 질문을 던지고 있다. 그녀는 여성을 교환의 대상으로만 보거나 구조적 제약으로만 설명하는 입장을 비판하면서 이주여성이 자신을 위한 전략으로 국제결혼을 선택하는 측면에 주목한다.

남성적 시각에서 국제결혼이주의 동기를 흔히 상승혼으로 설명하는 입장에서는 이주여성은 보다 나은 경제적 기회가 있는 국가의 남성과 결혼함으로써 신분을 상승하려고 한다는 것이다. 이러한 상승혼을 통해 이주여성은 남편의 나라에서 영주권 혹은 시민권을 받게 된다는 것이다. 어쩌면 이런 주장은 결혼이주여성이 남성을 선택할 때 개별 남성의 사회경제적 지위가 아니라 그 남성이 속한 국가의 위치를 보고 선택한다는 점에서 콘스타블(Constable, 2005)의 지적처럼 '글로벌 상향혼(global hypergamy)'이라 할 수 있다. 하지만 국제결혼을 선택하는 남성은 결혼할 여성을 자국 내에서 구하지 못하는 열악한 경제적·사회적 위치에 있을 가능성이 크고, 국제결혼을 하는 여성이 반드시 가난하거나 교육 수준이 낮은 것도 아니라는 점에서 글로벌 상승혼이 일방적으로 여성의 상승혼이라고 할 수 없는 다양한 모순이 존재한다고 할 수 있다(ibid., 2005). 타이(Thai, 2005)는 미국으로 이주한 베트남 남성 교포와 베트남 본국의 엘리트 여성의 결혼 사례를 통해 이주여성의 하향적 계급이동의 측면을 지적한다. 국제결혼을 하는 남성의 사회경제적 지위는 다양하며, 국제결혼을 한 가지 모델로 설명하는 것은 지나치게 현실을 단순화한다고 할 수 있다. 따라서 국제결혼이주를 설명할 때 국적·민족, 젠더, 계급 등 다양한 범주들이 함께 고려되어야 할 것이다.

한편 국제결혼이주라는 지리적 이동에 있어서 무엇보다도 권력관계를 고려해야 한다는 주장이 있는데, 메시(Massey, 1994; Constable, 2005에서 재인용)는 글로벌화에 따른 "시공간 압축이 어떤 집단에는 이득을 얻고 권력과 영향력을 증대시키는 반면, 다른 집단은 전혀 그렇지 않다"고 하면서 "권력의 지형학"을 말하고 있다. 콘스타블은 이러한 관점이 젠더 관계에서 "왜 여성은 결혼을 위해 이주하는 반면, 남성은 그렇지 않은가"라는 물음에 유용하다고 받아들인다. 하지만 메시는 이주가 일방향으로 일어나는 것으로 전제하고 있다고 비판하면서 콘스타블은 이주가 한쪽으로 흐르는 일방향성을 가지거나 어느 한편이 이득을 얻고 다른 집단은 그렇지 않은 명백한 패턴이 나타나는 것이 아니라는 점을 강조한다. 국제이주라는 현상을 설명하기 위해서는 정치적·역사적·사회적·문화적 논리뿐만 아니라 개인의 사회적 위치, 상상, 열망 등을 고려해야 한다고 지적한다(ibid., 2005).

(3) 초국가적 네트워크 이주

글로벌화는 국경의 의미를 축소하였고, 교통과 통신수단의 발달로 인해 이주자들은 본국과의 유대를 더 쉽게 그리고 가깝게 유지할 수 있는 환경 속에 위치해 있다(Castel & Miller, 2003). 글로벌화의 보편적인 현상 중 하나로 진행되는 초국가적 과정은 이주자들의 사회 문화적·민족적 배경이 유입국에 접합되면서 가져온 다문화 현상과 국가의 정책들을 통해서 촉진되고 있다.

인류학자인 그릭 쉴러 외(Glick-Schiller et al., 1992)는 미국으로 이주한 캐러비안 지역 출신 이주자들과 필리핀 이주자들이 이전의 이민자들의 경험과는 다르게 적극적으로 본국과 지속적인 유대를 맺어가고 있는 현상을 주목하였다.[22] 그들은 이주자가 네트워크를 통해 본국과 맺는 경제적·정치적·문화적 유대를 초국가주의(transnationalism)로 개념화하고, 글로벌화의 맥락에서 구성되는 이주자의 삶과 경험이 동화이론의 예측과는 다르다는 점을 강조한다. 오늘날의 이주자들은 과거의 이주자들과는 달리 본국과의 적극적인 유대를 형성하고, 국경을 횡단해서 두 개의 사회를 하나의 사회적 장으로 연결시킨다고 보았다. 즉, 초국가주의란 이주자들이 본국과 정착국을 서로 연결시키는 다양한 사회적 관계를 통해 이를 촉진하고 유지하는 과정을 의미한다(Basch et al., 1994). 또한 초국가주의는 이주자들이 정치적 국경을 넘어서 경제적 향상과 사회적 인정에 대한 요구를 충족하기 위해 창출된 촘촘한 네트워크라고 할 수 있다(Portes, 1997).

인류학자들(Glick-Schiller et al., 1992; Basch et al., 1994)은 주로 초국가주의를 기존의 동화론적 시각으로 설명할 수 없는 이주자의 새로운 적응양식으로 본다. 이들은 동화론과 초국가주의를 엄격하게 구분하고 초국가주의가 동화론의 대안이라고 말한다. 하지만 초국가주의와 동화주의의 관계를 이분법적으로 보기보다는 이 둘의 관계를 상호보완적인 것으로 보는 이론적 입장이 있다. 이들 입장에서 보면 초국가주의가 정착국에서 동화를 늦추게 하는 요인이라기보다는 오히려

---

22) 초국가주의 개념의 확실한 사용은 1990~1994년의 기간에 이루어진 것으로, 인류학자인 Nina Glick Shiller, Linda Basch, Christina Szanton Blanc 등이 1990년에 뉴욕사회과학원, 워너-그랜 재단, 인간연구재단 등에서 지원을 받아 초국가주의에 대한 컨퍼런스와 1992년에 책을 출간, 2년 후 1994년 스페인에서 열린 "초국가주의, 국가건립, 그리고 문화"라는 심포지엄과 또 다른 저서를 발간한 일련의 과정에서 발전되었다(Kivisto & Faist, 2010).

동화를 촉진하는 과정이 될 수 있다고 지적한다(Kivisto, 2003; Portes et al., 2002). 키비스토와 파이스트(Kivisto and Faist, 2010)는 동화주의가 정착국에 통합되는 방식(mode of incorporation)에 관련된 것이라면, 초국가주의는 본국과 정착국 사이를 결합하는 방식(mode of connection)에 관련된 것이라고 지적한다.

많은 사회학적 연구들은 인류학적 초국가주의 개념이 모호하여 분석력이 떨어지고, 그 논의가 주로 사례연구에 기반하고 있으므로 일반화하기 어려움에도 불구하고, 마치 보편적인 현상처럼 과장하고 있다고 비판한다. 예를 들면, 포르테스(Portes et al., 1999)는 이주자와 이주단체가 본국과 맺는 관계와 활동 중에서 오직 지속적이고 유지 가능한 것만 초국가주의 현상에 포함시켰다고 비판한다. 또한 포르테스(Portes, 1998; Portes et al., 1999)는 초국가주의가 본국과 정착국 사이의 긍정적인 네트워크 유형만 다루고 있을 뿐 다양한 네트워크 형태를 포괄하지 못한다고 하면서, 초국가주의 안에는 초국적 기업이 본국으로 진출한 경우, 정착국에 완전히 동화되어 초국가주의가 포기된 경우, 그리고 자녀 세대에서 초국가주의가 거절된 경우 등 다양한 경로를 고려해야 한다고 주장한다.

또한 사회학적 연구들은 초국가주의가 역사적으로 새로운 현상이거나 이주자의 새로운 적응양식은 아니라고 지적한다. 19세기와 20세기 초기의 이주자들도 본국과 유대를 갖고 있었을 뿐만 아니라 본국의 정치적·경제적 활동에 참여했다는 것이다(Kivisto & Faist, 2010; Levitt et al., 2003). 또한 초국가주의는 이주자들의 적응과 정착에 영향을 미치는 다양한 힘들 가운데 하나일 뿐이라고 지적한다(Levitt, 2002). 그렇지만 이전의 이주 연구들이 주로 정착국에서의 동화에 초점을 맞췄다면, 초국가주의는 출생국과의 유대로 관심을 전환하고, 이주자의 문화적 정체성(Ong, 1999)과 송출국의 맥락의 중요성을 제기했다는 점에서 이주자의 삶과 적응과정을 이해하는 데 유용하다는 점은 부인할 수 없다.

국제이주로 인해 본국 가족과 떨어져 지내는 초국가적 가족은 역사적으로 전 세계의 다양한 지역에서 임시 이주노동자들이 가족을 형성하는 일상적인 형태였다. 이주민은 본국에 남아 있는 가족 네트워크를 활용하여 자신의 자녀양육을 위탁하고, 부모나 형제에게 돈을 송금하여 그들 가족의 생계를 유지하게 지원하는 한편 가족과 떨어져 있는 가족별거의 감정을 경험한다(파레냐스, 2009). 한국 남성과 결혼한 이주여성도 본국의 가족을 떠나왔지만 본국 가족과의 네트워크를 유지하면서 정서적 유대와 지지, 경제적 지원 등의 관계를 맺으며 살아가고 있다. 하지만 한국에서 초국가적 가족이나 초국가적 네트워크에 대한 연구는 이제 시작단계에 있고, 그나마 주로 필리핀이나 조선족 이주 집단에 집중되어 있어 앞으로 보다 다양한 이주 집단에 대한 연구로 범위를 넓혀야 할 것으로 보인다. 이주 집단마다 본국과 맺는 네트워크의 형태와 관계의 질은 다를 것이기 때문이다. 또한 정착국과 송출국 두 국가 비교 연구도 많지 않은 실정이다. 따라서 결혼이나 노동, 성 산업 이주 등 이주 유형에 따라 이주자들이 한국 사회 내 공적 영역과 사적 영역에서 맺는 유대관계가 어떻게 달라지는지, 본국과 정착국에서 맺는 네트워크 형태는 무엇인지, 이주 집단 내 성별 차이는 어떻게 나타나는지, 초국가적 네트워크의 의미가 이주 집단의 세대 간에 차이를 가져오는지 등에 대한 문제들을 앞으로 심도 있게 논의해보아야 할 것이다.[23]

한편 초국가적 네트워크에서 사회적 자본 개념이 주요하게 등장하는 이유는 이주자에게 초국가적 가족유대가 곧 사회적 자본이기 때문이다. 사회적 자본(social capital)[24]은 행위자의 개인적 특성에서 얻어지는 것이 아니라 지속적인 사회적 관계를 통해 생성되는 자원을 의미한다. 이러한 자원에는 정보, 유대감, 신뢰, 상호 호혜성 등이 있다. 이주자들이 네트워크를 통해 정보를 얻고, 감정적 지지를 얻으며 공동체에 참여함으로써 자기 정체성을 유지하는 등의 행위가 이에 해당된다.

초국가주의에 대한 논의는 주로 공적 영역에서 이민자들, 즉 이주노동자들이 그들의 정치적·경제적·문화적 활동과 정체성에 초점이 모아지는 반면, 사적인 영역에서 주로 결혼이주자들이 본국 친족집단과 맺는 유대는 관심이 덜한 편이다. 따라서 이에 대한 이론적 논의는 많지 않지만 파이스트(Faist, 2000)의 분석틀은 많은 시사점을 준다. 그는 그릭쉴러 등의 사회적 장의 개념이 단순히 물리적 공간개념에 한정되어 있다고 비판하면서, 대신 물리적 공간 개념과 기회

---

23) 이주민들의 네트워크 혹은 연결망에 관한 관심은 주로 한국 사회에서 친구나 공동체에 소속되어 사회적·경제적 활동을 하고, 문화적 정체성을 유지하는 것에 모아지는데, 이러한 연결망은 이주민에게 긍정적인 측면으로 보고된다. 한편 쯔지모 도시코(2006)는 한국 내 필리핀 이주여성들의 네트워크의 특성은 파레나스(2009)가 지적한 것과 같이 '연대'와 '분열'의 두 가지 측면이 모두 존재하고, 에스닉 공동체 내에서도 차별적인 집단이 존재함을 보여준다. 따라서 이주민의 사회적 연결망은 이주민 집단 내부와 이주민 집단 간 계층화 측면을 고려해야 할 것이다.

24) 사회적 자본에 대한 개념 정의는 때로는 모호하다. 사회적 자본이란 개념이 사회학에서 정의되고 이론화를 시도한 대표적인 학자로 부르디외(Bourdieu, 1986)와 콜만(Colman, 1988)을 뽑을 수 있는데, 두 학자의 이론적 지향점이 다른 만큼 사회적 자본 개념도 다르게 쓰인다. 먼저 부르디외는 사회적 자본을 "상호 면식과 인정의 다소 제도화된 관계의 지속적인 네트워크와 관련된 것으로, 다른 말로 한 집단에서의 멤버십과 같은 것으로, 실제적 혹은 잠재적 자원의 총량"으로 정의한다. 반면, 콜만은 "사회적 자본은 그것의 기능에 의해 정의된다. 사회적 자본은 하나의 실체가 아니라 서로 다른 실체들의 복합체이다. …… 다른 자본의 형태와 같이 사회적 자본은 생산적이고, 목적을 성취하게 하지만 그것이 없을 경우는 실현 불가능하다. 다른 자본과는 달리 사회적 자본은 행위자와 다른 행위자들 사이에 관계의 구조 안에 내재해 있다"고 말한다. 부르디외와 콜만의 사회적 자본의 정의에서 얻어지는 공통점은 사람들과의 "관계" 속에서 자기 이해를 실현한다는 점이다.

구조를 포괄하는 공간의 개념으로 사회적 공간을 주장한다. 초국가적 사회적 공간은 초국가적 친족 집단, 초국가적 교류(circuits), 초국가적 공동체 등 세 가지 유형으로 구성된다. 이 세 가지 유형은 각각 서로 다른 유대를 가진다. 친족 집단은 송금 형태에서 보여주듯이 상호 호혜성의 유대를 특징으로 하고, 초국가적 교류는 도구적 교환유대로 상호 간의 이익을 극대화하기 위한 목적합리적인 행위를 기반으로 하여 이를 위반할 때는 상응하는 보복이 뒤따른다. 마지막으로 초국가적 공동체는 공유된 집단정체성으로부터 나온 결속력으로 특징지어진다. 그의 분석틀은 사적인 영역인 친족 집단을 포함한 다양한 사회적 장을 유대 유형에 포함하고, 사회적 공간마다 특징적인 유대의 성격을 통찰한 데 의의가 있다.

하지만 파이스트는 주로 유대의 유형들을 개념화하는 데 관심을 두고 동일한 행위자가 다양한 유형에 동시적으로 관여함으로써 생길 수 있는 갈등의 측면을 보지 못했다는 점은 아쉬움으로 남는다. 이 책에서는 사적 영역인 친족 집단 간 네트워크에 주목하여, 가족유대의 유형과 유대 성격, 송금의 의미와 송금 행위를 둘러싼 갈등과 협상의 측면, 그리고 연쇄 이주 등을 살펴볼 것이다.

(4) 행위성 접근방법(Agency approach)

앞에서 살펴본 바와 같이 국제이주의 흐름과 경향을 설명하는 이론들은 주로 국제노동이주가 왜 그리고 어떻게 일어나는가에 초점을 맞추고 있는 반면에, 여성주의 관점은 결혼이주 등과 같은 여성 이주자의 일상적 삶의 경험에 분석의 초점을 맞추고 있다. 여성주의 관점에서 진행된 초기 연구들은 여성 이주자들의 이주경험을 결혼중개업체의 성매매적 측면이나 가부장적 남성의 폭력 등으로 인한 피해자적인 측면에 주로 주목하였다(Wang & Chang, 2002; Constable, 2003; Parker, 2005; Williams, 2010; Wang, 2007).[25] 즉, 여성 이주자들은 빈곤이나 가부장적 억압과 같은 구조적 상황에서 어쩔 수 없이 국제이주를 생존의 한 방편으로 선택한다고 보거나, 이주 후 여성 이주자들은 사회적 편견에 노출되어 정체성을 상실할 뿐만 아니라 노동착취, 가부장적 억압과 가정폭력의 희생양이 된다고 보았다. 그러나 최근 여성주의의 시각에서 진행되어 온 이주 연구들은 여성 이주자의 이주결정 과정과 이주 후 삶의 경험에서 적극적이고 역동적인 측면을 주목하면서 행위성을 그 분석도구로 활용하고 있다(Constable, 2003, 2005; Nakamatsu, 2003, 2005b; Parker, 2005; Williams, 2010; Wang, 2007).

행위성 접근법은 사회학에서 구조와 행위의 이분법을 극복하고 구조와 행위의 상호작용을 강조하기 위한 다양한 시도 중 하나이다. 예를 들면, 기든스(Giddens, 1991, 1998)의 구조화 이론이나 부르디외(Bourdieu, 1977)의 실천 이론은 이분법적 사고, 즉 인간의 행위를 구조에 의해 강제되는 수동적인 행위자로 보는 입장과 자유의지에 의한 합리적 의사결정 행위자로 보는 입장을 지양하고, 구조와 행위를 매개하는 개념으로 행위성을 설정한다. 기든스의 구조화 이론에서 행위성은 사회적 행위자가 일상적인 상호작용과 사회관계의 맥락 안에서 자신이 바라는 목적을 이룰 수 있는 능력으로 정의된다. 구조는 다양

---

25) Wang(2007)은 이주여성을 "희생자(victim)"로 보는 것은 외국인 신부가 전통적인 가부장제 관계 속에서 성 역할을 수행하는 존재, 그리고 남편 가족을 위해 돈을 주고 사온 존재로 바라보는 시각에 전제되어 있다고 말한다.

한 사회적 상호작용의 맥락에 적용되는 규칙과 권력의 원천으로 작용하는 다양한 자원들을 포함하며, 상호작용의 규칙을 인지하고 자원을 동원하여 권력을 행사하는 사회적 행위자의 실천행위를 통해 작동된다. 즉, 구조는 인간의 실천행위를 제약하지만 동시에 이를 가능하게 하며, 인간의 실천행위를 규정하지만 동시에 인간의 실천행위를 통해 재생산된다.

또한 부르디외의 실천이론에서 행위성은 자율적이고, 사려 깊으며 전략적인 행동을 취할 수 있는 능력으로 정의된다. 이러한 능력은 선천적으로 주어진 것이 아니라 행위자의 아비투스에서 나온다. 이는 구조화하는 구조에 의해 조건 지어진 실천과 재현들을 생산하는 발생적 과정으로, 인간의 사고와 성향을 형성하고 다양한 역할 수행을 가능하게 해준다. 즉, 구조는 단순히 행위의 외적 조건이 아니라 주관성 속에 내면화되고 체화된 것이라 할 수 있다. 또한 다양한 사회적 활동의 장(field) 안에서 상호작용하는 행위자가 주어진 권력관계 안에서 원하는 자원을 얻기 위해 조율하고 투쟁하는 잠재력은 행위자가 가지고 있는 다양한 형태의 문화적·사회적, 그리고 상징적 자원에 달려 있다.

이러한 이론적 작업에서 행위성의 개념을 간추려보면 인간의 행위는 자신의 위치에 따라 자원, 자본 등을 동원하여 구조와 상호작용한다는 점과 행위와 구조는 실천이나 아비투스에 의해 매개된다는 점, 그리고 실천을 통해 구조를 생산, 재생산, 변형한다는 점이다. 즉 인간의 행위는 개인이 활용할 수 있는 자원이나 자본 그리고 외적 구조를 체화한 개인의 동기(motivations), 열망(aspirations), 의도(intentions) 등을 통해 분석할 수 있고, 이러한 조건들의 차이가 행위의 다양성을 가져오는 것으로 이해할 수 있다.

하지만 행위성의 개념은 몇 가지 이유에서 주의를 요한다. 서구의 학문적 전통에서 행위성은 개인의 자유의지 혹은 자율적이고 합리적인 개인주의 관점에서 이를 개념화하고 있다는 점이다(Parker, 2005; Ahearn, 2001). 이러한 서구의 개인주의의 관점에서 보면 행위성은 개인의 이해와 목표를 실현하는 노력에 한정되기 때문에 자신보다는 가족의 건강과 안정을 우선시하는 여성의 관계적 행위성은 간과하는 결과를 초래한다고 비판받는다. 따라서 행위성의 개념은 원자론적 개인주의적 행위로 볼 것이 아니라 관계적 차원의 사회적 행위로 살펴볼 필요성이 제기된다. 이러한 비판을 수용하면, 기든스와 부르디외의 이론적 논의를 통합하여 관계론적 관점에서 행위성을 접근하는 스웰(Swell, 1992)의 논의가 설득력을 갖는다(Blackwell, 2010). 스웰은 행위성을 원자론적으로 바라보는 시각을 반대하면서 행위성을 사회관계 속에서 이를 통제하고 변형시킬 능력으로 정의한다.

행위성의 접근에 있어서 또 다른 위험은 흑인 여성의 억압에 대해서 말하는 백인 여성의 관점처럼, 외부의 관점에서 행위자를 바라보고, 외부자의 기준으로 평가하는 경향이다. 에이런(Ahearn, 2001)은 행위성을 자유의지와 동의어로 사용할 경우, 행위성의 사회적 성격과 인간의 의도에 영향을 미치는 문화의 영향력을 간과하게 된다고 말한다. 예를 들면, 여성의 비활동성(inactivity)이나 침묵은 서구의 관점에서는 행위하지 않는 것으로 보지만, 수동적인 행위 역시 강력한 행위성의 표현이라는 것이다(Parker, 2005). 파커는 행위성은 사회적 관계와 문화적 실천 속에서 항상 일어난다고 말한다. 이런 의미에서 에이런(Ahearn, 2001)은 행위성이란 "사회 문화적으로 매개된 행위의 가능성"이라고 정의하면서, 인간의 행위가 사회적·문화적 맥락 속에서 이해되어야 함을 지적하고 있다. 예를 들면, 이주여성이 가족을 위해서 이주를 선택하는 것은 서구의 개인주의 시각에서 보면 자아가 없거나 행위성이 없다고 판단할 수 있지만, 개인보다 공동체를 중시하는 동양적 사고에 의하면 이러한 행위는 여성의 행위성으로 볼 수 있는 것이다. 따라서 행위성에 대한 접근법은 자신의 이야기를 하고, 그들의 목소리를 전하는 방식으로 접근되어야 하고(Williams, 2010), 행위 이면에 배태된 사회 문화적 맥락을 고려해야 할 것이다.

한편 동일한 행위라 할지라도 행위자의 주체에 따라 서로 다른 행위성에 대한 평가가 내려질 수 있다는 점을 강조한다. 여성과 남성의 행위성 자체가 본질적으로 다르다기보다는 행위성의 표현이나 이를 인식하는 것이 성별화된 방식으로 나타난다는 것을 의미한다. 의도하지 않은 행위의 결과를 놓고, 남성의 경우는 "운이 없어서"라고 이야기를 하지만 여성의 경우는 종종 도덕성을 의심받는 경향이 있다(Williams, 2010). 예를 들면, 이주여성에게 이혼과 같은 결혼의 실패는 도덕적으로 비난을 받는 일이 되기 때문에 본국으로 돌아간다는 것은 두려운 일로 여겨지는 것을 이해할 수 있게 된다.

위와 같이 이 책에서는 행위성의 개념을 확장시키고 재정의하면서 행위자의 실천행위를 분석하기 위한 개념으로 사용되고 있지만, 이 개념에 대한 명확한 정의나 합의는 사실상 부재하다(Williams, 2010). 행위성을 분석하기 위해 어떠한 행위를 행위성으로 바라볼 것인가는 학자마다 다르다. 학자마다 행위자들이 억압된 상황에서 대처하는 독립적이고 해방적인 행위나 실천들을 부각시키고자 할 때 사용하거나, 행위자의 경험을 그들의 목소리로 드러내고 현실을 변형시키는 능력으로 사용하고 있다. 또는 행위성을 전략이나 협상의 개념으로 분석하거나 저항으로 나타내고 있다(Kandiyoti, 1988; Nakamatsu, 2005b; 쯔지모 도시코, 2006; 윤형숙, 2005). 그렇지만 행위성의 차원을 권력과 저항, 행위자와 희생자, 효율성과 비효율성 등 이분법적으로 구분하는 것에는 주의를 요한다(Parker, 2005). 행위성은 명확하게 드러나는 것뿐만 아니라 애매하고, 모순성도 포함하기 때문이다.

　이를 종합해보면 여성주의 시각에서 행위성 접근법은 가부장적 억압, 자본주의 착취 그리고 헤게모니적 지배에도 불구하고 결혼이주여성이 자신의 정체성을 유지하고 위계적 사회관계를 조정하며, 원하는 목적을 이루기 위해 협상하고 자원을 동원하는 개인적이고 집합적인 노력을 지칭하기 위해 사용되었다고 볼 수 있다(Parker, 2005; Constable, 2003; Williams, 2010). 본 연구에서 행위성의 차원은 명확히 구분되기보다는 몇 개가 동시에 겹치기도 하고 상호 모순되기도 하는 것으로 간주하고, 정체성의 측면, 전략, 협상, 순응과 저항, 혁신(innovation) 등 다양한 실천행위로 나타난다고 보았다. 정체성은 이주여성이 자신을 외국인, 이주여성, 좋은 엄마, 베트남 사람 등 어떻게 자신을 바라보는가와 관련되고, 전략은 취업이나 송금 행위, 미래 삶의 전망 등에서 자신이 의도한 바를 이루기 위해 계획이나 의사결정을 내리는 행위와 관련된다(Williams, 2010). 협상은 이주여성이 남편과 자녀를 몇 명을 낳을 것인지, 언제까지 키우고 취업을 할 것인지, 재이주를 할 것인지, 자녀를 유학을 시킬 것인지, 아내로서 어머니로서 성 역할을 어떻게 할 것인지 등을 의사 결정할 때 잘 나타나고 있다. 순응과 저항은 성 역할 규범이나 문화적 규범, 구조적 강제를 수용하거나 거부하는 행위를 의미한다. 마지막으로 혁신은 창조적이고 새로운 방법으로 현실적 조건을 극복하려는 행위를 의미하는데, 본 연구에서는 가족의 경계나 가족의 정의를 설정하거나 이중적 준거틀을 사용하는 것에서 이러한 행위성이 나타나는 것으로 보았다.

2. 국내 선행연구

1980년대 말까지 국내에서 수행된 국제결혼에 대한 연구는 주로 미군 아내인 한인 여성에 대한 것이었고(이혜경, 2005), 이주여성에 대한 본격적인 연구는 1990년대부터 시작되었다. 주요 연구를 살펴보면, 정부 차원의 실태조사연구들과 시민단체에서 이주여성들이 겪는 폭력과 차별 등의 상담사례를 가시화하고 정책 제안 등을 엮은 자료들과 학문영역에서는 국제결혼여성과 다문화 가족의 현실 적응에 관한 문제에서부터 자본주의적·가부장적 사회구조에 대한 문제제기까지 다양한 범주 속에서 많은 논의들이 축적되고 있다.

이들 연구의 흐름을 요약해보면 첫째, 국제결혼 가정이 겪는 어려움에 대한 연구들은 부부관계, 가족관계, 친족관계, 사회생활 등 구체적인 사회적 실천 안에서 차별/적응의 문제가 어떻게 나타나고 있는가를 살펴보고 있다. 둘째, 다문화주의의 맥락에서 이주여성의 사회적 통합을 시민권(citizenship) 개념으로 접근하는 연구들이 있다. 이주여성을 사회의 성원으로 받아들이기 위한 조건으로 시민권에 대한 분석은 이들이 어머니나 아내로서의 권리만이 아닌 시민으로서, 사회의 주체로서의 권리를 요구한다고 본다.

첫 번째 분류에서 여성학적 시각에서 쓴 논문은 가부장적 성별체제에서 성별 불평등의 재생산 관점에서 '이주여성'의 경험을 분석한다. 외국인 신부라는 사회적 낙인과 못사는 나라에서 왔다는 편견, 가정폭력 등의 상황에서 이주여성은 이에 어떻게 맞서고 있는지를 여성의 입장에서 분석하고 있는 글들이 두드러진다(홍기혜, 2000; 이해응, 2005; 윤형숙, 2005). 이혜경 외(2006)는 초국가주의에서 파생된 개념으로 초국가적 가족 현상에 초점을 맞추어서 조선족 이주여성이 이주를 하는 맥락과 가족 내에서 이주여성의 역할과 정체성을 연구하고 있다. 초국가주의 개념에 근거해서 이주여성의 정체성의 변화 측면을 적극 부각시키고 있는 김정선(2009)은 필리핀 이주여성들의 자생적 공동체를 사례연구 하여 이주여성들이 자신의 모국과 한국에서 맺는 이중적인 경계에서 분열되고 양가적인 정체성이라는 측면을 지적하고 있다. 인류학적 시각에서 김민정(2007)은 한국 농촌 총각과 결혼한 필리핀 아내를 살펴보는데, 양변친족관계를 이루는 필리핀 여성이 한국의 가부장적 부계혈통주의 가족관계 속에서 어떻게 적응하고, 생존전략을 구사하는지를 부부관계와 고부관계 속에서 살펴보고 있다.

한편 한국 남성과 결혼한 외국인 아내와는 상반된 한국 여성과 결혼한 외국인 남성 연구가 이주가족에서 연구되고 있는데, 조성원(2000), 김민정(2003) 그리고 김정선(2004)을 예로 들 수 있다. 이들 연구에서는 한국 여성이 '한국' 국적이라는 사회적 자원을 가졌다는 점에서 가부장적 성별관계를 재배치할 가능성이 있고, 경제적 동기보다는 사랑이라는 정서적 관계에서 형성되었다는 점 등이 결혼이주여성의 경험과는 다르게 해석되고 있다. 이러한 결혼은 개인적 수준에서 성별 관계의 역동성이 보이긴 하지만 구조적 차원의 가부장적 성별 체제 속에서 젠더 관계의 측면은 간과되고 있다는 점에서 한계를 가진다.

두 번째 흐름 속의 연구들은 정부에서 추진하는 다문화주의 정책이 동화주의(assimilation) 전략을 넘어서 이주여성을 새로운 주체로 받아들이고, 이들에게 어머니 혹은 아내로서의 시민권이 아니라 적극적인 시민으로서의 권리를 주장하는 논의들이다. 다문화 사회에서 이주여성이 한국 사회의 시민으로서 자리매김하기 위해서 이주여성의 문화적 정체성을 인정하고, 시민적 주체로 인식의 전환이 필요하다는 것이다(김영옥, 2007). Km(2009)은 한국 농촌 남성과 결혼한 필리핀 이주여성을 젠더, 시민권, 국제적 결혼이주라는 세 가지 분석틀을 사용해서 이주여성의 가족관계에 나타나는 행위성과 시민권의 성격을 논의하고 있는데, 이주여성에게 시민권은 파편적임을 지적하고 있다.

이외에도 이재경(2009)은 결혼이주를 경제적 관점에서만 부각되는 것을 비판하면서 감정, 사랑, 애정, 친밀성 등 비물질적 요소들 또한 결혼, 가족, 젠더 관계를 분석하는 기본 개념임을 주장하면서 친밀성과 경제적 동기가 결합되는 방식을 이론적 차원에서 논의하고 있다. 그렇다면 이주여성에게 낭만적 사랑, 친밀성이 경제적 동기와 어떻게 접합되는지, 그리고 이러한 감정적 요소들이 깨지기 쉬운 도구적·경제적 거래로서의 결혼을 유지하는 데 어떻게 활용되는지 혹은 경제적 동기들이 어떻게 낭만적 사랑을 구성하는지 등을 구체적인 사례를 통해 연구되어야 할 것이다.

이상을 종합하면, 그간 다양한 이주 연구가 축적되었다고는 하나 국제결혼이주를 성별, 계급, 민족이라는 불평등기제의 역동적인 관계

속에서 다차원적으로 분석되지는 않았고, 특정 문제 중심의 성별 관계로만 보든지, 아니면 행위자의 정체성이나 저항 측면에서만 연구된 것으로 보인다. 그리고 이주자들이 본국 가족이나 사회에 맺는 초국가적 네트워크 측면은 크게 주목을 받지 못하고 간과되어 왔다.

따라서 결혼이주현상을 지구적 차원의 사회경제적 체제, 행위가 일어나는 구조적 맥락을 고려하여 젠더, 계급, 민족의 사회적 위치 속에서 개인 행위자가 결혼이주를 실천하는 과정에 대한 체계적인 연구가 필요한 것으로 보인다. 이 책은 이러한 시도 중 하나가 될 것이다.

02

결혼이주 과정

결혼이주는 여성과 남성의 결혼동기, 맞선과정, 결혼의 의사결정과 이주로 이어지는 일련의 '과정'으로 전개된다. 이 장에서는 결혼이주 과정에 나타난 이주의 맥락과 결혼이 결합하는 모습에 초점을 맞추고 있다. 이주의 맥락은 한국과 베트남에서 이주를 유인하고 이끄는 사회구조적 동력을 의미한다. 구체적으로 이주여성과 남성이 국제결혼을 선택하게 되는 이유, 동기, 삶의 기대, 열망 등과 같은 개인적 요인은 가족상황, 사회경제적 지위, 결혼중개업소의 개입 등에서 영향을 받는다.

이주여성들은 경제적 어려움이나 보다 나은 삶을 기대하고 이주를 선택하지만, 배우자를 선택할 때는 그러한 기대를 실현시켜 줄 수 있는 배우자의 조건 등을 고려하기보다는 지극히 개인적인 취향이나 이끌림 등으로 선택한다. 이러한 선택은 두 가지 측면에서 모순된다. 보다 나은 경제적 삶을 보장해줄 배우자의 사회경제적 지위를 배우자조건으로 살펴보기보다는 첫인상이나 이끌림 등 비경제적인 요인에 의해서 배우자를 선택한다는 점에서 이주여성의 선택은 모순된다고 할 수 있다.

한편으로는 이주여성의 배우자 선택은 개인주의에 기반을 둔 자유로운 의사결정인 것처럼 선전되고 실제 그러한 것으로 여겨지지만, 이러한 선택의 기저에는 사회경제적 계급, 인종, 종교적 신념 등 문화적으로 구성된 이유에서 배우자를 선택하게 되는 구조적 요인과 조우하게 된다(Jongwilaiwan and Thompson, 2011). 이것은 개인의 선택이 백지의 상태에서 무제한적으로 이루어는 것이 아니라 어느 정도 구조에 의해 제약된다는 점에서 양가적이라 할 수 있다.

남성 역시 일방적인 가해자 담론의 이미지와는 달리, 새로운 삶의 기대와 인생의 전환으로 결혼을 선택한다. 남성의 입장에도 결혼중개 시스템에서 소외되기는 마찬가지이다. 그러나 젠더 관계에서는 여성에 비해 우월적인 지위를 가지며, 국제결혼을 하게 되는 부정적인 사회적 인식을 '젊은 아내'를 선택할 수 있는 위치로 전환시킨다. 이주여성과 남성의 경우 구조적 제약과 행위성 사이에서 긴장관계가 드러나고, 이러한 긴장은 때로는 모순적인 태도나 양가적인 행위로 나타난다.

1. 국제결혼이주의 구조적 맥락

(1) 한국의 사회구조적 맥락

한국 사회에서 노동이주자와 결혼이주자의 증가로 다문화 사회에 대한 논의가 본격화되고 있지만, 한국 사회로의 이주 유입은 비교적 최근의 일이다. 한국 역시 이주민을 송출하는 국가였다.[26] 윤인진 (2003)에 의하면 한국이 이민 정책을 처음으로 수립한 1962년, 정부는 잉여인구를 외국으로 보냄으로써 인구 압력을 줄이고, 교포들의 송금으로 외화를 벌기 위한 목적으로 남미, 서유럽, 중동, 북미로 집단 이민과 계약 이민을 시작하였다. 한국이 북미와 캐나다에 이주를 시작하게 된 배경은 미국과 캐나다의 이주정책이 북서구 유럽계 중심의 이민자 수용에서 이민의 문호를 개방한 데 기인한다. 이후 서울올림픽을 정점으로 미국으로의 이민은 감소하기 시작한다(윤인진, 2003; 설동훈, 2000). 한국은 경제성장에 힘입어 1980년대 후반부터 3D 업종 분야에 인력난을 겪게 되고, 이로 인하여 저임금 미숙련 노동 이민자의 유입이 증가하여 1993년 산업연수생 제도를 도입함으로써 외국인의 이주가 본격화된다. 설동훈(2000)에 의하면 한국의 연수생 수는 1991년 599명에 불과하였으나 1994년 24,050명으로 급증하였고 1997년 81,451명으로 늘어나는데, 이처럼 연수생 수가 급증한 것은 국내 중소기업들이 산업연수생을 대규모로 수입하였기 때문이라고 논의한다.[27]

---

26) 정근식(2004)은 560만여 명에 이르는 해외 한인의 규모와 8%의 해외 인구 비율은 한국이 세계 주요 이민국가에 속한다는 것을 단적으로 보여준다고 말한다.

한편 한국 사회에서 결혼이주는 1990년대 초 정부 주도의 농촌 총각 장가보내기 사업으로 시작된 국제결혼이 조선족 중심으로 이루어지다가, 2000년 이후 동남아시아권 여성과의 국제결혼이 급격히 증가하였다(홍기혜, 2000; 윤형숙, 2005; 김현미 외, 2007; Lee, 2008). 또한 베트남, 필리핀, 캄보디아 등 동남아시아권만이 아니라 우즈베키스탄, 키르기스스탄, 몽골 등 아시아 지역으로 국제결혼이 확대되고 있다.

국제결혼의 양적 증가가 한국 사회에 국한된 현상은 아니다. <표 2>에 나타난 바와 같이, 사실 동아시아 주요 나라에서 국제결혼이 점차 증가되는 추세를 보인다. 한국의 경우 2010년 국제결혼 건수는 10.5%, 대만의 경우는 2005년 이후 국제결혼 건수가 줄어들고는 있지만 전체 결혼 건수 중 10% 이상의 비율을 차지하고 있고, 싱가포르는 전체 결혼 건수 중 국제결혼이 30% 이상의 높은 비율을 보인다. 상대적으로 일본은 5% 미만의 국제결혼율을 나타내고 있다.

---

27) 한국의 외국인 근로자 고용정책은 1991년 해위투자기업 산업기술연수생제도를 시작으로 1994년 중소기업을 대상으로 한 외국인 산업기술연수생제도를 거쳐, 2004년 고용허가제로 변화되어 왔다. 고용허가제는 순수 외국인을 고용 허가하는 일반고용허가제(E-9)와 외국국적동포를 고용 허가하는 특례고용허가제(H-2)로 구분된다. 일반고용허가제로 입국하는 외국인 근로자 수는 매년 외국인력정책위원회에서 외국인 인력수급을 결정하는데 2012년 도입쿼터 외국인 수는 57,000명이었다.

〈표 2〉 동아시아의 주요 국가별 국제결혼율

	한국		일본		대만		싱가포르	
	혼인 건수	국제결혼 비율(%)	혼인 건수	국제결혼 비율(%)	혼인 건수	국제결혼 비율(%)	혼인 건수	국제결혼 비율(%)
1970	-	-	1,029,000	0.5	-	-	-	-
1980	-	-	775,000	0.9	-	-	-	-
1990	-	-	722,000	3.5	-	-	-	-
2000	332,000	3.5	798,000	4.5	182,000	23.0	20,500	31.2
2001	318,000	4.6	800,000	5.0	171,000	25.1	19,990	32.3
2002	305,000	5.0	757,000	4.7	173,000	25.9	20,700	31.2
2003	303,000	8.2	740,000	4.9	171,000	28.4	19,458	32.7
2004	309,000	11.2	720,000	5.5	131,000	21.4	19,615	36.3
2005	314,000	13.5	714,000	5.8	141,000	17.9	20,494	41.0
2006	331,000	11.7	731,000	6.1	142,000	14.5	20,778	39.3
2007	344,000	10.9	720,000	5.6	135,000	16.0	20,775	38.9
2008	328,000	11.0	726,000	5.1	155,000	11.8	21,042	38.7
2009	310,000	10.8	708,000	4.9	117,000	15.6	-	-
2010	326,000	10.5	-	-	139,000	12.8	-	-

※ 출처: Jones, G. W.(2012), pp.2~5의 표를 재구성(한국과 대만의 경우 동족 간의 결혼이 포함되어 있고, 자
국 여성이 외국인 남성배우자와 결혼한 경우도 포함되어 있음).

국제결혼 초기 지방자치단체[28)]에 의해 주도되었던 국제결혼은 1990
년대 중반 이후 상업화된 결혼중개업소와 특정 종교단체가 개입하면서
급격히 늘어나는데(김이선 외, 2006), 1998년 700여 개이던 결혼중개
업소가 2005년 2천 개 이상으로 증가하였다(고현웅 외, 2005; 한건수 외,
2006). 이러한 영향으로 여성결혼이민자와의 혼인 건수는 1990년 619건
에 불과하던 것이 1995년 10,365건, 1999년 5,775건, 2000년 6,945건으

---

28) 충북 청원군의회가 청원지역에서 3년 이상 주민등록을 두고 거주한 만 30세 이상 50세 미만
미혼자가 국제결혼을 할 때 최고 300만 원을 지원해주도록 하는 '미혼자 국제결혼 지원에 관
한 조례'를 추진 중에 있자 지역 시민·사회단체가 성명을 내고, 지방자치단체가 불법적이고
상업적인 국제결혼 중개행위를 조장하고 있다고 반발하고 나섰다. 전국 60여 개 자치단체에서
농촌 총각 문제 해결을 목적으로 결혼비용을 최대 300만 원에서 600만 원 정도 지원하고 있다
(내일신문, 2007. 7. 5일자 참고). 한편 최근에는 농림부에서 국제결혼 남성 가운데 농림어업에
종사하는 비율이 34%로, 농어촌 남성 3명당 1명이 국제결혼을 한 가운데, 정부가 결혼이주여
성을 전문 농업인력으로 육성하기 위해 지방농협에서 농업기술교육을 실시한다고 밝혔다(동아
일보, 2011. 5. 11일자).

로 증가하게 되었다. 1995년과 2000년 사이에는 여성결혼이민자와의 국제결혼의 감소추세가 보이는데, 그 이유는 IMF로 인한 경제위기와 한국 정부가 국제결혼에 대한 비자발급 등 규제를 강화한 데서 기인한다. 그 이후 2001년 10,006건으로 점차 늘어나다가 2005년 30,719건으로 최고치를 기록하고, 2006년 29,665건, 2009년 25,142건으로 나타나고 있다. 전체 혼인 건수 중 국제결혼이 차지하는 비중은 2011년 339,087건 중 29,700건으로 9.2%를 차지한다.[29]

이 외에도 국제결혼이 크게 증가한 이유로 출산력의 저하, 출생성비의 불균형, 도시-농촌 간 지역격차와 성비 불균형 등과 같은 인구학적 요인과 여성의 고학력화와 경제활동 참여율 증가 등으로 인한 결혼 가치관의 변화 등을 요인으로 꼽을 수 있다(김두섭, 2006; 이삼식 외, 2007; Kim and Oh, 2011; Shim and Han, 2010). 한국의 출산력은 1960년 6.2명에서 이후 급격히 저하하여 1983년에 합계 출산율이 2.1인 대체 수준에 도달하였고, 2005년에는 1.08명, 2010년 1.23명으로 저출산 시대에 진입하였다.[30] 그리고 1980년대 중반 이후 태아의 성감별을 통한 선별출산과 인공임신중절로 인해 출생성비는 1990년 116.6으로 높게 나타났다가 점점 줄어들어 2010년 108.2로 나타났다. 이는 다른 동아시아 국가인 일본, 대만과 비교할 때도 한국의 출생성비 왜곡은 큰 것으로 보인다(<표 3> 참조).

---

29) 통계청, 인구동태통계연보, 각 연도 참고.

30) UN의 인구재단인 UNFPA에서 발간하는 「2011 세계인구현황보고서」에 의하면, 전 세계의 15~49세 가임기 여성의 총 출산률은 2.5명으로 선진국은 1.7명, 개발도상지역은 2.6명이다.

〈표 3〉 국가별 출생 성비

	1981	1985	1990	1995	2000	2005	2010	2020	2025
한국	107.2	109.5	116.5	113.2	110.2	107.7	108.2	106.4	106.0
일본	106.0	105.6	105.4	105.2	105.8	105.3	98.8	98.3	98.2
대만	106.7	106.5	108.0	108.8	109.0	109.5	108.5	106.7	106.2

※ 출처: 한국 통계청(2008), Ministry of Internal Affairs(2008), Shajinken(2008), Kim Oh(2011)에서 재인용.

또한 급격한 경제 성장에 따른 도시화는 1950년 18.3%에서 1970년 49.8%, 1990년 60%, 2001년 86.2%로 도시의 인구 집중을 불러왔는데 (Shim and Han, 2010), 대도시 중심으로 노동력이 집중되는 도시화 현상은 특히 젊은 여성의 경우 같은 연령층의 남성보다 더 도시로 이동한 것으로 나타난다(이삼식 외, 2007; Shim and Han, 2010; Nakamatsu, 2003).[31] 출산력의 변화와 인구 이동에 따른 혼인 적령기 남녀 인구 간의 불균형, 출생성비 등의 인구학적 요인이 지속되면 배우자 선택 과정에서 과부족 현상이 나타나 초혼연령을 상승시키고, 미혼율을 높이는 결과를 가져옴으로써 국제결혼을 높이게 된다(김두섭, 2006).

이와 함께 여성의 고학력화와 경제활동 참여 증가, 결혼에 대한 가치관의 변화(이삼식 외, 2007), 양성평등과 여성 지위의 확산, 세계화 등으로 인한 가치관의 변화(김두섭, 2006) 등이 여성들로 하여금 결혼에 대한 태도 변화를 가져와 결혼연기나 지연을 야기하고, 이로 인한 결혼압박이 국제결혼의 증가를 가져온 요인으로 논의되고 있다.

그러나 출산율 저하, 성비 불균형 등이 직접적으로 노동력의 감소와 국제결혼의 증가를 가져오지는 않는다(Kim and Oh, 2011). 하지만

---

31) 젊은 여성의 도시 이동이 높은 이유로는 경공업과 서비스산업에서 여성 노동력에 대한 수요가 증가했는데 이는 여성이 보다 유순하고, 양질의 값싼 노동력을 제공한다는 점에서 그러하다 (Shim and Han, 2010).

이러한 인구학적 변화는 한국 정부의 주요 정책 배경이 되어 노동력을 수입하고, 국제결혼을 장려하거나 혹은 제한하는 사회제도적 배경이 되고 있다는 점에서 고찰할 필요가 있다.

한편 앞에서 지적하였듯이 간과해서는 안 되는 부분은 한국 정부의 정책적 측면과 결혼중개업소의 역할이다. 국가는 이주자들의 입국자격을 부여하고, 입국을 허용할 뿐만 아니라 결혼이주의 욕구를 창출함으로써 이주를 규제하는 역할을 한다(Robinson, 2007). 결혼중개업소는 상업적 이윤추구라는 시장논리에 입각해서 국제결혼에 대한 수요를 창출하고, 대중화하는 데 결정적인 역할을 담당하였다. 이러한 정부 차원의 노력과 결혼중개업소의 적극적인 상품화 전략은 국제결혼을 한번 해볼 만한 것으로 여기게 되는 인식의 변화를 가져온 주된 원인으로 생각해볼 수 있다.

다음으로 한국 사회에 이주하는 여성의 국적을 살펴보면, 대다수는 중국, 베트남, 필리핀 등 아시아 지역 출신이다. 2008년의 경우 중국(46.9%), 베트남(29.4%), 필리핀(6.59%), 일본(4.13%), 캄보디아(2.34%), 태국(2.25%), 몽골(1.85%) 순으로 출신 국적이 다양해졌지만 여전히 중국(한국계 중국인 포함)이 압도적인 다수를 차지한다. 한 가지 주목할 현상은 최근 결혼이주여성의 베트남 여성의 비율이 급격히 증가하고 있는 점이다. 2001년 134명, 2002년 476명, 2003년 1,403명, 2004년 2,462명, 2005년 5,822명, 2008년 8,282명으로 늘어나는데,[32] 이는 상업적인 결혼중개업소들이 한국인 남성들의 늘어나는 국제결혼 수요에 맞춰 새로운 사업 대상지역으로 베트남을 공략하면서 나타난 현

---

32) 통계청에서 결혼이민자의 국적을 세분화한 것은 2001년부터이다. 이전에는 일본, 중국, 미국, 기타로만 구분되었기 때문에 베트남 여성결혼이민자와의 결혼 건수는 2001년부터 파악할 수 있다.

상으로 볼 수 있다.

다음은 2009년 전국 다문화 가족 실태조사자료(김승권 외, 2010)[33)]를 바탕으로 결혼이민자의 출신국, 교육수준, 연령 차이 등을 간략히 서술할 것이다. 먼저 결혼이민자의 입국연도별 출신국을 살펴보면 중국 조선족이 30.8%로 가장 많고, 다음은 중국 한족 등이 27.3%, 베트남 19.2%이다. 시대별로 살펴보면 1990년 이전에는 일본 출신의 결혼이민자가 27.1%로 가장 많았고 1990~1994년 기간에는 중국 조선족 출신의 결혼이민자가 53.7%로 가장 많다. 2005년 이후에는 베트남 출신의 결혼이민자가 31.1%로 급격히 증가하고 있다(ibid., p.134). 이러한 현상은 국가의 정책과 결혼중개산업의 시장논리 등이 복합적으로 연결되어 나타난 결과이다(한건수·설동훈, 2006; 김현미 외, 2008). 결혼중개산업이 초국적 이주산업으로 팽창하면서 새로운 결혼시장을 발굴해가는 과정에 베트남, 캄보디아, 우즈베키스탄 등 아시아 전 지역의 국가들로 확대되는 경향을 보인다(김현미 외, 2008).[34)]

국가별 결혼이주자의 교육수준을 살펴보면(ibid., p.138), 전체 이민

---

33) 2010년 3월 17일자 보건복지부 보도자료에 의하면 행정안전부와 협조해 총 15만 4천 명의 조사대상자 명단을 바탕으로 현장조사를 실시해 13만 1천 명의 자료를 분석하고 있다. 이는 한국 사회의 결혼이민자가족의 모습을 보여주고 있는데, 이러한 데이터가 의미하는 것이 무엇이고, 실제 그러한가를 살펴볼 필요가 있다. 한 예로 가족관계의 만족도를 묻는 질문에 (매우)만족하는 비율이 배우자 74.8%, 자녀 88.1%, 배우자의 부모관계 64.8%로 높게 나타나 우리나라의 평균 가족관계 만족도보다 높은 점이다. 그동안 언론이나 사회에서 언어장벽과 문화의 차이에서 비롯되는 다문화 가족의 문제는 지나치게 과장된 것인지, 아니면 알려진 것과는 달리 훨씬 복잡하고 다른 원인이 있는 것인지 해석해볼 필요가 있는 것이다.

34) 결혼중개업소에 의한 국제결혼이 상업적이고 인신매매적인 속성을 보이는 것은 시장논리에 따른 이윤추구에 기반을 두기 때문이다. 이에 대한 실태와 문제를 논의한 연구들은 고현웅 외(2005), 한건수·설동훈(2006), 김현미 외(2008) 등이 있다. 한편 한국 남성과의 국제결혼에서 발생하는 인권 침해적 사례들이 베트남 사회에 알려지면서 비판여론이 높아지자 베트남 정부가 결혼 당사자에 대한 인터뷰를 의무화하는 등 국제결혼이 까다로워지고, 경비가 많이 들자 2006년 말 이후 베트남에서 활동하던 한국 중개업자들이 캄보디아로 이동한다(김현미 외, 2008). 캄보디아 여성의 국제결혼은 2006년 457명에서 2007년 1,919명으로 크게 증가하는 것은 이러한 맥락에서 이해될 수 있다(법무부, 국민의 배우자 현황, 2008년 자료 참고).

자의 64.5% 이상은 고등학교 이상의 학력을 가지고 있고, 초등학교 이하의 학력은 8.2%에 그친다. 하지만 국적별로 이민자의 교육수준은 차이를 보이고 있다. 북미·호주·서유럽의 경우 대학 이상이 93.9%, 몽골의 경우 61.3%가 대학 이상의 학력을 나타낸 반면, 베트남과 캄보디아는 초등학교 이하의 비율이 각각 20%, 31.4%로, 다른 국가에 비해 학력수준이 낮다. 여성결혼이민자의 경우 대학 이상의 교육수준이 50% 이상인 국적은 북미·호주·서유럽, 필리핀, 몽골, 일본 등이며, 반면, 중학교 이하의 비율이 50% 이상인 국적을 보면 베트남, 캄보디아이다. 남성 이민자의 경우 모든 국적에서 고등학교 이상의 비율이 과반수이지만, 조선족의 경우 남성 이민자의 중학교 이하 비율이 40.3%로 높게 나타나 상대적으로 학력수준이 낮았다.

국제결혼 부부의 연령 차이를 보면(ibid., p.136) 결혼이주여성의 평균 연령은 33.3세인 반면, 남편의 평균 연령은 43.2세로 9.9세의 차이를 보이고 있다. 국적별로 살펴보면 이주여성이 캄보디아인 경우 17.5세로 가장 큰 차이를 보이고 있으며, 그다음이 베트남 17.0세로 나타났다. 가장 나이 차이가 적은 경우는 북미·호주·서유럽의 경우 2세이다. 한편 이주남성의 평균 연령은 41.6세, 한국 아내의 평균 연령은 40.3세로 약 1.3세의 차이를 보였다. 이주남성의 국적이 몽골, 베트남인 경우 한국인 아내와 나이 차이는 -6.3세, -3.9세로 남성이 나이가 적은 것으로 나타나고 있다. 한국인과 결혼하는 이주자의 성별에 있어서 한국인 남편과 결혼하는 이주여성의 경우가 한국인 아내와 결혼하는 이주남성의 경우보다 나이 차이가 훨씬 크게 나타나는 이유는(9.9>1.3) 한국인의 연령 차이(43.2>40.3)보다 이주자의 연령 차이(41.6>33.3)에서 비롯된 것임을 알 수 있다.

이상의 실태조사 자료를 분석해보면, 첫째, 시기별로 여성 결혼이민자의 국적의 변화가 나타나고 있다. 둘째, 한국 남성과 이주여성의 연령 차이는 약 10년 정도로 국내 결혼의 경우보다 나이 차이가 크게 나타나는 점과 여성 결혼이민자의 국적에 따라서 나이 차이는 다르다는 점을 들 수 있다. 특히 캄보디아, 베트남 이주여성의 경우 남편과 나이 차이는 17세 이상으로 가장 많이 나고 있다. 셋째, 결혼이민자의 교육수준은 국가별로 차이를 보이는데, 베트남과 캄보디아의 결혼이민자의 학력이 비교적 낮은 반면, 북미·호주·서유럽 지역의 결혼이민자의 학력이 상대적으로 높으며 출신국별로 차이를 보여주고 있다.

위와 같이 이주여성과 결혼하는 남성의 경우 자국 여성과 결혼하는 남성의 평균 연령보다 높게 나타나는 현상은 다른 동아시아의 국가에서도 비슷하게 나타난다. 존스(Jones, 2010)의 자료에서 싱가포르의 2008년 통계자료를 보면, 국내결혼인 경우 남성의 평균 연령이 40세 이상인 경우는 10%인 반면, 외국인과 결혼하는 경우 35%가 평균 연령이 40세 이상으로 나타났다. 대만의 경우도 이와 비슷한데, 대만 남성과 이주여성의 나이 차이는 10세 이상인 것으로 조사되었다. 교육 차이에 있어서는 이주여성의 출신국가에 따라 다양한데, 국제결혼 이주여성의 경우 필리핀 여성이 중국이나 베트남 여성보다 교육수준이 높게 나타나고 있다.[35]

이러한 자료들의 시사점은 결혼이주여성이 못 배우고 가난한 나라에서 왔다는 편견은 사실과 다르다는 점을 알 수 있고, 결혼이주여성 집단 내부도 하나로 대표되지 않는 다양하고 이질적인 집단임을 보

---

35) 필리핀해외이민위원회(Commission on Fillipino Overseas)에 의하면 1989~2009년, 필리핀인과 다른 국적의 해외 배우자의 결혼 중 49%가 대학(tertiary education)수준을 나타낸다고 한다. 외국인과 결혼하는 필리핀의 91.4%가 여성임을 볼 때 필리핀 결혼이주자의 교육수준은 높다고 할 수 있다(Jones, 2012에서 재인용).

여준다고 하겠다.

(2) 베트남의 사회구조적 맥락

베트남의 인구는 약 8천7백만 명이고, 2000년에서 2009년 사이 인구성장률은 1.2%, 국민 총소득은 약 8백8십억, 2005년 빈곤율은 22.8%, 1인당 국민총소득은 약 1천 달러 정도이다. 1인당 국민총소득을 한국과 비교하면, 한국은 약 1만 9천 달러로 19배 정도의 차이를 보인다. 이민자 수는 2백2십2만 6천 명이고, 전체 인구 중 이민자의 비율은 2.5%이고, 이민자들이 베트남에 보내오는 송금액은 7십2억 1천5백 달러이다(World Bank, 2011).

베트남의 해외이주는 1980년대 초반, 구소련과 체코슬로바키아에 진출하면서 노동송출의 '제1의 물결'이 시작되었고, 1980년대 후반 '제2의 물결' 시기엔 수천 명의 베트남인들이 동독, 불가리아, 체코슬로바키아 등 동유럽 국가로 이주하였다. 1994년부터 시작된 '제3의 물결'은 베트남 정부가 노동송출을 재개할 수 있는 시장을 찾기 위한 노력의 결과로 나타났고, 이때부터 중동 국가 및 한국, 일본으로의 이주노동이 시작되었다(김현미 외, 2007).

베트남의 국제결혼이주는 1990년대 대만의 대규모 자본투자가 이뤄지면서 베트남 여성과의 국제결혼이 급증하면서 본격화되었다(Wang and Chang, 2002). 대만 남성과 결혼하는 베트남 여성의 수는 1995에서 2003년 사이 점차 증가하다가, 2000년에서 2002년 사이 최고점을 이루어 2000년에 19,329명, 2002년 18,110명, 2004년 17,559명을 보이다 점차 감소하는 추세를 보이고 있다.[36] 2008년 대만 이민통계에 따르면 10만 명의 베트남 결혼이주자들이 있으며, 이는 전체 외국인 신부 비율 중 35%를 차지하고, 중국 다음으로 많은 비율을 차지한다고 한다(Belanger et al., 2011).

베트남 여성이 주로 국제결혼을 하는 상대 국가인 대만의 경우, 대만에서 대만 사람끼리 결혼하는 비율이 2004년 100,143명이고, 중국 사람과 혼인 건수는 10,972명, 중국을 제외한 국제결혼 건수는 13,808명이다. 총 결혼 중 국제결혼이 차지하는 비율은 2004년 15.4%, 2005년 9.78% 2009년 7.36%로 낮아지고 있다(Wang, 2010). 대만에서 동남아시아 출신 배우자 수를 보면(<표 4> 참조), 베트남이 가장 높고, 인도네시아, 태국, 필리핀, 캄보디아 순이다. 베트남 배우자의 경우 2004년 17,559명에서 2005년 10,925명으로 급감하고 있고, 이는 2005년 이후 동남아시아 배우자의 수가 국적별로 모두 급감하는 공통된 현상을 보인다.

〈표 4〉 대만의 거주비자를 받은 동남아시아 배우자[37]

연도	인도네시아	필리핀	태국	캄보디아	베트남
1998	2, 331	542	681	-	8,687
1999	3, 643	603	937	656	12,922
2000	4,381	487	965	875	19,329
2001	3,230	377	1,250	567	17,903
2002	2,602	389	1,556	632	18,110
2003	2,746	193	1,780	644	17,146
2004	2,683	260	1,523	890	17,559
2005	1,757	278	1,123	366	10,925
2006	1,258	217	618	47	6,268
2007	902	239	561	3	6,386
2008	737	469	526	4	5,738

※ 출처: Bureau of Consular Affairs, Misistery of Foreign Affairs, Taiwan, (2009). Wang(2010)에서 재인용.

---

36) 베트남의 공식적인 결혼이주 통계를 얻기 위해 베트남 유학생의 자문을 구하였지만, 공식적으로 접근 가능한 자료는 없는 것으로 보이며, 따라서 베트남 여성과 결혼한 대만이나 미국 등에서 국제결혼이주여성 연구를 간접적으로 활용할 수밖에 없다.

37) 한편 대만에서 2003년 국제결혼의 경우 32%는 중국 여성이고, 그다음이 베트남 15%, 인도네

베트남 통계청에 따르면 1995년부터 2007년까지 약 18만 명의 베트남인이 60개국 출신 외국인과 결혼했으며, 이 중 여성이 80%를 차지하고, 배우자들은 대부분 대만, 중국, 한국 순이다(리티퀴, 2011). 베트남 여성 이주의 절반 이상은 결혼이주이고, 나머지 반은 일시적 여성 이주노동자들이다. 베트남에서 1995년에서 2004년 사이에 335,000 명의 해외 이주노동자 중 34%인 113,900명이 여성 이주노동자이다. 같은 기간에 여성 결혼이주자는 130,000명이다(Belanger et al., 2011). 여성의 결혼이주와 노동이주는 결혼이주자의 비율이 약간 더 높은 편이라 할 수 있다.

앞서 <표 4>에서 2005년 대만에서 베트남 여성과의 국제결혼이 17,559명에서 10,925명으로 급감함을 보여주고 있는데, 이는 역으로 베트남 여성의 결혼이주가 한국으로 급증하는 배경이 된다. 대만 남성과 결혼한 베트남 여성들의 인권 침해 사례들이 보고되면서 베트남 내 여론이 악화되었고, 이에 베트남 정부는 대만 남성과의 결혼 등록에 대한 심사를 강화하고 국제결혼 중개를 금지하는 정책을 발표한다(김현재, 2007; 위선주, 2009; Wang, 2010). 대만 역시 신생 국제결혼 중개업체의 등록을 금지하고, 외국인의 국적 취득 요건을 강화하는 등 이민정책을 수정하자 대만 내 국제결혼도 감소하게 된 것이다.

구체적으로 베트남 여성의 한국 남성과의 결혼은 2001년 134건을 기록한 이후, 2003년 이후 1천 건을 넘는 등 크게 증가하여, 베트남

시아 15%, 태국 6.5%, 캄보디아 3.5%이다. 대만 남성과 중국, 그리고 동남아시아 여성과의 국제결혼에서는 몇 가지 차이점이 보이는데, 중국 여성들의 평균 연령이 31.1세인 데 반해 동남아시아 여성의 평균 나이는 23.6세로 중국 여성배우자가 더 나이가 많다는 점이다. 대만 남성의 평균 연령은 이들 여성보다 10세 이상 나이가 많은 것으로 조사된다(Tasy, 2004; Jones and Sen, 2008에서 재인용).

결혼이민자는(남녀포함) 2010년 35,355명으로 증가하였다. 이와 같이 베트남과 한국의 국제결혼이 급격히 증가한 이유로는 베트남 결혼중개업소가[38) 대만 대신 한국을 새로운 결혼대상국으로 삼고, 한국 결혼중개업소도 새로운 결혼시장 개척과 이윤추구라는 이해관계가 일치하여 베트남 결혼이주가 증가하게 되었다고 볼 수 있다.[39)

한편 베트남의 인구학적 요인으로 결혼시장의 성별 불균형 현상을 지적할 수 있다. 성비의 불균형이 최근의 결혼이주를 직접적으로 설명하는 요인으로 도출되지는 않지만, 성비 불균형과 결혼압박에 대한 시사점은 베트남 사회를 이해하는 중요한 단서가 된다. 성비 불균형이 결혼시장에서 젠더 관계에 어떤 영향을 미칠 것인가는 인구이동과 사회구조 변동이라는 측면에서 중요한 이슈 중의 하나이기 때문이다.[40) 구드킨드(Goodkind, 1997)에 의하면 빠른 인구증가와 전쟁, 전쟁 이후 남성 이민의 증가 등으로 1970년대와 80년대 베트남 여성은 남성 배우자 수가 부족한 현실에 처하게 되었다. 1979년 20~24세 여

---

38) 설동훈 외(2005)에 의하면 베트남에서 국제결혼은 명시적으로 불법화되어 있지는 않다. 2000년에 제정된 결혼법의 68조에서 국제결혼 문제를 담당하는 부서를 법무부로 규정하고 있고, 결혼의 허가는 지방정부인 성에 위임되어 있다. 또한 국제결혼은 여성동맹에서 중개와 지원을 하도록 하였으나, 현재 호찌민 시의 여성동맹에만 결혼지원센터가 운영되고 있다. 베트남에서의 국제결혼중개업체의 활동은 명시적으로 불법화된 것은 아니지만 집단 맞선이나 베트남 여성의 단체합숙 등은 집회허가를 받지 않은 것이기에 불법적 활동으로 간주된다.

39) 김현재(2007)는 대만 남성과 베트남 여성 간의 국제결혼 과정에서 개발된 결혼중개 시스템이 한국 결혼중개업체의 중개 시스템과 매우 유사함을 지적한다. 결혼중개업체를 통한 대만 남성의 베트남 방문기간은 일반적으로 일주일이며, 그 기간 동안 대만 남성은 수십에서 수백 명의 베트남 여성과의 집단 맞선, 결혼식, 혼인신고 등을 모두 치르게 되는데 이러한 절차는 한국의 국제결혼 시스템과 동일하다고 지적한다.

40) 구텐타그와 세코드(Guttentag & Secord, 1983)는 선진국의 사례를 중심으로 젠더 비율에서 초과되는 성이 있다면 이들은 사회적 자원을 얻기 위한 다양한 활동을 하고, 인구학적 성별 불균형을 개선하려고 노력해서 균형을 찾는다고 주장한다. 만약 여성 인구가 많아져서 인구학적으로는 불리한 위치일 때 여성이 구조적 권력은 낮지만 다른 사회변동을 촉진하여 평등을 이루게 된다는 것이다. 예를 들면, 1960년대와 70년대 미국에서 페미니즘 운동은 부분적으로 여성의 수적 불리한 위치가 여성의 노동력 참여율을 높이고, 다른 법적 변화를 요구하는 움직임을 통해 촉진되었다는 것이다.

성 수에 대한 남성 25~29세의 비율은 0.67로 성비 불균형의 최젓값을 나타낸다. 한편 미국, 호주 등으로 이민을 간 베트남 젊은 남성들은 교포 사회에서 베트남 여성이 부족한 상황에 처하는데, 이를 "이중결혼압력(double marriage squeeze)"이라고 부른다. 이러한 베트남의 성비 불균형은 이를 초래한 정치, 경제, 사회구조적 맥락의 특수성으로 인해 서구의 경험과는 달리 베트남 여성의 구조적 권력, 사회적 자원으로 전환되지 못했다고 지적한다.[41]

구드킨드의 연구는 인구학적 변동과 젠더 관계가 한 국가의 정치적·역사적 요인들에 따라 달라짐을 시사한다. 즉, 인구의 증가, 성비 불균형 등 인구학적 요인은 단순히 젠더 관계의 변화를 초래하는 것이 아니라, 그 사회가 처한 사회경제적 구조적 요인에 의해 젠더 관계의 변화를 가져온다는 점이다. 이러한 맥락에서 베트남 여성의 결혼이주라는 현상은 인구학적 수요-공급의 설명보다는 국가의 정책, 경제적 상황, 정치세력들 간의 관계 등 다양한 구조적 요인을 고려해야 함을 보여준다고 하겠다.

---

41) 구드킨드(Goodkind, 1997)가 베트남의 역사를 리뷰한 것에 의하면, 1954년 분단 이후 북베트남은 사회주의체제에서 여성의 지위를 향상시키려는 정책으로 1960년, 결혼과 여성법을 제정하고, 강요된 결혼과 자녀약혼, 축첩, 가정폭력, 그리고 다른 봉건적이라 여겨지는 관습을 금지한다. 1940년대 공식적으로 설립된 여성동맹은 정부의 법을 지지하고 대중적 기반을 마련한다. 1960년대 재통일 전쟁이 시작되고, 여성동맹은 여성들에게 남편, 자식 그리고 남자형제들이 전쟁에 참여하도록 장려하고, 여성들이 공업과 농업에서 보다 많은 역할을 담당하게 한다. 1975년 정치적 재통일 이후 여성의 사회적 위치는 점점 악화되는데, 1971년 여성국회의원의 수가 32%에서 1981년 27%, 1987년과 1992년에 18%로 하락한다. 1980년대 중반 도이모이(개방)정책은 국가의 가격통제를 느슨하게 하고, 국가의 보조금을 중단하면서 개별 가구가 농업생산의 주요한 담당자가 된다. 이런 개방이 농업생산을 높이는 성과에도 불구하고 여성의 입장에서는 여성의 지위가 낮아지는 결과를 가져왔고, 베트남 여성의 구조적 권력을 얻으려는 노력은 최근 시장개방과 전쟁 이후 심각한 빈곤상황으로 인해 난관에 부딪혔다고 평가하고 있다.

2. 이주와 젠더 위계

(1) 네트워크 이주와 결혼

결혼이주여성들이 왜 이주의 방식으로 결혼을 선택했는가의 질문은 앞에서 살펴본 이주의 여성화의 문제와 관련된다. 사센(Sassen, 2002)이 지적한 바와 같이 이주의 여성화는 중심 국가의 서비스 산업과 재생산 영역에서 여성 노동의 수요가 증대되고, 주변 국가의 여성은 이주를 생존을 위한 방편의 하나로 선택하는 현상과 관련이 있다. 송출국의 남성이 유입국의 노동수요에 따라 주로 계절 노동자, 농업 노동자, 산업 노동자 등으로 진입한다면, 송출국의 여성들은 주로 돌봄의 영역이나 성 산업 분야의 노동자이거나 결혼을 통해 이주한다. 특히 결혼이주는 주변국의 젊은 여성들이 쉽게 선택할 수 있는 이주 방식이다(홍기혜, 2000; 김현미, 2006).

전통적인 가부장적 문화에서 결혼은 지극히 당연한 일로 여겨지고, 개인보다는 가족이 사회의 기본 단위로 전제된다. 이러한 문화적 강제 속에서 결혼은 단지 언제, 누구와 결혼할 것인가만을 선택할 뿐이다. 글로벌화의 영향으로 그 선택의 폭은 넓어지고 있다고 하겠다. 또한 결혼이주의 경우, 송금 등을 통해 본국의 가족에게 도움이 될 수 있다는 문화적 기대가 배우자 선택과 결정에 영향을 미친다. 가부장적인 전통과 글로벌화의 맥락에서 결혼이주는 사회적 압력과 문화적 기대 속에 행해지는 제한된 선택이라고 할 수 있다.

결혼이주여성들이 배우자를 만나는 방식은 다양하다. 소영은 남편이 베트남으로 여행 왔다가 만나게 되었고, 희망은 남편이 베트남에 있는 한국 회사에 일하러 왔다가 만나게 된 경우다. 소정과 수정은 한국에 산업연수생으로 왔다가 결혼하게 되었다. 소정은 베트남 선배한테서 남편을 소개받았고, 수정은 같은 회사에서 일하는 남편과 연애 결혼하였다. 이처럼 다양한 만남의 유형이 있지만 일반적으로 국제결혼이 증가한 배경에는 결혼중개업소를 통해 국제결혼이 상업화, 대중화된 데 있다. 따라서 만남의 방식은 크게 결혼당사자가 베트남이나 한국에서 자연스럽게 만나 연애를 해서 결혼하게 되는 경우와 국제결혼중개업소를 통해 결혼을 하는 경우로 구분해볼 수 있다. 결혼중개업소를 통하지 않았어도 국제결혼 한 친구의 소개나 사적 네트워크를 통해 배우자를 소개받은 경우도 친구가 중매자의 역할을 대신하고 대가를 받거나 연애라는 사귐의 시간이 없이 곧바로 결혼하는 경우이기 때문에 이러한 유형도 중매혼과 같은 범주로 묶인다.

　본 연구에서 나타난 흥미로운 사실은 연구 참여자들이 결혼이주하기 전에 한국은 한 번도 직접 경험하지 않은 생소한 나라였지만, 국제결혼 한 이웃이나 친척, 친구들을 통해 소식과 소문을 들어서 한국을 동경하거나 호감을 갖고 있었다는 점이다. 즉, 앞서 결혼한 친구나 친척들의 네트워크를 통해 연구 참여자들이 국제결혼 이주망에 연결되어 있었다. 실제로 인터뷰한 여성들의 대부분은 한국 남성과 결혼한 친지나 같은 마을에 사는 이웃 사람들의 이야기를 통해 한국 남성과 결혼하여 사는 삶이 어떠한가를 들어왔고, 이러한 소문들은 결혼이주가 선택사항으로 인식되고 새로운 기회로 받아들이게 되는 계기가 되었다.

　해림과 보라, 진주 등은 옆집 언니와 사촌 조카가 한국 남성과 결혼하여 잘 살고 있다는 소문을 듣고 국제결혼을 하게 된다. 소망은 큰아빠가 한국에서 이주노동자로 일하면서 알게 된 한국 남성을 소개한 경우다. 한편 부모님이 국제결혼을 권유하여 결혼을 하게 된 경우도 있는데, 쉼터에 입소 중이었던 보람, 그리고 소라와 사랑은 친정 엄마가 결혼소개소를 알려주거나 엄마 친구가 소개를 해줘서 결혼하게 된 경우다. 가영과 마영, 진실은 친한 친구가 한국 남성과 먼저 결혼하여 국제결혼에 대한 생각을 구체적으로 갖게 되었고, 다영과 차영은 친자매가 대만인과 결혼하고, 보영은 친동생이 프랑스인과 결혼해서 외국인과의 결혼을 낯설지 않게 받아들였다.

> 제가 (처음에는 결혼할) 생각이 없(었)어요. 같이 (동네에서) 놀았던, 옆에 친구가 먼저 결혼했어요. 지금 대구 살아요. 그래서 생각했어요. 친구 결혼했구나, 나도 결혼해야 되는데, 그래서 한국 사람이랑 결혼했어요. [한국은 알고 있었어요?] 친구가 전화 왔어요. 친구가 한국이 참 재미있어. 남편 진짜 좋다고 말했어요. 그 후부터 한국 사람(과) 결혼(할) 생각했어요 [지금도 그 친구와 연락하나요?] 네. [베트남에서 남자친구는 사귀어본 적 있어요?] 없어요 <부부 가1, 가영>

이주여성들 대부분은 친구, 자매, 조카, 이모, 옆집 언니 등 주변에 실제로 국제결혼 한 사례를 가까이에서 지켜보고 이에 대한 정보를 갖고 있었다. 이와 같이 결혼이주여성의 사적 네트워크는 결혼이라는 선택을 할 때 합리적이면서 확실한 정보를 제공한다. 즉, 결혼이주여성은 한국에 가본 적이 없지만 한국인과의 결혼생활을 낯설지 않게 여기고, 막연한 환상이나 기대에서 국제결혼을 선택한다기보다는 구체적인 정보를 토대로 국제결혼을 실행한다는 점에서 합리적인 의사결정과정으로 해석할 수 있다.

또한 사적 네트워크는 한국 생활에의 적응과정에서도 중요한 자원으로 활용된다. 먼저 한국에 와 있는 친구나 친척들은 한국 생활이 어렵고 힘들 때 심리적인 위안을 주고 한국 생활 적응과정에 중요한 정보를 제공해준다. 이들은 주로 휴대전화로 안부를 물으며 연락을 취하고 있었다. 마영의 경우 베트남 단짝 친구가 소영이 먼저 한국인과 결혼하는 것을 보고 국제결혼을 하게 되었는데, 결혼하고 한국에 와서도 같은 동네에 살면서 수시로 왕래하고 있었다.[42] 진주의 경우 첫 남편과 이혼하고 나서 직장을 구할 때 친척 오빠의 도움으로 서울에서 일자리를 구하게 되는 등 사적 네트워크는 결혼이주여성들이 한국 생활을 안정적으로 정착하고, 정보 제공과 교류를 통해 실질적인 도움을 주고 있었다.

그리고 이주여성 자신이 결혼이주의 연결고리 역할을 하는 사례도 발견된다. 이러한 경우 이주여성은 결혼이주 한 여동생이나 사촌 동

---

42) 마영과 소영은 베트남 고등학교 친구로 서로 알게 된 지 10여 년도 넘은 단짝 친구이다. 모두 고등학교를 졸업하고 결혼을 하였는데, 소영은 베트남에 놀러온 남편을 만나 2003년 연애결혼을 하면서 먼저 한국에 왔고, 마영은 소영이 한국에서 행복하게 잘 살고 있다는 소식을 접하면서 국제결혼을 결심하고, 결혼소개업소에서 남편을 만나 결혼하게 된 경우다. 소영은 결혼 초에 서울에 있는 시댁에서 시부모와 동거하였으나 이후 분가하여 지방으로 이사하였는데, 여기로 이사 온 이유 중의 하나도 마영이 살고 있는 곳이기 때문이라고 하였다. 연구자는 마영의 소개로 소영을 만나게 되었는데, 마영과 소영은 ○○시 다문화 가족 행사에도 같이 참여하는 등 한국에서도 친구와 같이 생활하니까 서로 의지가 된다고 하였다. 연구자가 보기에도 일주일에 두세 번 정도는 만나고 있었다. 그렇지만 마영과 소영의 삶은 각자 위치한 조건에 따라 많이 차이가 있었다. 소영은 베트남 부모가 배를 소유할 정도로 형편이 좋고, 남편의 직장 또한 전문직에 종사하고 있고, 다세대주택을 구입하여 그곳에서 매달 일정액의 월세를 받으면서 넉넉한 생활을 하면서 베트남에도 자주 다녀온 반면, 마영의 남편은 아파트 관리실에 근무하면서 연봉 2천만 원 정도로 생활하고 있었고, 아직 베트남에 한 번도 다녀오지 못했다. 마영과 소영의 남편들끼리는 아직 왕래가 없다고 하였다. 연구자가 마영을 인터뷰할 때는 ○○○에서 한국어를 열심히 배우고 있었는데, 이후 안부전화를 하던 차에 셋째 아이를 임신 중이었다. 소영은 마영보다 2년 정도 먼저 한국에 와서 한국어를 배웠고 지금은 ○○○센터에서 외국인 상담일을 하고, 프리랜서로 통·번역일을 하면서 한 달 150만 원 정도를 벌고 있었다. 마영과 소영의 같지만 서로 다른 삶의 여정은 두 여성이 처한 조건과 자원이 어떻게 차이가 있고, 이러한 차이에서 삶의 형태가 어떻게 달라지는지, 혹은 그럼에도 불구하고 같은 점은 무엇인지 등을 비교하는 좋은 사례가 될 것으로 보인다.

생 등과 강한 유대감을 갖고 있으며, 그들의 결혼생활의 행복과 불행이 자신의 일처럼 여기고 또한 책임을 느끼고 있었다. 노영은 한국인과 결혼한 친언니가 남편을 소개해서 결혼하게 되었는데, 이후 베트남에 있는 사촌 동생에게 한국 남성을 소개해서 결혼을 성사시켰다. 한국에서 친언니와 가까운 곳에 살면서 자주 왕래를 하고 전라도에 사는 사촌 동생과도 자주 연락하며 지내고 있었다. 초록도 여동생에게 한국 남성을 소개해준 경우로, 여동생이 초록과 같은 동네에 같이 살고 있지만, 현재 이혼 소송 중이라 마음이 아프다고 하였다. 주영은 사촌 동생을 한국 남성에게 소개해서 결혼시켜 주었는데, 최근 사촌 동생이 애를 데리고 베트남에 갔다가 한국에 되돌아오지 않겠다는 소문을 듣고 걱정이 되어서 사촌 동생의 남편에게 이 사실을 알려야 되는지를 고민하고 있었다.[43]

이와 같이 이주여성은 자신의 네트워크를 적극 활용하여 국제결혼을 하게 되는 경로가 되고, 또 자신이 가족이나 친척, 친구 등을 연결하여 한국으로 끌어들이는 정보원이 되어 네트워크는 사슬처럼 연결되어 있음을 알 수 있다.

---

43) 연구자는 주영이 사촌 여동생의 남편 김철진(개별, A12)에게 베트남에서 들은 소문을 한국말로 전달하는 과정에서 알게 되었다. 사촌 여동생이 최근 베트남에 애를 데리고 갔는데, 한국에 되돌아오지 않을 거라고 베트남 친척들한테서 소문을 듣고, 여동생 남편(김철진, 개별 A12)에게 이 사실을 알려야 하는지 고민을 하면서, 주영이 라영에게 이를 한국말로 통역해주길 부탁하였다. 라영은 연구자에게 함께 가길 부탁하면서 주영을 만나게 되었다. 자세한 사정을 들어보니 사촌 여동생은 언니 결혼식에 참석할 겸 베트남에 가고 싶은데, 남편이 돈이 없자, 아이의 돌 반지를 팔아서 비행기 값과 선물을 마련해서 베트남에 가게 되었고, 이 사실을 알게 되면 입장이 곤란해질 것을 고려해서 그러한 말을 하게 된 것으로 드러났다. 이런 사정을 라영이 통역해주자, 김철진은 아내가 베트남에서 한국에 안 오면 어쩌나 하고 걱정했고, 아내에게 이 사건은 자신이 잘 처리하겠다는 다짐을 받고 해결이 되었다. 김철진과 사촌 여동생은 한국말로 의사소통이 어려워서 라영이 전화통화를 통역해주었는데, 언어의 차이로 인한 의사소통의 어려움은 실제 부부관계에서 장애가 됨을 실감하였다.

(2) 결혼중개 시스템과 젠더 불평등

결혼중개업소는 결혼시장에서 배우자 정보를 제공하고, 소개를 알선하는 대가로 받는 수수료로 운영된다. 수많은 결혼업체들 사이에서 살아남기 위해서는 철저히 시장논리에 따라 이윤을 내야만 하고, 결혼 성사율이 높아야 많은 이윤을 얻을 수 있다. 중개업소를 통한 국제결혼은 이러한 시장논리에 입각해서 이루어진다.[44)

한국의 결혼중개업소는 규모 면에서 '지사' 또는 '협력업체'를 두고 활동하는 조직화된 중개업체와 개인 중개업자로 구분되기도 하지만 실제 그 경계는 모호하며 중개방식에서도 큰 차이가 없다(김현미 외, 2007).[45) 한국과 베트남의 국제결혼 중개업체의 연결망은 먼저, 한국에서 신랑을 모집하지만 베트남 중개업체와 네트워크가 없는 유형과 신랑감도 모집하면서 베트남 중개업체와 연결되어 있는 유형으로 구분되고, 이 둘은 업무상 제휴관계를 맺고 신랑감을 공급하고, 베트남에서 맞선과 결혼을 추진한다. 베트남에서는 여성을 모집하는 소

---

44) "결혼정보회사 선우가 오는 8월 24일 세계의 싱글 남녀 100만 명을 하루에 동시 매칭하는 '원 밀리언스 러브'를 선보인다. 21년간 결혼커플 2만 5,000쌍을 탄생시킨 것을 기념, 실력을 과시하는 글로벌 이벤트다. …… 상상을 초월하는 규모의 미팅이 가능한 이유를 이웅진 대표는 '커플닷넷의 매치메이커 매칭이 통계학과 사회학, 그리고 이를 IT기술로 통합해서 완성한 매칭로직을 바탕으로 하기 때문'이라고 설명했다(문화일보, 2012. 5. 10일자)." 남녀의 결혼이 '동질혼'임을 전제로 남녀의 나이, 직업, 연봉, 학력, 성격 등 개인의 정보뿐만 아니라 부모의 학력, 부모의 직업 등 가정환경까지 고려하여 이를 통계학적으로 유의미하게 매칭함으로써 결혼성사율을 높인다는 선우의 대표이사의 말은 매칭이 매우 '과학적'인 과정임을 강조하고 있다. 하지만 과학의 힘을 빌려 100만 명을 매칭한다고 홍보하는 것 자체가 상업화와 마케팅전략의 일환이다. 결혼정보회사는 매칭을 통해 이윤을 추구하는 기업이라는 점에서, 매칭의 방법이 과학적이든 비과학적이든 사적인 배우자 만남이 시장에서 상품화되는 측면을 간과할 수 없다.

45) 흔히 '지사'로 불리는 베트남 거주 한국인 중개업자와 베트남 현지 중개업자는 여성 모집, 기숙 관리, 맞선, 결혼식 및 결혼 관련 서류 진행 등 베트남에서 이루어지는 맞선과 결혼 일체를 담당한다. 한국 중개업자가 결혼성사 건당 일정 금액(350~420만 원)을 주고 현지 중개업자에게 '위탁' 내지 '고용'하는 형태이기 때문에 둘의 관계는 협력적인 관계일 수도 혹은 위계적인 관계일 수도 있다(김현미 외, 2007, 126).

규모 중개업체와 한국인 중개업체와 연결되어 있는 중개업체 유형, 그리고 여성동맹으로 구분된다(한건수·설동훈, 2006, 113).

이러한 연결망은 왕과 창(Wang and Chang, 2002, 103)의 연구에서 논의된 대만과 베트남 중개업체 유형과 비슷하다. 그들은 조직화된 중개업소와 개인 중개인으로 구분하고, 조직화된 중개업소는 해외에 지사를 두어 베트남 중개업체와 네트워크를 갖고 있다. 특히 개인 중개인은 대부분 베트남 여성과 결혼한 대만 남성들로, 이러한 국제결혼의 절차를 잘 알고 대만 내에서 잠재적인 고객을 찾아내고, 대만이나 베트남에 있는 조직화된 중개업체와 접촉하여 계약을 성사시킨다. 이러한 사적 네트워크는 점점 이윤을 추구하는 과정에서 변질되고 있다고 지적한다.

결혼중개업체를 통한 국제결혼에서 결혼 비용을 지불하는 구매자는 한국 남성이다. 따라서 한국 남성의 요구를 수용해야 하고, 또 끊임없이 국제결혼 시장을 이용하려는 구매 욕구를 창출해야 한다. 이들이 내거는 수많은 인터넷 광고와 국제결혼 모집 홍보물은 전통적인 가부장적 성별 체계에 입각하여 순종적이고, 유순하고, 시부모를 잘 모시는 여성, 도망가지 않는 베트남 여성 등의 이미지를 동원한다(이수자, 2004). 이러한 홍보전략은 한국의 결혼중개업체에 국한된 것만은 아니다. 나카마츠(Nakamatsu, 2005)는 일본의 결혼중개업체가 아시아 신부의 인종적·문화적 차이를 어떻게 '결혼 가능한' 여성으로 전환시키는가를 살펴보고 있는데, 여성의 이미지는 선별적으로 홍보된다고 한다.[46]

---

46) 결혼중개업소가 광고하는 아시아 신부 이미지는 때로는 교육 수준이 높고, 중간계급의 배경을 가진 여성으로 그려지고 인종적 요소는 드러나지 않게 한다. 때로는 커플들의 가족사진에서

한편 배우자를 만나는 맞선의 과정에서 여성 차별적인 젠더 관계가 나타난다. 맞선과정에서 선택을 하는 이는 남성이라는 점이다. 수십 명에서 수백 명에 이르는 많은 여성들 가운데 마음에 드는 몇몇의 여성들을 선택하고, 그중에서 한 명의 배우자를 선택하는 과정은 남성 중심의 의사결정과정이다. 여성에게도 좋은지 싫은지 거부할 수 있는 권리가 있지만 대부분 자신을 선택한 남성의 선택을 따르게 된다. 한국 남성은 결혼중개업체를 통한 맞선과정에서 배우자를 자신이 선택한다는 점을 잘 알고 있었다.

> [남편은 처음 만난 상대였어요?] 네. 만나고 일주일 만에 결혼했어요. [또 선을 볼 수 있잖아요] 그런데 그럴 수 없어요. 이야기 들어보니까 만약에 결혼 안 하면, 선보는데, 남자가 여자 마음에 들었잖아요. 그런데 여자가 싫다고 하면 다음에 선 못 봐요. 그날 선 못 보고, 다음 날에 봐요. 남자가 좋다고 하는데 여자가 싫다고 하면 안 좋아해요. 그날은 못 보고, 다른 사람이 또 오면 볼 수 있어요. [그래도 다음 기회로 미루고 선을 더 볼 수 있지 않아요?] 그런데 남편 만났을 때 괜찮은 사람 같았는데, 이 사람 싫다고 하고 다음에 본다고 하고, 다음에 좋은 사람 안 생기면 어떻게 해요. <개별, A21, 진취>

결혼식을 하고 부부관계를 맺었어도, 마음이 바뀌면 수백 달러를 내고 없던 일로 마무리되는데, 이는 적나라하게 여성 차별적인 결혼관행을 잘 보여준다. 다음은 김진수[47]의 당시 상황에 대한 진술을 통

인종적 요소는 전통적이면서 조화로운 여성으로 그려진다. 반면, 러시아나 유럽의 "백인" 여성은 오히려 성적인 아름다움을 부각시키면서 동시에 가정 중심적이고 헌신적인 여성으로 이미지화한다. 필리핀 여성의 경우 피부색의 차이가 가시적이지만 이를 가급적 언급하지 않으면서 "일본에서 2~3년 살다 보면 하얗게 된다"고 일본 남성들에게 홍보한다(Nakamatsu, 2005).

[47] 김진수는 고속버스 운전기사로, 2006년 결혼 당시 50세로, 전처와 이혼하고 혼자 산 지 10여 년 만에 베트남 여성과 재혼하였다.

해 맞선 과정에 나타난 젠더 불평등 관계를 살펴보기로 한다.

> [결혼식날은 어땠어요?] 저는 몰라요, 호텔에서 첫날 만나서 (처녀성을) 잃었으니까, (내가) 책임져야죠. 그런데 그 마음은 변하지 않아요. 어차피 내가 책임질라고 했고. 그런데 거기서 싫으면요, 몇백 달러만 주면 거기서 끝나요. 혼인신고 안 했으니까요. 그래요. 그런 생각 갖은 건 아니었구요. 그런데 이야기해요. 그렇게, 안 하고 싶으면 벌금 몇백 달러만 내라. 그런데 의도적으로 하는 사람도 있겠더라구요, 보니까. 돈 있는 사람들이야 뭐 얼마 아닌데, 그래요. 짐승이에요. 우리 한국이 그런 나쁜 짓을 하고 있어요. 방송에 나오는 거 아무것도 아니에요. 그리고 저 같은 경우는 박스공장이었어요. [공장에서 만나신 거예요?] 네. 저녁에, 일요일날 새벽에 기습적으로 해요. 일정을 공개하는데요, 이렇게 이야기해요. 우리가 토요일날 가요. 그러면 일요일 새벽에 떨어져요. 갑자기 일정을 바꾸더라구요. 잠자고 일어나서 힘드니까, 어디서 아가씨들 보는 거 어떠냐고. 갑자기 제안이 들어와요. 솔직히 우리가 여자 만나러 왔으니까 빨리 보는 게 낫죠. 그니까 비행기 타고 가니까 비몽사몽이에요. 내가 느낀 느낌이에요. 정상적인 정신이 아니에요. 제대로 보긴 얼마나 보겠어요. 그렇게 해서 만난 여자였습니다. ······(중략)······ 처음에는 호텔에서 쉬게 해요. 그러데 갑작스럽게 바꾼다니까요. 불법이니까. 또 차 타요. 한참 가요. 공장에서 (여성들이 대기하고) 있더라구요. 백 몇십 명 있더라구요. 우리를 의자에 앉혀놓고, 부르면 적는다니까요. 그래서 최종 한 명을 선택하는 거예요. 그래서 거기서 서로 헤어지고, 된 사람은 남고요. 연락해서 결혼 날짜 잡고, 갑작스럽게 그렇게 해요. <부부, 다-2, 김진수>

베트남에서 여성동맹을 통하지 않은 국제결혼중개는 불법이기 때문에 실제로 결혼 맞선 장소는 단속을 피해 공장에서 이루어졌다. 구체적인 일정은 알려주지 않고, 베트남에 도착한 일요일 새벽에 맞선을 보았다. 수백 명의 여성들이 번호표를 달고 들어오고, 남자들은 앞아서 마음에 드는 여성들의 번호를 부른다. 이렇게 몇 번의 선택 과정을 통해 최종적으로 마음에 드는 배우자가 가려진다. 한국 남성이 시장에서 물건 고르듯이 여러 여성을 동시에 맞선 보는 방식은 최근 한국의 여성가족부에서 '결혼중개업 관리에 관한 법률 개정안'을 입법(2012. 8. 2. 시행)함으로써 법으로 금지하고 있다.[48]

　김진수가 마음에 들어 처음에 선택한 여성은 자신이 여성의 어머니보다 나이가 많아 결혼성사가 안 되었다.[49] 그런데 맞선을 보는 것은 남성의 편의에 의해서 언제든 여성을 다시 소집할 수도 있다. 김진수가 여성을 선택할 때 관심을 둔 것은 아이를 낳을 수 있는 출산능력, 즉 여성의 '몸'이었다. 여성의 몸은 결혼중개시장에서 거래되는 상품임을 알 수 있다.[50]

> [처음에 부인을 선택하신 거예요?] 저는 그렇게 안 됐어요. 다른 여자를 선택했는데, 엄마가 호적상으로 제 나이보다 적어요. (그래서 결혼성사가)안 됐어요. 아내는 그 여자를 안다고 해요. 결혼식에 왔다고 하더라구요. 저는 기억 못 해요. 저는 다른 여자를 골랐는데, 호적으로 하니까 저는 거기서 끝났어요. 저는 안 됐으니까, 다 끝나고 (호텔로 되돌아)가는 거예요. 그런데 제 후배가 거기 총책임자로 있잖아요. 그 후배가 "선배님, 그냥 가시면 어떻게 하냐고, 어떻게 다시 한 번 해보자"고, 다시 (여성들을) 부르려고 하는 거예요.

---

48) 여성가족부는 '결혼중개업 관리에 관한 법률 개정안'을 입법 예고(2012. 8. 2부터 시행)했는데, 주된 개정안은 국제결혼중개업 등록 시 자본금 요건 신설과 신상정보 제공 강화로 요약할 수 있다. 또한 국제결혼 중개 시 만 18세 미만 미성년자를 결혼상대로 소개할 수 없으며, 한국인 남성이 외국인 여성들을 줄 세워놓고 고르는 인신매매성 중개행위도 금지된다. 같은 시간에 2명 이상의 결혼 상대자를 소개할 경우 3년 이하 징역 또는 2,000만 원 이하 벌금에 처할 수 있도록 했다(국민일보, 2012. 1. 3일자 참고).

49) 2012년 2월 17일자 연합뉴스에 따르면 베트남 여성과 국제결혼하는 한국 남성의 나이가 50세 이상이거나 신부보다 16세 이상 많을 경우 국제결혼을 금지하는 방안이 베트남 각 지방성장 대표단에서 협의되어 4월부터 시행될 예정이라는 기사가 실렸다. 베트남에서 한국 남성과의 국제결혼에 대해 규제 움직임을 보이고 있다고 여겨진다. 이에 대해서 한국의 여성가족부는 베트남에서 아직 결정된 것은 아니며, 상황을 지켜보아야 한다는 입장이다.

50) 이수자(2004)는 국제결혼을 하는 농촌 남성들이 여성을 택하는 기준은 젊은 여성의 성적 능력과 매력이 작용하고, 이것이 자녀재생산능력과도 관계된다고 주장한다.

다 모으게 하면 다 모아요. 그런데 아내를 보니까, 정말 뚱뚱해. 엉덩이하고 가슴밖에 없어요. 그래서 이야기했어요. 저 여자 괜찮다고. (아내 쪽도) 불러서 물어보니까 오케이라고 하더라구요. 그러니까 저는 처음에 이렇게 해서 한 게 아니에요. 이상하게 했어요. …… 특별한 케이스죠. <부부, 다-2, 김진수>

　한편 이주여성들은 미혼 서류 등을 챙겨서 결혼중개업소를 찾아가는데, 중개업소에서 운영하는 기숙사에 머물거나 집에서 지내면서 맞선을 기다린다. 맞선을 보는 당사자이지만, 일차적인 선택은 남성에게 주어지고 여성은 남성의 선택에 대한 거부나 동의를 표시하는 선에서 의견을 나타낼 수 있다. 이러한 신분적 차이는 의자에 앉아서 여성을 보는 남성과 번호표를 달고 서 있는 여성의 위치에서도 잘 나타난다.

[결혼하게 된 과정을 이야기해주세요.] 미용일 그만두고 시골 갔어요. 거기서 베트남 사람이 집에 와서 결혼회사 소개해줬어요. 그래서 호찌민에 갔어요. 거기서 기숙사 생활했어요. 엄마, 아빠는 몰랐어요. 결혼식 전날 부모님한테 전화해 나 내일 결혼한다고 했어요. 손님은 10명만 초대해요. 언니, 숙모, 큰아버지, 큰어머니 등 손님이 많으면 음식 안 줘요. …… 남편 마음 좋아요. 내일 결혼한다고 해서 엄마, 아빠 오셨어요. 남편이 병 있는지 없는지 몰라요. 베트남 친구들은 18살부터 32살까지 있어요. (한국) 남자 2명 있(었)어요. (베트남) 여자 17명(이) 선봐요. 베트남 여자 생각 없어요. 남자 좋다고 하면 결혼해요. 그때 남편이 호텔에 와서 만났는데, 마음에 들어요. 내일 결혼해요 했어요. 베트남 사람, 한국 사람 얼굴 봐, 남편이 나 몰라, 나도 남편 몰라 그냥 결혼했어요. 결혼회사 사람이 한국에서 사람이 와서 그냥 같이 이야기해. 오늘 밤에 한국 남자 2명 있어요. 여자 같이 화장해서 봐요. 남편이 의자(에) 앉아 (있고), 여자는 서 있어요. 남자가 선택하면 여자도 마음에 드는지 선택하고…… <부부, 나-1, 나영>

기숙사에는 국제결혼을 하려는 같은 처지의 여성들이 공동으로 생활을 하고 있는데 기숙사에 머물며 지내는 비용이 모두 계산되기 때문에, 이주여성은 배우자 결정을 서두르는 편이다. 만약 결혼에 성공을 못 하게 되면 기숙사에서 생활한 비용을 여성이 갚아야 하기 때문이다. 맞선을 보고 결혼을 결정하면 다음 날 결혼식을 올린다. 결혼식에 초대할 수 있는 인원도 제한된다. 결혼식이 끝나면 남편은 한국으로 되돌아가고, 여성은 기숙사에 남는다. 비자가 발급되어 한국으로 입국하기 전까지 기숙사에 머무는데, 여성들이 도망을 갈까 봐 베트남 신분증이나 결혼서류 등을 빼앗기기도 한다.

결혼 후 한국에 들어오기까지 여성은 기숙사에서 생활하면서 한국어와 한국 문화를 배우기도 하지만, 한편으로는 신부의 의사결정이 번복되지 않도록 방지하기 위한 관리 차원에서의 통제로 볼 수 있다. 고현웅 외(2005)에 의하면 "신부가 한국으로 입국하지 않을 경우나 한국으로 입국 후 3개월 이내 무단가출하는 경우 신부를 관리하고 있는 현지 중개업자가 변상한다"는 내용의 각서를 받기 때문에, 베트남 현지 중개업자들은 여성들을 엄격하게 감시 통제하는 것이다. 김현미 외(2007)에서 지적하였듯이 베트남 결혼이주여성들은 이주비용이 적게 드는 결혼이주를 선택하지만, 그 비용이 한국 남성과 중개업자에 의해 치러지면서 여성 선택권은 제약을 받고, 쉽게 상품화가 되는 취약성을 갖고 있다고 볼 수 있다.

한편 국제결혼 초기 2000년 초반에는 베트남 남부 출신의 여성들이 주로 모집되었다가 점차 베트남 북부로 확산되면서 그 양상도 달라지는 것으로 보인다. 아름은 국제결혼을 하기 위해 소개비로 한국 돈 2백만 원 정도를 건넸다. 남편들이 생각하기에 결혼비용이 아내

쪽으로 간다고 생각하는데, 실제 부인 쪽에서는 받은 게 없다.[51] 그래서 자신들을 돈을 주고 사 왔다는 식의 언행들에 억울함을 느낀다고 하였다. 이제는 결혼을 원하는 여성들이 결혼소개업소에 돈을 내고 소개를 받는 형태로 변화되면서 여성들의 부담은 더욱 커지고 있다. 비용을 치르고 결혼이주를 하는 여성들은 그 돈을 갚기 위해 입국 후 일자리를 찾는 일이 시급하다.

> 베트남에서 결혼할 때 한국 돈 200만 원 정도 회사에 내요. [여자도 돈 내요?] 네. 한국 남편은 1,500만 원 정도 내요. (베트남) 북쪽은 돈 내고, 남쪽은 돈 안 내요. 그때 한국에 와서 6개월 동안 여자가 도망가면 여자 집에서 남편 비용 물어줘야 돼요. 그래서 (결혼생활이) 힘들어도 참아요. <개별, A11 아름>

지금까지 결혼중개업소를 통한 결혼과정에서 나타나는 성별 위계를 살펴보았다. 국제결혼은 그것을 희망하는 당사자들이 있다고 해서 곧바로 결혼시장이 형성되어 만남이 이루어지고 결혼하게 되는 개인적인 선택의 문제가 아니다. 국제결혼시장이 형성될 수밖에 없는 세계 경제 질서의 국가적 위계가 있고, 이러한 국가의 경제력 차이에 의해, 혹은 Massey의 "권력의 지형학"처럼, 선진국의 남성은 보다 나은 경제적 조건을 가진 나라로 이주하려는 젊은 여성과 만날 수 있게 된다. 이때 결혼시장에서 교환되는 것은 남성의 국적과 여성의 젊음, 즉 성(sexuality)이다. 여성에게 기대되는 것은 임신, 출산의 능력을 가진 생물학적 능력과 자녀를 키워줄 어머니로서의 젠더 역할이다.

---

51) 나영은 "베트남에서 (국제)결혼 돈 많이 들어요. 그 돈 나 안 줘요. 결혼회사 사장들이 (전부) 가져가요"라고 말하면서 자신은 결혼을 통해 돈을 받지 않았음을 강조하였다.

3. 구조적 제약과 배우자 선택

(1) 이주여성의 배우자 선택

가. 가족배경과 계급적 요소

본 연구에서 결혼이주여성의 학력은 앞 장에서 살펴본 것처럼 높지 않다. 부모님은 농사를 짓거나 어부로 일을 하는 경우가 많고, 집안 형편은 넉넉하지 못한 편이어서 어렸을 때부터 집안일을 도우며 생활해왔다.[52]

> 집에서 공부하고, 학교 다니고, 학교 다니는 동안은 집에서 엄마, 아빠 대신 동생을 돌봤어요. 엄마, 아빠는 바다에서 (고기 잡는) 어민이세요. 엄마도 같이 배 타고 나가세요. 배에서 있는 집, 바다에서 집을 세우고, 그 밑에는 물고기 키워요. 갑자기 생각이 안 나는데, 무슨 이름이 있어요. 집에서는 저랑 동생이 살고, 엄마, 아빠는 떨어져 살아요. 엄마, 아빠는 한 달에 1~2번 오세요. 제가 어렸을 때부터 떨어져 살았어요. 중학교 들어가면 엄마 역할해요. 동생 학교 보내고, 제가 다해요. <부부, 마-1, 마영>

공장이나 회사에 취직해서 돈을 벌기도 하지만 한 달 월급이 한국 돈 10만 원 정도로 매우 적다. 아무리 힘들게 일해도 수입은 적고, 가난한 현실은 나아질 가능성이 희박해 보인다. 이러한 상황에서 여성들이 국제결혼을 선택하게 되는데, 경제적 이유가 주된 요인이다. 부모님을 도와드릴 수 있고 가난으로부터 벗어날 수 있는 현실적인 대

---

52) 인터뷰한 이주여성들 중 40명은 부모님이 농사나 새우양식, 고기를 잡는 어부인 경우였다. 그렇지 않은 경우는 주영(장사), 차영(공무원), 하늘(집 짓는 일), 소라(공무원), 해림(도축일), 소영(사업), 희망(슈퍼), 희영(소규모 공장운영), 수정(회사), 진주(장사) 등이다.

안이라고 생각하기 때문이다. 이런 의미에서 이주여성은 생존을 위해 혹은 계층이동의 수단으로 결혼을 선택한다고 말할 수 있다.

> 베트남 농사 너무 힘들어요. 아버지(가) 아파요. 몸이 안 좋아요. ……(중략)…… 가정이 너무 어려워요. 공부 못 해요. 그래서 학교 그만두고 직장 다녀요. 16살부터 일했어요. 새우껍질 까는 거(일 했어요). 집에서 먼 곳에서 일했어요. 회사 기숙사에서 생활했어요. 2~3년 정도 일했어요. 언니랑 동생이랑 같이 회사에서 일했어요. 회사 그만두고 바로 결혼했어요. [얼마나 벌었어요?] 한 달에 한국 돈으로 10만 원요. (일) 힘들어요. 새벽 3시 반부터 저녁 7시, 8시까지 일해요. 밥은 밖에 식당에서 돈 내고 사 먹(었)어요. <부부, 다-1, 다영>

가난에서 벗어나기 위한 방편으로써 결혼이주는 온전히 자신만을 위한다기보다는 부모님, 즉 가족의 경제적 지원까지 고려한 선택이다. 자식으로서 혹은 맏딸로서 부모님의 고생을 덜어주고 싶은 마음이다. 따라서 결혼이주를 통한 계층이동의 욕구는 다음 4장의 송금 행위와 연결된다. 이주여성은 자신과 가족을 포함한 계층이동이기 때문에 베트남에 송금하는 행위는 자연스럽고 당연한 일로 여기게 된다.

보영은 1971년생으로 큰딸이다. 중학교를 졸업하고, 부모님 일을 돕다가 1994년 회사에 취직해서 미싱일을 11년 하였는데, 월급이 당시 한국 돈 1만 4천 원 정도로 낮았다. 임금은 조금씩 올라가서 2002년 월급이 한국 돈 14만 원 정도이다. 사귀던 남자친구가 있었지만 남자친구 집안에서 반대를 해서 헤어지고, 혼자 살기로 마음먹는다. 프랑스인과 결혼한 동생이 살고 있는 프랑스로 노동이주를 생각했지만 이주비용이 많이 들어서 포기하고, 한국에 와서 일을 하려고 틈틈이 한국어를 배우고 있었다. 그러다 아는 동생의 소개로 남편을 만나 결혼하였다.

수영의 경우도 집안이 가난해서 고등학교를 졸업하지 못했다. 취직해서 돈을 벌기도 하지만 교육이나 기술이 낮아서 좋은 일자리를 구하기도 어렵다. 힘들게 일하면서도 낮은 임금수준은 결혼이라는 새로운 대안을 모색하게 된다. 평소 한국 드라마나 영화를 통해 한국이 낯설지 않았고, 중국이나 대만보다 더 살기 좋다는 말에 한국 남성을 만나 결혼하였다.

> 부모님은 농사지으시고, 6형제 중 넷째예요. [베트남에서의 생활은
> 요?] 베트남에서 농사짓다가 아르바이트도 하고, 그런 식으로 벌고
> 쓰고 있(었)어요. 고등학교 2학년 다니다가 졸업 안 했어요. 학교
> 다니다가 아르바이트도 하고, 학교 끝나면 일하다가 결혼했어요.
> 능력이 없고, 기술도 없고, 살기 힘들어서 결혼했어요. [무슨 아르
> 바이트 했어요?] 식당에서 아르바이트 했어요. ……(중략)…… 베트
> 남에서 홍콩, 대만, 중국 쪽보다 한국 사람이 더 살기 좋다고 해서
> (한국 사람과) 결혼했어요. [평소에 한국을 알고 있었나요?] 한국에
> 대해 알고 있었어요. 드라마나 노래, 영화 CD가 있었어요. 대장금
> 이나 한국 드라마 많이 봤어요. <부부, 사-1, 수영>

가정 형편이 어려워 중학교를 중퇴한 진실은 부모님의 농사일을 거들다 호찌민 시로 나와서 봉제일을 하면서 가족을 돕지만, 가족 경제는 좋아질 기미를 보이지 않는다. 마침 진실은 결혼할 나이가 되었고, 가족을 돕고 싶은 마음이 복합적으로 작용해서 국제결혼을 선택한다.

> 고향은 베트남 남부예요. 중학교 1년 다니다 그만뒀어요. 결혼하기
> 전 5년 정도 호찌민에서 미싱일 했어요. 부모님은 농사짓고, 형제
> 는 동생 2명, 언니 1명 있어요. 결혼하기 전에 엄마 도와주고 싶(었)

어요. 엄마가 건강 안 좋아요. 돈 많이 들어가서 외국 사람하고 결혼하면 조금이라도 도와줄 수 있어서(결혼했어요). [어머니가 많이 아프세요?] 네, 자주 아파요. 지금도 고혈압과 당뇨가 있어요. 엄마가 아프고, 부모님 도와드리고 싶고, 저도 결혼하고 싶어서 결혼하게 된 거예요. <개별, A9 진실>

위에서 살펴본 바와 같이 일자리나 보수를 포함한 베트남의 경제적 사정은 열악하고, 이러한 베트남 사회의 경제적 조건은 여성들이 이주를 선택하게 하는 환경적 요인이라고 할 수 있다. 또한 이주여성의 가족적 배경은 대부분 농업, 어업, 소규모 자영업으로 경제적 지위는 낮아서 종종 학업을 그만두게 되는 이유가 된다. 낮은 경제적 지위와 낮은 교육수준은 노동시장에서 고임금의 일자리를 얻을 가능성을 제한한다. 이러한 상황에서 이주여성은 부모님을 도와드리고 싶은 마음, 경제적 어려움을 벗어나고자 하는 강한 욕구 등으로 '결혼이주'를 선택한다. 다음 절에서는 결혼의 동기와 배우자 선택과정에서 다양하고 복잡하게 얽혀 있는 경제적 동기, 삶의 기대, 감정적 요소 등을 다루기로 한다.

나. 결혼의 동기와 배우자 선택의 딜레마

나카마츠(Nakmatsu, 2003)는 이주여성들이 이주를 선택하는 동기로 '보다 좋은 삶(a better life)'을 위해서라고 말하는 것은 보살핌, 중간계급의 남편, 아이, 애정, 사랑, 재정적 안정, 경력 등을 고려한 다양한 요인이 포함된 것이라고 한다. 본 연구에서도 결혼이주여성들은 새로운 기대, 새로운 삶을 꿈꾸며 '보다 나은 삶'을 위해 국제결혼을 하게 되었다고 말하고 있는데, 이때 보다 좋은 삶이란 경제적 향상뿐만 아니라 미래의 삶을 위한 전망, 취업이나 경력 설계, 행복한 가족생활 등이 복합적으로 얽혀 있다.

소정은 2녀 중 맏딸로 공업기술대학을 졸업하고 취직하려던 회사가 부도가 나서 진로를 고민하다가, 주한 베트남 대사관에 근무하는 외숙모의 권유로 1994년, 22살에 산업연수생으로 오게 되었다. 소정이 한국에서 일을 하기로 결심한 이유는, 가정 형편이 어렵고, 좋은 직장도 구하지 못했기 때문이다. 지금은 많이 달라졌지만, 그 당시 산업연수생의 근로환경은 열악했다.[53] 똑같은 일을 하는데도 임금을 훨씬 적게 받아서 생활비를 제하고 나면 2년 동안 모은 돈이 얼마 되지 않았다. 그래서 돈을 더 벌기 위해 미등록으로 남아 있게 되었는데, 한국인과 결혼한 베트남 선배의 소개로 남편을 소개받았다. 당시 친정엄마는 외숙모 자녀들을 돌봐주느라 한국에 있었기에 맞선 자리에 같이 참석했다. 친정엄마는 남편의 첫인상이 착하고 성실해 보인다며 결혼을 찬성하였다.

> [결혼을 결심하게 된 이유는 있나요?] 일단은 내가 결혼 나이가 되고, 어느 정도는 나도 안정적으로 생활을 찾아야 되는 나이인 것도 같고, 두 번째는 내가 한국 남자하고 결혼하면 계속 한국에서 살고, 미래는 내 자녀하고, 내 미래는, 일단 한국도 좋은 나라이기 때문에 내 미래는 더 좋지 않을까 해서 그렇게 결정했어요. 사실은 그때 제가 어렸을 때는 힘들게 지냈어요. 먹고 싶은 거 먹지도 못하고, 같은 친구들을 보면 부러운 마음이 있었어요. 저희 엄마도 고

---

53) 1995년에서 97년 사이 산업연수생으로 일하던 주영 역시 근무환경이 열악했음을 다음과 같이 말하고 있다. "그때 공장에서 계약서에 근로자가 아니고, 유학생 계약이 50달러예요. 너무 싸서 그때 데모했어요. 생각에 일 배운다고 생각했어요. 그런데 다른 사람하고 한국 사람하고 일이 똑같아요. 그런데 50달러밖에 안 주니까 데모했죠. 그래서 150달러로 올랐어요. 처음에 3~4개월 정도는 50달러 받았어요. 데모하고 나서 한 달에 회사에서 베트남으로 보내주는 돈은 150달러 받았고, 따로 170달러 받았어요. 베트남에 있는 회사에 150달러 보내주면 회사에 와서 가족들이 찾아가요. 월급은 150달러이고, 170달러는 혼자 알아서 써요."

생하는 모습도 있고, (가정 형편이) 되게 힘들 때, 낮에 잠깐은 학교 앞에서 문구 파는 노상 장사도 했어요. 가끔은 동사무소 직원들이 단속을 와서, 물건을 팔지도 못하게 하고, 진짜 엄마가 많이 고생 했어요. 아빠보다, 그래서 엄마는 고생하는데, 나는 그렇게 살기 싫어요. 그래서 내가 한국에서 기회가 생길 수 있지……, 그런데 지금 돈도 아니고, 사실 돈 벌어도 생활비 마련해서 가족에서 보탬 해줬거든요. 그래서 돈도 모으지 못했고, 가족 상황도 조금 나아졌지만, 번영한 상황은 아니었고, 그래서 제가 두 가지 이유에서 결혼 결심 했어요. 여기 한국에서 살아야지 하고. <개별, A13, 소정>

소정이 국제결혼을 선택한 이유는 결혼할 나이가 되었고, 한국에 살면 자신의 미래와 자녀의 삶이 좋아질 것이라는 기대, 그리고 가족을 돕고 싶은 마음 등 여러 가지 동기가 복합적으로 얽혀 있다. 존스(Jones, 1997, 2004)는 동아시아와 동남아시아 지역에서 이혼율이 증가하고, 동거가 늘어나고, 보편적인 결혼형태가 쇠퇴하고 있는 점 등에서 결혼의 형태가 변화하고 있다고 지적하고 있다. 하지만 베트남에서 결혼하지 않는 비율은 현저히 낮은데, 이는 부모에 대한 효도와 결혼이 가족생활에 중심으로 간주되는 문화 때문이다(Williams, 2009). 최근까지도 독신으로 사는 것은 용인되지 않는 사회적 분위기 속에서 독신으로 사는 것은 개인적인 결함을 가진 것으로 간주된다.

이주여성들이 외국의 남성을 배우자감으로 선택하는 또 다른 이유는 자국의 남성이 일이 없이 놀거나 술을 마시고, 종종 여자를 때리는 등 주변에서 접하는 남성들의 부정적인 모습에서 삶의 비전을 찾지 못한 것도 크다. 베트남 남성과 결혼해서 사는 주변 사람들의 실제 결혼생활은 한국 드라마에서 비쳐지는 낭만적이고, 잘사는 모습과 대조적이다. 그래서 베트남 남자를 만나 연애를 하거나 사귀어볼 마음이 없고, 국제결혼소개소에서 중매로 남성을 선택한다. 이때 선택의 기준은 남성이 한국 혹은 외국 남성이라는 점이고, 그 남성의 나이나 경제력 등은 크게 중요하지 않다.

> [베트남에서 남자랑 결혼할 수도 있는데요.] 제가 베트남 남자(는) 마음에 안 들어요. 술 먹고, 담배 피우고, 진짜 싫어요. 우리 아버지도 마음에 드는 (베트남) 사람 없(었)어요. 그리고 제가 남자친구(가) 없었는데, 어떻게 결혼해요. <부부, 가-1, 가영>

진취는 결혼하고 나서 베트남에 가면, 지금도 베트남 남자들이 일 없이 커피숍에서 하루 종일 노는 모습을 보게 된다. 이주여성들에게 베트남 남성들의 전통적인 가부장성과 경제적으로 무력한 모습은 국제결혼을 선택하고, 이를 정당화하는 이유가 된다.

> [국제결혼해서 한국 와서 사는데, 후회 없어요?] 후회는 없어요. 오히려 잘했다는 생각 들어요. 저는 베트남에 가잖아요. 지금도 그렇고, 신문 보면 베트남 사회가 되게 안 좋아요. 취직하는 사람도 없고, 청년 남자들이 할 일이 없어서 놀러 가는 사람이 더 많아, 놀러 가는 것보다 나쁜 짓 하는 사람도 많아. 그래서 저는 어느 때 보면 남편이 저한테 잔소리도 많이 하고, 남편한테 못마땅할 때도 많이 있지만, 남편이 가족 위해서 아침 일찍 출근해서 저녁 늦게 집에 오잖아요. 그거 보면 더 남편한테 미안해요. 왜냐면 제가 베트남 갈 때, 남자들 보면 아침에 일하러 가는 게 아니라 커피숍에 가서 앉아서 음악 들어, 그래서 오히려 남편이 나이 많고, 남편이 가끔 못마땅하지만, 그래도 저 위해서, 애들 위해서 열심히 살려고 하니까 고마워요. <개별, A-21, 진취>

이들에게 국제결혼은 베트남 사회의 높은 실업률과 저임금 등 경제상황에서 비롯된 문제들이 베트남 남성의 무능력으로 비쳐지면서 이에 대한 대안으로 여겨진다. 도시에서 일자리를 찾지 못하고 시골에 남아 있는 주변국 남성들의 전망 없는 모습은 국제결혼을 선택하는 데 영향을 준다. 베트남 사회의 경제구조의 문제가 개인의 문제로 인식하는 것과 마찬가지 논리로 한국 남성은 한국이라는 국가가 지닌 경제적 성장과 경제력의 후광에 쌓여 잘살고 능력 있는 사람으로 전환된다. 실제로 배우자가 한국에서 좋은 직업과 수입이 높은 사회적 지위가 아닐 수 있지만, 이주여성에게 이 점은 그리 중요하지 않은 것이다.

한편 마영은 4남매 중 장녀로 어릴 적부터 바다에서 일하는 부모님을 대신해 동생들을 돌보며 집안일을 거든다. 고등학교 졸업 후 중국 기업에 2년 정도 일하면서 한국 돈 10만 원 정도를 벌었지만, 힘들어서 그만두고 결혼을 하였다. 결혼을 마음먹었을 때, 결정적으로 영향을 준 것은 자신의 고등학교 친구 소영이의 소식이었다(각주 42 참조). 소영은 베트남에 놀러온 남편을 만나 연애결혼을 하였지만, 마영은 결혼소개업소를 통해 결혼을 하게 된다. 결혼소개소에서 결혼했다고 하면 스스로 '창피해서' 다른 사람들에게 아는 사람이 소개했다고 거짓말을 하게 되었는데, 시간이 지나면서 어떻게 남편을 만나는가는 중요한 일이 아니고, 결혼해서 잘사는 게 중요하다는 생각으로 바뀐다.

이러한 변형의 과정은 마영이 자신의 결혼에 대해 적극적으로 의미를 부여하고, 사회의 부정적인 평가에 주체적으로 대면하는 행위성 측면으로 읽힌다. 마영은 결혼중개업소를 통한 국제결혼이 한국 사회에서 어떻게 읽히는지를 알고 있다. 즉, 사회에서 자신을 바라보는 시선을 내면화하고 있다. 중개업소를 통해 결혼하는 여성들은 돈 때문에 결혼하고, 결혼하고 나서는 도망가 버리는 부정적인 이미지와 편견들은 마영의 결혼 생활에 긴장을 가져온다. 이러한 국제결혼에 대한 부정적인 이미지와 실제 자신의 결혼과의 긴장관계는 마영이 자신의 결혼을 긍정적으로 해석하고, 당당해짐으로써 해소된다.

> 솔직히 처음에 한국 오면 내가 결혼소개소에서 결혼했다 하면 창피해서 말 안 했어요. 처음에는 거짓말로 아는 사람(이) 소개했다 그랬어요. 그런데 계속 살다 보니까 지금 제 머릿속에 그건 중요한 게 아니야. 이 남자 만나서 잘사는 게 중요한 거지, 그 사람이 나한테 잘해주는 게 중요한 거지, 내가 어떤 식으로 시집가는 게 중요하다고 생각 안 해요. 그래서 저한테 물어보면 어떻게 남편 만났는지 당당하게 대답해요. 왜냐면 요즘도 많이 신문이나 (방송에서)그렇잖아요. 그전에는 한국 사람들이 저희 (결혼이주)여성에 대해서 나쁘게 생각했기 때문에 베트남에서 어떤 사건 때문에 도망갔다, 돈 때문에 오게 되고, 여러 이유로 말했잖아요. 그때는 좀 그랬어요. (결혼이주여성에 대한) 나쁜 생각을 좀 많이 들었어요. 그런 말들은 직접 들은 적도 있고, 간접적으로 텔레비전에서 많이 봤죠. 저한테 주변 사람은 뭐라고 안 해요. 뉴스나 신문에서 많이 나왔잖아요. <부부, 마-1, 마영>

마영이 국제결혼을 선택한 이유는 스스로 자신의 인생을 위해서 결정한 일로 누구의 권유나 강제로 인한 선택이 아님을 강조하고 있다. 또한 자신이 선택한 결과에 대한 책임 역시 자신의 몫으로 받아들인다. 자발적으로 국제결혼을 선택했지만, 어떤 사람을 만나는가는 운명으로 받아들이는 숙명적인 태도 또한 보이고 있다. 마영에게서 주체적이고 의지적인 실천의 행위와 운명적이고 비주체적인 행위가 동시에 겹쳐진다. 서구의 자유의지 개념으로 행위성을 보면, 마영의 태도는 운명에 순종하는 비주체적인 행위로 보이지만, 운명은 자유의지에 반대되기보다는 인간의 삶의 경로와 경계를 정하는 신성한 구조라고 분석한 헤이(Hay, 2005)의 견해를 따르면, 마영의 행위는 수동적인 것으로만 해석할 수 없다. 즉, 마영은 운명이라고 해석하는 종교적 세계관 속에서 열망하고, 기대하고, 동기화하고, 이러한 경계 안에서 행위성이 제한되어 나타난다고 해석할 수 있다.[54]

> 그런데 제가 직접 가면 내가 한국으로 가겠다, 내가 이렇게 가면 스스로 가고 싶어요. 내가 잘되면 내 행복이고, 잘 안 되면 내 운명이다. 부모님도 네가 그렇게 결정하면 그렇게 해라. 결혼하게 되면 집안사람도 응원해요. 뭐라고 안 해요. 왜냐하면 그것은 내가 가고 싶은 거예요. 무엇 때문이 아니라, 내가 다른 나라에서 다른 새로운 인생을 갖고 싶어요. 그래서 가는 거죠. 부모님이 억지로 가라 해서 가는 거 아니니까. 왜냐하면 제가 생각했어요. 저도 엄마, 아빠(가) 21년(동안) 키웠는데, 이렇게 나한테 고생하고, 내 밑에 동생도 있어요. 나한테 다 해주면 동생들 어떡하냐, 나는 이제 그만 여기 두고, 나는 내가 하고 싶은 길을 내가 가요. 그냥 솔직히 한국에 가게 되면 그 나라에 가서 제가 좋은 사람 만나고, 나도 나의 가족이 생기면 그건 내 행복이다. 만약 나쁜 사람 만나면 그건 나의 운명이다. 내가 선택하는 길이다. 만약 여기서 고생하면 엄마, 아빠한테 보이지 못해요. 제가 행복하면 듣기만 해요. 보이지 않잖아요. 그래서 그건 좀 저희 부모님도 많이 걱정했죠. 갑자기 집에서 아기처럼 있다가 (멀리 결혼해서요). <부부, 마-1, 마영>

결혼을 할 것인지, 말 것인지 그리고 국제결혼을 할 것인지의 선택은 개인의 선택사항이지만, 어떤 배우자를 만나서 어떻게 가정을 꾸릴지는 자신의 의지대로 할 수 없는 마치 모험과 같은 일이 된다. 따라서 연구 참여자가 스스로 국제결혼을 선택하였다고 하더라도 어떤

---

54) 이주자들의 삶을 이해하는 데 종교는 중요한 요인이지만 이제까지 이주연구에서 종교는 중요하게 연구되지 않았다(Levitt et al., 2003). 본 연구에서 태영과 우영, 그리고 희망은 신앙이 이주의 경험에서 중요한 요인이었다. 종교 갈등을 보이는 사례는 다영과 라영의 경우에서 나타났는데, 다영은 불교를 믿지만, 시누가 목사이고 남편도 신자여서 종교 갈등을 보이고 있었다. 나영의 경우, 시부모가 손주의 이름을 세례명으로 지을 만큼 기독교를 열심히 믿고 있었는데, 나영이 시부모를 따라 같이 교회에 참석하는 동조적 태도를 보였다. 가영과 진취는 한국 엄마들을 만나 정보를 교환하고 유대를 갖는 점이 좋아서 교회에 나가고 있었다. 이와 같이 종교는 이주자들의 삶에 중요한 요인으로 나타나지만, 본 연구에서는 이를 깊이 있게 다루지 않고 있다.

배우자를 만나게 될지는 이미 개인의 선택 밖의 일이 되는 상황에 위치한다. 개인의 결혼 선택행위는 자율적이지만 국제결혼이 이루어지는 결혼 시스템에 들어가면 개인의 자율성의 폭은 제약되고, 구조의 제약을 받게 되는 것이다. 따라서 개인의 선택, 자유의사 등의 결혼 동기들은 어느새 운명이나 숙명으로 환치되게 된다고도 해석할 수 있다.

앞으로 펼쳐질 결혼생활에 대한 준비나 미래 삶에 대한 설계는 결혼식을 올리고 나서도 막연하고 실감 나지 않은 현실이기도 하다. 맞선에서 결혼식까지 불과 며칠 사이에 신속하게 진행된 일이기에 한국 남편이 귀국한 이후 비자발급을 기다리는 시간은 설렘과 동시에 불안하고 두려운 미래의 일이다. 마영의 말처럼 한국에 가서 좋은 남자만 만나면 되겠다 싶으면서도 그 이후의 삶에 대해서는 '어떻게 말을 하고, 무얼 먹고, 어떻게 생활하는지'에 대해서는 생각하지 못한다. 더 나은 삶 또는 새로운 삶을 위해 결혼을 계획하면서도, 그 결혼이 자신의 인생을 어떻게 바꾸고 어떠한 삶을 살게 될지 알지 못하는 미지의 사건이 되는 것이다.

주영은 3남 3녀 중 막내로 호찌민에서 고등학교를 졸업한 후 신발공장에 2년 정도 취직하였다. 그러던 중 1995년경 한국에 산업연수생으로 오게 되고, 계약기간 만료로 베트남에 귀환하였다. 산업연수생으로 한국에 와본 적이 있지만 그 당시에는 한국인과 결혼할 마음은 없었다. 하지만 사귀던 베트남 남자친구와 헤어져 국제결혼을 생각하게 되었고, 서른다섯 살에 친구의 소개로 남편을 만나게 되었다. 남편의 첫인상은 재미있는 사람이라고 생각한 정도로, '좋은 감정'을 갖고 있지만 이 감정 자체가 곧 '사랑'은 아니다. 사랑의 감정은 결혼하고,

한국에 와서 생활하는 과정에서 느끼게 되었다.

주영은 결혼을 준비하는 과정에서 결혼하면 어떻게 살지, 애를 몇 명을 낳고, 어떻게 키울 것인지, 취업을 할 것인지, 한국 생활은 어떻게 생활하는지 등에 대한 계획은 세우지 않았다. 결혼행위에 있어서 주영이 주체적으로 결혼을 선택하고, 이를 실행에 옮기지만, 결혼생활의 구체적인 내용은 아직 알 수 없고 미리 계획을 세울 수 없는 일로 여긴다. 이러한 주영의 태도가 미래 삶에 대해 구체적인 계획이나 감각을 갖고 있지 않다고 해서 곧바로 수동적인 행위성으로 해석되는 것은 아니다. 아이를 몇 명 낳을 것인지, 언제 낳을 것인지, 어떻게 아이를 키울 것인지, 가사는 어떻게 할 것인지, 남편과 가사분담을 할 것인지, 친정과 시댁과의 관계는 어떻게 할 것인지 등 세세한 내용은 혼자만의 생각으로 결정되는 것이 아니기 때문이다. 하지만 국제결혼에 있어서 결혼의 의미는 일차적으로 젠더의 성 역할을 수용하고 이를 실천하는 데 암묵적인 합의가 있기 때문에 애를 낳고, 키우는 일은 협상의 내용이 아니라고 여긴다는 점에서 이주여성의 행위성은 제약되어 나타날 가능성이 높다.

> 결혼하면 남편하고 행복하게 살아야죠. 남편한테 잘해주면, 남편도 나한테도 잘해줄 거라고 생각했어요. [결혼 전에 어떻게 살지 생각한 적 있어요?] 애를 몇 명 낳을지 생각한 적 없어요. 그때 구체적으로 생각한 적 없어요. 베트남에서 동네 사람들 결혼한 사람도 힘들어요. 경제력 때문에, 애들 때문에 힘드니까 결혼하기 싫었어요. 그래서 늦게 결혼했어요. [한국에 오면 어떨 거라고 생각했어요?] 깊은 생각 별로 없(었)어요. 베트남 부모님 집을 떠나서 한국에 시집와서 남편한테 잘해주면 남편도 잘해줄 거라고 생각하고, 다른 생각은 없었어요. 그리고 소개해준 친구를 믿었어요. 친구가 잘 아는 사람을 알아보고 소개해주니까 그 친구를 믿어서 한국에 왔어요. [부모님의

반응은 어땠어요?] 친구를 부모님이 알고 있고, 친구한테 들어서 가족들이 알고 있어요. 만약 결혼소개소라면 걱정하겠지만 친한 친구가 소개시켜 주니까 걱정 없(었)어요. <부부 자-1, 주영>

결혼생활에 대한 구체적인 계획의 부재는 결혼중개업소를 통해 배우자를 소개받아 짧은 시간에 결혼을 결정하고, 결혼식을 올리는 과정상 어쩔 수 없이 빚어지는 문제이기도 하다. 결혼과정에서 결혼 당사자들에게 정확한 정보가 제공되고, 서로를 알아갈 수 있는 시간이 충분히 주어지는 것을 기대하는 것은 어렵다. 이러한 상황에서 부부간에 미래를 설계하고 삶의 비전을 공유하기란 사실상 불가능하기 때문에 미래는 운에 맡기는 수밖에 없다. 이러한 양가적인 측면으로 인해 나영은 한국으로 갈지, 그만두어야 할지를 놓고 울면서 고민하게 된다.

[결혼 결정하고, 그때 심정은 어땠어요?] 베트남 사람(이) 외국인과 결혼(을) 많이 해요. (남편이 나에 대한) 생각 몰라 무서워했어요. (외국 남편이 베트남 아내) 무시해 안 좋아요. 남편도 나 몰라, 나도 남편 몰라 무서웠어요. [남편이 한국에 돌아가고 나서 어땠어요?] 생각 없어요. 남편 많이 늙어요. 기숙사 선생님이 남편 성격 안 좋아했어요. 남편하고 기숙사 선생님하고 전화로 싸웠어요. 베트남 기숙사에서 항상 걱정했어요. (기숙사에서) 고향 친구 있었어요. 나 한국 가, 안 가 많이 울었어요. 와서 괜찮아요. <부부, 나-1, 나영>

한편 이주여성은 남편과의 나이 차이를 크게 개의치 않는 것으로 여겨진다. 가영은 베트남에서 결혼소개소에서 남편의 나이를 알려줘서 알고 있었지만, 나이가 많은 점은 문제되지 않았다. 나이 차이가 많은 것이 결혼생활에 어려움을 가져오지 않을 것이라고 여기는 대목에서 문화적 해석이 이뤄진다. 즉, 나이가 많으면 아내에게 더 잘해준다거나, 나이 차이가 적은 남편은 가정폭력을 휘두르고, 가정생활에 충실하지 않다는 식으로 해석하고 있었다.

남편(이) 나이(를) 많이 먹어[먹었어요]. 베트남(에서) 알(았)아[어]요. 베트남 가서 결혼하면 다 이야기해요. 나이 얼마 먹(었)어요(하고) 다 이야기해요. 제가 괜찮아요. 남편(이) 나이(를) 많이 먹으면 내가 사랑해주면 괜찮아요. 나이 적게 먹은 사람, 사랑 안 해주면 똑같아요. 안 사랑해주면, 나이 조금이나 힘들어요. 사랑해줘요, 나이 많이 먹어, 생각 없어요. 어떤 사람, 나이(차이) 조금 (나요), 남편이 서른 살 먹었어요. 아내가 스물아홉 살 먹었어요. 한 살밖에 안 차이 나는데, 잔소리하고 때리고, 짜증나게 해요. 그런 사람 싫어요. 내가, 남편 때리면, 못 살아요. [누가요?] 제가 아는 베트남 언니, 저기 살아요. 남편이 장애인인데, 너무 나빠요. 남편 서른, 아내가 스물아홉. 그 언니가 "왜 oo 아빠는, oo 엄마 안 때리는데, 왜 당신 나 때리는데?" (말하니) 그 남편이 "oo 아빠가 나이 많이 먹어서 안 때려요. 나는 나이 조금 먹어. 때려도 괜찮아요." 그렇게 말해요. 어떻게 그렇게 말해요. <부부, 가-1, 가영>

보람은 5남매 중 넷째로, 고등학교를 졸업하고 호찌민에 있는 자동차 제조공장에서 3개월 정도 일하였는데 그때 받은 월급이 한국 돈 18만 원 정도였다. 부모님의 권유로 열아홉 살에 남편을 만나게 되었고, 남편은 결혼 당시 마흔여섯으로 스무 살 이상의 나이 차이가 났다. 그렇지만 보람은 남편과의 나이 차이를 더 행복하게 살 수 있는 조건으로 생각한다.[55] 보람에게 베트남 남성들은 경제적으로 무능력하고 술, 도박, 폭력 등의 부정적인 이미지로 각인되어 있고, 이와 대조적으로 국제결혼은 능력 있고, 가부장적이지 않은 남성을 만나서

55) 보람이 시어머니와 갈등으로 부부관계의 위기를 맞는 측면은 V장. 친밀성의 위기와 갈등에서 다루고 있다.

행복하게 살 수 있는 삶으로 기대되었다.

> 나이 많은 남자랑 결혼하면 더 행복하게 살 수 있어요. 왜냐면 나
> 는 베트남 사람들 봤어요. 이혼도 있고, 남자들 밖에 여자도 있고,
> 부인 아니구요. 내 언니가 맨날 마음 아파요. 남편이 일도 안 하고,
> 그냥 집에 있어요. 다 언니가 일해요. 아기는 맨날 엄마 집에서 봐
> 줘요. 언니가 초등학교 선생님이에요. 그래서 나이 많은 사람이랑
> 결혼하면 잘살 것 같아요. 진짜 남편(이) 다 잘해줬어요. 그때는 행
> 복하고, 잘살 것 같았어요. <개별, A2, 보람>

이상에서 살펴본 바를 정리해보면, 결혼이주현상은 국가 간의 위
계와 젠더 위계와 맞물려 있다. 하지만 이주여성들은 단순히 경제적
인 이유에서 국제결혼을 실천한다기보다는 새로운 삶, 보다 나은 삶
을 기획하고 실천하는 전략으로 결혼을 선택한다. 구체적인 결혼의
이유는 가난을 벗어나기 위해서, 결혼할 나이가 되어서, 베트남 남자
들이 비전이 없어서, 남자친구와 실연으로, 부모님을 도와드리기 위
해서, 혹은 좋은 사람 만나 행복하기 위해서 등등 다양하게 나타났다.
둘째, 이주과정에서 국제결혼을 선택하게 된 이유와 배우자를 선
택하는 문제는 같은 영역의 질문이지만 종종 이 둘은 갈등적인 위치
에 놓인다. 이주여성에게 결혼은 현실의 삶과는 다른 새로운 세계로
의 전환이고, 베트남이라는 물리적 공간 속에 담긴 경제적 빈곤이나
가족 상황을 개선하려는 대안으로 결혼이라는 전략을 구사한다. 하지
만 이 전략은 구조적으로 제한된 사회경제적 맥락 자체를 변형시키
기는 어렵다. 이러한 모순적인 상황 속에서 이주여성은 결혼배우자를
선택하게 되는데, 이 행위는 경제적인 동기나 전략적이고 합리적인
동기에서 비롯되기보다는 사랑의 감정 혹은 친밀성의 영역으로 전환

되어 나타나는 양가적인 측면을 보인다.

(2) 남성의 배우자 선택

가. 결혼의 동기와 배우자 선택

한국 남성들이 국제결혼중개업소를 통해 결혼을 선택하는 이유는 늦은 나이까지 마땅한 배우자를 구하지 못했기 때문이다. 우리 사회에서 외국 여성과 결혼한 남성을 바라보는 시선은 돈을 주고 거래했다는 암묵적인 전제들 속에서 "오죽 못났으면"이라는 말에 담긴 것처럼 주변적인 사회적 위치를 나타내고 있다.

> [국제결혼 하게 된 이야기를 좀 해주세요.] ……(침묵)…… 이런 이야기 안 할려고 했는데, 그냥 솔직히 이야기할까요. 소개업소 통하면 보통 1,300백만 원에서 많게는 3,000(만 원) 잡아야 해요. 결혼중개소 낄 수밖에 없어요. 우리 어머니가 금강산 갈려고 저금했던 거 주셔서 결혼했어요. ……(중략)…… 남자의 입장에서도 눈물 나와요. 인간시장이라고 표현할 수밖에 없고, 이웃 사람들이 집사람을 보고 쪼만한 사람하고 결혼했네, 쭈쭈빵빵한 사람도 많다는데……, 그런 말을 많이 들어요. [주변에서 국제결혼에 대해 어떤 반응이세요?] 다른 사람들이 외국 여자랑 결혼한 걸 보고, "뭔가 부족하니까, 없으니까 외국 사람이랑 결혼했지, 오죽 못났으면 외국 여자랑 살까", 그런 말 많이 들어요. 그리고 주변 사람들이 "○○엄마, 친정에 용돈 보내줬어?" 하고 물어요. 그러면 나는 "형수 씨, 형수 씨 형님은 그렇게 처가에 용돈 보내줘요? 하고 말해요. 주변에서 용돈 보내줘야 안 도망간다는 말을 해요. 그리고 이 사람이 자전거 타고 다니니까, ○○ 엄마 어디 가네, 하고 다 알아요. 오늘은 어디 가네 하고 말해요. 어떨 때는 ○○역에 있다고 (조심하라고) 전화가 와요. (웃음). <부부, 가-2, 김진기>

한국 남성이 비록 마음에 드는 한국 여성을 만나지 못한 대안으로 국제결혼을 선택하지만 한편으로는 국제결혼을 새로운 삶의 시작이나 삶의 전환으로 여긴다. 김진중의 경우 80년대 초 대학을 나와 당시 전자제품 회사에서 일하면서 외국의 선진 기술을 접하고, 직접 사업체를 운영하였다. 이후 IMF 때 부도를 겪고, 부인의 외도로 이혼을 하게 되면서 경제적·심리적 어려움을 겪게 되었다. 한순간에 막노동자로 전락한 인생을 받아들이기가 힘들고 절망스러웠지만, 새로운 삶을 꿈꾸며 재혼을 선택했다. 하지만 그는 한국 여성들이 과거 "전통적인 여성상"에서 멀어지고, 돈만을 좇는 물질주의적 사고방식이 싫어서 외국인 아내를 선택한다. 그래서 김진중은 가장 순수한 곳으로 생각되는 몽골로 맞선을 보러 갔다가 마음에 드는 상대방을 찾지 못하고 되돌아오고, 차선책으로 선택한 캄보디아에서 아내를 만나게 된다.

처음엔 캄보디아 생각은 전혀 안 했어요. 처음에는 중앙아시아 쪽 생각했어요. 러시아 쪽으로 생각하던 차에 우연치 않게 중국, 러시아(에) 가고. 몽골로 가게 됐어요. 몽골에 가니까 그게 아니었어요. 몽골에 정말 장가려고 방문했는데, 소개시켜 준 사람(여성)이 자기 동생 소개시켜 준다고 했는데, 사실은 자기가 결혼하고 싶었나 봐요. 동생하고는 서로 마음에 안 들었는데, 비행기 타고 올 때 말하더라구요. 그다음에 베트남이었는데, 베트남(여성들)이 한국 쪽으로 너무 많이 와요. 그런데 어머니와 같은 순수하게 오로지 가정, 오로지 남편, 현모양처 같은 상을 추구하다 보니 (베트남은) 그런 건 아닌 것 같고 해서, 라오스 생각했어요. 라오스는 문화가 개방이 안 되서 들어가기 어려워요. 오지를 생각하다 보니 캄보디아였어요. 가장 순수한 쪽이 어디냐, 앞으로 남은 인생 도전할 만한 꿈의 나라, 희망의 나라 어디냐 해서 찾은 게 캄보디아 쪽이에요.
<보조사례 B-4, 김진중>

콘스타블(Constable, 2005)은 미국 남성들이 자국 여성은 페미니스트이고, 일 중심적이고, 좋은 아내가 되기보다는 자기 일을 중요시한다고 생각하는 반면, 아시아 여성들은 전통적인 가족 가치를 가지고 있다고 생각하여 이들과 결혼을 하게 된다고 하면서 이러한 문화적 논리가 국제결혼을 하는 중요한 이유가 됨을 지적하였다. 이와 비슷하게 김진중은 한국 여성들이 전통적인 가족 가치를 저버리고, 과거와는 다르게 변화되었다고 생각하였기에 국제결혼을 선택한다. 캄보디아 아내는 한국 여성과 대척점에서 현모양처의 이미지로 그려진다. 이와 동시에 결혼은 새로운 인생을 시작할 수 있는 기회와 희망을 의미한다.

한편 남성들은 자신이 국제결혼을 한 것에 대한 한국 사회의 부정적인 시선을 인식하면서도, 다른 한편으로는 국제결혼 자체를 우월적인 것으로 표현하는 이중적인 태도를 보인다. 한국 사회에서 국제결혼에 대해 부정적인 편견이 예전보다는 점차 나아지고 있지만, 여전히 결혼을 못한 이유가 있을 만큼 부족한 남성이라는 시선을 스스로 느끼고 있었다. 하지만 '젊은 아내와 사는 도둑놈'이라거나 '나는 너보다 한 수 위다'라는 식으로 남들이 하지 못한 것을 가진 우월적 지위로 전환시키기도 한다. 즉, 남성은 한국 사회에서 국제결혼을 부정적인 시선으로 간주하지만, 젠더 관계에서 남성이라는 위계적 위치에서 오는 이점으로 인해 자신의 위치를 '젊은 아내와 사는 도둑놈'이나 '한 수 위'라는 말로 역전시키고 있는 것이다.

> [주변에서 국제결혼하신 거 뭐라고 해요?] 남들이 뭐 도둑놈이라고 하던데, (웃음) 나이 차이가 있으니까 나중에 걱정이 되더라구요.

제가 없을 때 나보다 오래 살 테니까, 혼자 남았을 때 그런 게 걱정이 들더라구요. ……(중략)……[부인의 존재는 어떤 느낌이세요?] 동반자 쪽은 아니고, 큰딸 하나 있다고 해야 되나, 그런 저기가 많이 있어요. 나이 차이도 많이 있고 하니까. 친구들한테 큰딸 데려왔다고 하는데. 결혼 안 한 친구들도 있으니까, 아직도 많아요. 친구들이 처제 소개시켜 달라고 하고 그래요. 지금은 그때 베트남 친구 살해되어서 (결혼이) 강화되었다고 하더라구요. (소개업소) 통해서 해야지 개인적으로는 못 한다고. [집들이 할 때 친구들은 뭐라고 했어요?] 저 같은 경우는 결혼 못하고 있다고 하니까, 다들 축하해 주죠. <개별, A5, 김상진>

김진중은 사업체를 운영한 사장의 지위에서 한순간에 건축일용직으로 전락한 상황에서 새로운 인생을 기획하는 방편으로 국제결혼을 선택하게 되었는데, 자신의 이러한 선택이 지위 강등에서 비롯된 것이 아니라 삶의 공간을 한국에서 글로벌 영역으로 확대한 것으로 차별화한다.

저는 옛날부터 많이 (외국에) 나갔다 온 것도 있지만, 저는 직접 시장 보고, 제가 직접 사오고, 지금도 마찬가지입니다. 남의 시선 절대 없습니다. 오히려 제가 아내와 같이 시장에 가려고 합니다. 거의 같이 가고 있습니다. [외국 신부랑 결혼했다는 주변 이야기를 들어보셨나요?] 저는 아까 말씀드린 대로 자부심이 있습니다. 저는 상대방이 나한테 질문이 온다면 그 자리에서 면박 줄 수 있고, 이의를 제기할 수 있어요. 나는 너보다 한 층 위다 말할 수 있죠. 저는 니들보다 한 수 위야, 나는 자신 있게, 나는 니들보다 3차원 4차원 세계를 가고 있는 사람이야라고 자부심을 갖고 있습니다. 니들을 국내에서 우물 안 개구리식으로 옹당옹당 하고 살지, 나는 니들보다 몇 배나 훨훨 위를 쳐다보고 살고 있다고 자위를 합니다. 전혀 그런 거 없습니다. <보조, B-4, 김진중>

이러한 양가적인 태도는 우리 사회에서 결혼이주여성을 "못사는

나라에서 돈 때문에 결혼한" 외국 여성으로 바라보면서도 한편으로
는 "젊고, 자녀를 출산할 수 있고, 성적 매력을 가진" 외국 여성으로
바라보는 이중적인 시각과 관련이 있다. 그리고 남성의 행위성은 그
나이까지 결혼을 하지 못한 주변적인 사회적 지위를 가지고 있지만,
상대적으로 젊은 아내를 얻을 수 있고, 몽골, 베트남, 캄보디아 등 배
우자의 국적을 선택할 수 있다는 점에서 사회의 부정적인 편견을 역
전시키고 있다. 이러한 남성의 행위성은 스즈키(Suzuki, 2003)가 남성
역시 젠더 수행에 있어서 협상의 과정을 거치며, 젠더 정체성의 변형
을 가져오는 측면이 있지만, 역설적이게도 남성은 자신에게 특권을
부여하는 지배적 사회관계를 재생산한다고 지적하는 것과 동일한 맥
락에 놓여 있다고 볼 수 있다.

나. 결혼중개 시스템과 행위의 양가성

한국에서 국제결혼을 홍보하는 방식은 남성들에게 부담을 주지 않
는 방식으로 접근한다. "바람 쐬러 갔다 오는 식"으로 한번 외국에 갔
다 오자는 말이나, "이번 아니면 언제 외국여행 해보겠냐"거나 "마음
에 들면 결혼하고, 마음에 안 들면 그냥 오고"처럼 개인에게 많은 선
택의 자유가 주어진 것처럼 인식되게 한다. 하지만 일단 결혼중개업
소를 통해 결혼 시스템 안에 들어가면 다음 기회에 선을 보러 오겠다
고 결혼을 미루는 일은 어려운 일이 된다. 이러한 진행과정은 결혼중
개 시스템에서 일어나는 구조적 메커니즘이라고 할 수 있다. 결혼을
위해 언어와 문화가 생소한 외국으로 가서 며칠 사이에 배우자를 선
택하고 결혼식을 올리는 과정은 남성에게도 쉽지 않은 일이다.

한편 배우자를 고르지 못하고 갈등하는 남성에게 결혼중매인은 외

모를 보지 말라고 충고하기도 하고, "적당히 좋은 사람" 찾으라고 말해준다. 이렇게 갈등적인 상황에서 마침내 마음에 드는 배우자를 선택하고 결혼하게 되는 일은 운명이라거나 운이 좋아서라고 해석하게 된다.

김형철은 고등학교를 졸업하고 여러 직업을 거친 후 직업학교에서 조리사 자격증을 따고 대기업에 취직하였다. 안정된 직장이 있지만, 머리숱이 빠지는 외모 때문에 만나는 여성마다 잘 안 되고, 점점 자신감이 없어져서 조바심을 느끼던 중 부모님이 국제결혼을 한 번 해보라는 말에 결혼정보업체를 찾아가게 되었다. 김형철은 여러 결혼중개업체를 검색한 후 우즈베키스탄 고려인을 맞선 해주는 업체를 골랐다. 고려인 배우자를 선택한 이유는 피부색이 같은 동포라는 점과 앞으로 태어날 2세를 위해서다.[56] 인생의 중대한 일 중 하나인 결혼을 혼자 외국에 가서 결정하는 일이 부담스러웠는데, 이러한 감정은 한 번 만남으로 배우자를 결정하게 되는 결혼중개 시스템이 불러오는 긴장과 불안이다.

> 혼자 일주일, 회사에서는 쉰다고 하고. 그냥 갔다 왔죠. 저 혼자, 원래는 솔직히 평생 같이 살 사람인데, 부모님 중에 한 명 같이 가려고 했는데, 안 맞아 가지고 못 갔어요. 저 혼자 보는 것보다 같이 보면 아무래도 짧은 순간이지만 어느 정도 알 수 있잖아요. (우즈베키스탄에 결혼하러)갔죠. 막막하더라구요. <보조, B-7, 김형철>

---

56) 콩고에서 온 스칼라(보조, B-8)는 자신의 외모는 한국 사람과 쉽게 구별되고, 이로 인해 힘든 경험을 다음과 같이 말한다. "처음에 왔을 때, 밥도 못 먹었어요. 다 입맛 안 맞아요. 피부 색깔도 너무 힘들었어요. 밖에 가면 사람들이 물어보고, 어떻게 생겼는데? 왜 이렇게 생겼어? 왜 머리 이상해? 나 곱슬머리예요. 밖에 안 가고 싶었어요. 나 1년 있다 콩고에 갔어요. 진짜 한국 안 살고 싶었어요. ……(중략)…… 아직도, 한국 사람들이 날 보고 깜짝 놀라는 거예요. 날 봐요. 내가 뭐 이상한가? 아냐, 내 몸도 예뻐…… 피부 깜해. 그래도 괜찮아…… (한국)사람들 아직 멀었어요."

김형철은 한 번도 가본 적이 없는 낯선 외국에서 혼자 맞선을 보고, 결혼이라는 인생의 중요한 사건을 결정하기까지 과정이 어떠한가를 잘 말해주고 있다. 도움을 받고 조언을 얻을 수 있는 곳은 지사장과 그곳에서 소개시켜 주고 통역해주는 고려인뿐이다. 마음에 드는 여성이 없자, 결혼중개인은 "적당한 사람" 찾으라고 조언을 해준다. 이 말은 외모가 중요하지 않다고 강조하는 말일 수도 있지만, 외모보다는 아내로서, 엄마로서 역할을 잘할 것 같은 여성을 선택하라는 충고일 수도 있다. 이것은 남편을 믿고 따라주는 전통적인 여성상을 암시하고, 가부장적 성별 체계를 유지할 수 있는 무난하고 순종적인 여성을 의미한다. 김형철이 아내를 선택한 이유는 앞서 김진중의 "가장 순수한"의 이미지와 마찬가지로 "때 묻지 않은" 느낌에 이끌려서다.

> 외딴 나라에 와서 (결혼)한다는 게 쉽지 않고, (결혼소개업소를) 믿을 수밖에 없죠. 회사 가니까 지사장이라는 사람이 있고, 그 사람이 소개시켜 주는 대로 제가 가서 하고, 두 번, 세 번 돌았는데, 인연을 아직 못 만났어요. 만났는데, 아닌 것 같더라고. 그 사람이 너무 외모 같은 거 보지 말라고 하더라구요. 외모가 1년이나 이렇게 살면 아무것도 아니라고. 적당히 괜찮은 사람 찾으라고, 알았다고. ○○○○에서 더 들어가서 시골에서 사는, 시골에서 농사일을 도와주는 그런 여성들을 알고 있었나 보더라구요. 거기 통해서 장인어른하고 와이프를 만나게 된 거죠. 그래서 그때 (선보러) 왔을 때 일하고 왔었나 봐요. ……(중략)…… 뭐랄까, 때 묻지 않았다고 해야 하나? 지사장이 있고, 고려인이 또 있어요. 그 사람이 러시아말로 이야기하고 한국말로 통역해주고, 저한테도 이야기해주는 거예요. 그래서 솔직히 결정 내리기가 쉽지 않았는데, 그래도 만나본 사람 중에 괜찮은 것 같더라구요. <보조, B-7, 김형철>

김형철은 한국에 가서 평생 같이 살자는 말에 '알았다'고 승낙하는 아내한테 고마움을 느낀다. 처음 만나서, 몇 마디 말을 나눈 것으로 결혼을 결정하는 일은 힘들고 어려운 일임을 본인 스스로도 실감하던 차에, 아내가 순순히 '알았다'고 승낙하는 것은 자신에 대한 '믿음'으로 해석하게 된다. 이렇게 결혼의 승낙 여부가 극적인 로맨스로 바뀐다.

> [부인은 몇 번째 만나신 분인가요?] 몇 명 못 만났어요. 그때 4번째 만난 거죠. [결정 안 하고 한국에 올 수도 있지 않을까요?] 올 수도 있었죠. 그런데 이왕 간 김에 결정해야죠. 마음먹은 김에, 또 어떻게 오겠어요. 그렇게 하기도 힘들고. 아무래도 저는 뭐 운이 좋았던 것 같아요. 운이라고 하기는 그렇긴 하지만, 하느님이 도와주신 것 같기도 하고. 좋은 사람 만나게. 어떤 사람 만날 줄 알아요. 솔직히. 타국에서는 누가 누군지도 모르고, 정신없죠. 우리나라도 아니고, 어떻게 돌아가는지도 모르고 정신없는데, 그 상황을 겪어 보지 않은 사람은 모를 거예요. 때 묻지 않은 부분들이 마음에 많이 와 닿았어요. 그리고 평생, 거기서는 자연스럽게 오빠라고 이야기 되더라구요. 오빠랑 같이 가서, 한국에 가서 오래오래 평생 같이 살자 했더니 알았다고. 와이프도 저와 같이 쉽지 않았을 거 아니에요? 다른 나라에 산다는 게, 부모랑 떨어져서 산다는 게 쉽지 않을 것 아니에요. <보조, B-7, 김형철>

배우자를 선택하는 기준은 예쁘다거나 완전히 마음에 들어서가 아니라 적당한 선에서 조절하는 일이다. 중개업소의 조언은 김상진의 경우처럼 외모만 보고 선택하지 말라고 하면서, 구체적으로 "손에 매니큐어 바른 여자들은 살림에 관심이 없는 여성"이라고 알려준다. 마찬가지로 김진배는 아내가 평소에 생각한 이상형은 아니었지만, "괜찮다 싶은 선"에서 배우자를 선택했다. 20대 청춘도 아니고 나이 들어 결혼하는데, 현실적으로 가족을 잘 꾸릴 것 같은 여성이 선택의 기준이 되는 것이다.

일단은 마음에 들었으니까 (결혼을)했겠죠[했죠]. 그건 뭐, 시스템 자체가 여성 많이 있잖아요. 어떤 곳은 몇백 명씩 있는데, 하다 보면 눈에 띄는 분 있잖아요. 기준이 미라든가, 그런 거 있잖아요. 눈에 띄니까, 예쁘다기보다도 자기가 생각했던 거 있으니까. [선생님의 이상형과 맞았다는 말씀인가요?] 그렇다기보다는, 그런 게 있어요. 결혼한 분들은, 예쁘다거나 그런 거보다는 뭐라고 해야 되나, 괜찮다 그 정도 선에서…… 저는 한 50명 정도 여성을 본 것 같아요. [평소에 어떤 여성상을 갖고 계셨나요?] 나이가 뭐 20대가 아니니까, 예쁘다 그런 것 접고, 아 그래도 교양 있다 이 정도 선에서, 있잖아요. 그런 걸 결정해가지고, 말 딱 해보면 알잖아요. 대충 그래도. <부부, 마-2, 김진배>

결혼중개업소를 통해 신부를 만나는 과정은 남성 또한 상품처럼 거래되는 존재임을 느끼게 하여 비애감을 갖게 한다. 우리가 흔히 남성들은 국제결혼과정에서 신부를 아무렇지도 않게 고를 것이라고 생각하는데, 남성의 경우도 심리적인 갈등을 겪고 있었다. 앞서 살펴본 김진기는 "인간시장"이라고 말하면서, 사람을 파고 사는 듯한 결혼시장에 놓인 위치를 비판적인 시각에서 바라보고 있었다. 또한 운전기사인 김진수는 재혼하기 위해 국제결혼을 선택하였는데, 베트남에서 맞선을 보던 당시 상황을 기억하면서 눈시울을 붉혔다. 결혼중개업소에서 이벤트성으로 치러지는 결혼과정은 인간성을 소외시키는 과정으로 경험되고 있었다.

[아내를 만났을 때 어떤 인상적인 게 있었어요?] 처음에 베트남 갔을 때, 아내들은 어떻게 표현해야 될까요. 우리 아내들이 거처하는 곳은 호찌민 시내에, 좀 안 좋게 말하면 돼지우리에서 산다고 보면 과언이 아닐 거예요. 저희들이 가면 호텔에 있잖아요. 거기 책임자들이 나타나면 호텔에서도 벌떡벌떡 일어나더라구요. 제가 감정이 좀 많은 가 봐요. 아내를 만나서 (한국으로) 오려고 하니까 이상하

게 감정이 복받치는 거예요. 눈물이 펑펑 나요. 눈물 흘리고 싶지 않은데, 나 가고 나면 정말 돼지우리에서 있을 거 생각하니까 눈물이 나는 거예요. 우리 아내가 (내가) 왜 울었는지 그 이유는 잘 모르죠. <부부, 다-2, 김진수>

김진수가 결혼식을 마치고 돌아오는 길에 눈물이 난 이유는 직접 베트남 여성들이 기숙하는 곳을 보고, 그곳에서 여성들이 어떤 대우를 받으며, 어떤 위치에 놓여 있는지 체험했기 때문이다. 베트남 여성들은 가난을 벗어나기 위해 국제결혼을 선택했지만, 이윤을 추구하는 결혼중개업체는 그들의 처지를 악용한다. 그가 지불하는 결혼비용이 신부에게 일정 부분 지급되는 줄 알았는데, 전혀 주는 게 없다는 걸 알고 이 '팔려온 신부'가 피해자라는 인식에 도달한다. 상품처럼 배우자를 고르게 하는 결혼중개 시스템이 잘못되었다고 느끼지만 한편으로 남성들은 그러한 결혼중개 시스템을 이용하는 양가성을 보인다.

[왜 눈물이 나셨어요?] 저 사람들이 남자들을 만나기 위해서 목숨을 걸고 나온 거예요. 왜 그러냐면 그쪽에서 보면 마담이라고 하대요. 모집책으로 해서, 이건 아내와 대화가 돼서 하는 이야기가 아닙니다. 저는 좀 알아요. 그래서 돈 많이 벌게 해줄게, 이런 식으로 꾀었을 거예요. 돈 준다고 했다고 하더라구요. 저희는 한국 돈으로 천오백만 원 정도 들어가요. 그런데 아내 쪽으로 간 게 없더라구요. 걔네들이 전부 장난해요. 저는 돈 받은 줄 알았어요. 그런데 나쁘게 표현하면 팔려온 거예요. 그니까 저 사람들이 거기 나와서 밥 먹여주고, 재워주고, 남자를 만나면 되는데, (선보러)가는 사람은 적고 여자들은 많이 있는데, 그 나라 실정상 열악하잖아요. 또 데려오는 모집책 있으면 얼마씩 줘야 할 거 아니에요. 우리가 4명 갔는데, 백이삼십 명 본 것 같아요. 우리는 의자에 4명 앉아요. 참, 이거, 정말 나, 저는 처음에 가서 그냥 올라고 했어요. 7명씩인가 줄서가지고, 번호 달고 있어요. 그러면 몇 번, 몇 번 자기 좋아하는 사람 다 적게 해요. 불러요. 그러면 옆에 적어요. 그래서 최종적으

로 한 명 고르는 거예요. 뭐, 그런 것이 감정에 복받친 거예요. 인
간이 인간을 고른다는 거, 있을 수 있는 일입니까. 그래서 사실 처
음에 감정이 나서, 고발조치를 해서 처벌을 받게 할려고 생각도 했
어요. 그런데 현실이 그렇지 않아요. 다 짜고 하는 것인데. <부부,
다-2, 김진수>

김진수는 결혼중개 시스템의 상품화 측면을 간파하여 이에 대한
연민을 느낄 만큼 비판적인 시각을 지녔음에도 불구하고, 그러한 시
스템이 주는 편리를 거부하지 않는 경향을 보여준다. 또한 이 사례는
국제결혼 한 남성이 아내를 시스템의 피해자로만 인식한 나머지 이
주여성의 주체적이고 실천적인 측면을 보지 못하는 모습도 잘 보여
준다. 만약 아내가 결혼중개업소에 의해 '팔려온 신부'가 아니라 자발
적인 삶의 계획의 일부로 국제결혼을 선택했다면 남편들은 눈물을
흘릴 만큼 연민을 느끼지 않았을 것이다. 나카마츠(Nakamatsu, 2003)
가 날카롭게 지적하였듯이, 여성은 결혼중개 시스템이 가진 가부장적
구성 원리로 인해 쉽게 상처를 입지만, 그럼에도 불구하고 여성은 새
로운 삶에 대한 열망을 가진 행위성을 가진다. 이런 시각에서 보면,
남성의 연민은 우리 사회가 이주여성을 피해자화하거나 도망가는 신
부로 바라보는 고정관념을 그대로 내면화하고 있다는 점에서 한계가
있다.

다. 우월적인 남성의 위치와 불안감

국제결혼을 선택하는 남성은 여성과 비교할 때 선택을 당하기보다
는 선택할 수 있고, 마음에 드는 상대가 없으면 얼마든지 다른 배우
자감을 고를 수 있는 유리한 위치에 서 있다. 남성은 나이나 초혼/재

혼 여부, 직업과 수입이 좋고 나쁨의 여부, 신체적·정신적 장애 여부를 떠나서 마음에 드는 여성을 고를 수 있고, 어린 신부와 결혼할 수 있는 위치에 있다. 한국에서는 나이가 들었거나, 사회경제적 지위가 낮은 경우 결혼상대자를 구하기가 어렵다. 특히 재혼일 경우, 늦은 나이에 자식을 낳아줄 젊은 아내를 찾기도 어렵고, 더구나 장남으로서 부모님을 모실 수 있는 며느리감을 구하기도 어려운 실정이지만, 국제결혼이라는 결혼시장에서는 이러한 조건은 크게 구애를 받지 않게 된다. 왕(Wang, 2007)은 베트남 여성과 결혼하는 대만 남성이 사회적 위치가 낮지만, 아내에 비해서는 상대적으로 권력을 가지고 있다고 지적하는 것처럼, 남성은 젠더 관계에 있어서 상대적으로 우월한 지위에 있다고 할 수 있다.

김진철은 장남으로 부모와 같이 동거하고, 우편배달을 하고 있다. 이십대 후반까지는 선을 좀 봤지만, 계속 만남이 어긋나자 자신감도 없어졌다. 그러던 중 국제결혼을 결심하게 되었는데, 아내를 선택할 때 시부모를 모시고 살 수 있는지가 관건이었다. 김진영은 현재 7급 공무원으로, 대학교 때 갑자기 발병한 뇌종맥의 후유증으로 좌반신 마비를 앓고 있는 장애인이이다. 발병 후 학교를 그만두고 병원에서 15년 정도 넘게 치료를 받다가 상태가 조금 나아지면서 공무원 시험을 치르고, 안정된 직장을 갖게 되었다. 안정된 직장을 갖게 되자 결혼에 대한 막연한 기대를 갖게 되었다.

> 제가 지난번에 말씀드렸지만 제가 장애인이거든요. 지체 걸어 다닐 수 있는 마지막 등급입니다. 2급입니다. 말씀드리면 잘 모르실 테니까, 노인 분들 있잖습니까. 중풍에 걸려서 한쪽에 편마비가 오는 것 있잖습니까, 노인네들한테 많이 오는데요, 저는 선천성 뇌종맥

기형이라고, 나이 20대 중반에 병증이 왔어요. 좌반신 편마비 증상이에요. 왼쪽을 못 씁니다. 손, 발이 마비 상태입니다. [지금은 나았나요?] 완치가 아니구요, 퇴원만 한 거죠. 후유증이 뇌신경하고, 척추하고 손상이 되면 현재는 완치가 안 됩니다. <부부, 바-2, 김진영>

대개 몸이 불편한 경우 부모나 형제들의 적극적인 중매로 결혼이 성사되는 경우가 많은데, 김진영의 경우도 어머니가 적극적으로 배우자감을 찾아 나선 경우이다. 인터뷰당시 김진영은 밝히길 꺼렸지만, 필리핀 여성과 결혼한 적이 있고, 이 여성은 결혼 한 달 만에 집을 나갔다. 이러한 사정으로 김진영은 재혼 당시 아내가 35세로 다른 이주 여성들보다 상대적으로 나이가 많아 출산에 대한 걱정이 들기도 했지만, 젊은 여성을 선택할 수 있는 입장이 아니라고 생각하고 아내를 만나게 되었다.

[국제결혼을 하게 된 이야기를 해주세요.] 일단은 만나주지도 않고, 뭐, 옆에서는 결혼해야지 하면서도 소개는 선뜻 못 해주고, 아시지 않습니까? 저희 어머니가 시장에서 장사를 하시는데, 한국에서 애 낳고 사는 베트남 여자를 알아서 소개를 부탁했어요. 소개를 부탁해서 애 엄마를, 그 사람을 통해서 만난 거죠. ……(중략)…… [부인께서 결혼 당시 나이가 있었는데요, 괜찮았나요?] 글쎄요. 나이가 처음에 걱정은 했습니다. 이주자들이 훨씬 어리고 그래서 애 엄마가 나이가 많다 보니까 애기를 가질 수 있는지 의심스러웠구요, 나중에 한국 들어오면 혹시 나이 많아서 혼자 외롭게 지내지 않을까 싶어서…… 근데 글쎄요. 뭐, 제 조건이 나쁜데, 상대방 조건을 따지겠습니까. 한국 와서 잘 살 수 있을까 걱정했어요. <부부, 바-2, 김진영>

특히 장남인 경우 결혼을 해야 된다는 심리적 부담은 큰 것으로 보인다. 아들이 외국 신부와 결혼하는 것은 절대로 안 된다고 반대하는 부모가 있어 결혼이 늦어지는 경우도 있었지만(김진철, 김상진), 결혼을 반대하던 부모가 돌아가시거나 시간이 지난 후 부모의 생각이 바뀌게 되어 국제결혼을 하게 된다. 결혼이 늦었거나 혹은 결혼을 하지 못한 자식을 부모가 금전적으로 지원을 하고 떠밀어서 베트남으로 보내기도 하는데 건설일용직인 김진교의 경우, 결혼 당시 43세로 주거가 일정치 않게 생활하고 있었으나, 임대업과 경비일로 안정적인 수입을 갖고 있는 부모님이 결혼비용을 내고 결혼을 서두르면서 맞선을 보게 되었다.

> 결혼하게 된 동기는 거의 비슷할 거예요. 늦게 나이 들어서 짝을 못 찾아서. 주위에서 이제 결혼해봐라. 뭐 좋지 않겠나 해서 자의 반 타의 반 결혼하게 됐어요. 저희 어머님이 금전적인 것도 도와주시고 해서 하게 됐어요. [부모님과 계속 같이 사신 거예요?] 따로 떨어져 있다가 결혼하면서 경제적 능력이 뒷받침이 안 되니까 부모님 집으로 들어왔어요. 혼자 사니까 지방도 내려가고, 일 찾아 떠돌아다니고, 부모님 입장에서 안쓰럽겠죠. 못 이긴 척하고 베트남 날아간 거죠. 구경이라도 해야겠다, 내가 언제 외국여행 가겠나. 근데 막상 가니까 생각이 틀려지더라구요. 말이 안 통하는데, (아내가) 웃으면서 많이 웃어 가지고…… 소개소에서 잘 선택을 시켜서. [소개소에서 선택해주신 거예요, 아니면 선생님이 선택하신 거예요?] 소개소죠. 저는 모르죠. 거기서 잘 선택을 해서 그렇게 됐죠. (부인이)괜찮은 거 같은데 미팅 한 번 해보자 하고 질문해서 (부인이) 괜찮다(고 했어요). 나는 베트남 말도 모르고 하니까, (소개소에서 배우자를 정해준 것을)그렇게 하세요 해서 (결혼하게 된 거죠).
> <부부, 나-2, 김진교>

결혼 적령기에 이르러 처음부터 외국인 아내와 결혼하겠다고 생각하는 경우는 없다고 해도 과언이 아닐 것이다. 젊은 시절, 배우자를 찾기 위해 여러 번의 맞선을 보고 교제를 시도하지만 번번이 실패하는 과정에서 자신이 배우자감으로서 갖고 있는 위치를 인식하게 된다. 자신이 가진 직업이나 소득, 나이 등 여러 제반 조건들이 결혼시장에서 불리하게 작용함을 알게 되는 것이다. 따라서 부모가 적극적으로 결혼을 유도하는 상황에 떠밀리게 되지만, 국내 결혼시장에서는 적절한 배우자를 만나지 못하기에 국제결혼으로 눈을 돌릴 수밖에 없는 현실적인 이유가 존재한다.

> [그동안 사귀어본 경험 있으세요?] 선도 몇 번 보긴 봤어요. 그런데 직장도 그렇고, 제가 한국 여자들 싫어하는 조건 다 가지고 있다고 보시면 돼요. (웃음) 맞을 리가 없겠죠. 이래서 안 되고, 저래서 안 되고…… 집이 기독교 믿으시니까. 선을 봐도 그런 쪽에 사람들을 소개시켜 주더라고요. 맞을 리가 없죠. 결혼은 하기 글렀구나, 생각했는데 어머님이 "내가 다 해줄 테니까, 네가 우리 집 장남인데 손자는 봐야 되지 않겠냐?" 그래요, (내가) "그렇게 하세요" 해서 (결혼하게 됐죠). <부부, 나-2, 김진교>

한편 남편들은 결혼 초기에 아내가 언제든지 도망갈 수 있다는 불안감을 대부분 강하게 느끼고 있었다. 대기업 생산직에 근무하는 김상진은 아내가 밖으로 나다니면 바람이 난다거나, 베트남 사람들끼리 만나서 "누구네 집에 뭐가 있고, 베트남에 몇 번 다녀왔고, 돈을 얼마 보낸다"는 등 서로 비교하면서 결혼생활에 문제를 일으킨다는 주변의 조언들을 듣고 아내를 집안에만 있게 할 생각이었다. 시부모와 함께 살면서 가족과 정이 들면 아내가 도망가지 않을 것이라 여기고, 아내가 지역사회에 나가 한국어를 배우는 일 등은 차후 문제로 여긴다.

> 그래서 제가 (아내를 한국어)학교에 나중에 보낼려고 그랬지. 우리 가족들 하고 정이 좀 들고, 그러면 나중에 보낼려고 했는데 통역

때문에 알게 되서(지금 배우러 다니는데), (베트남 친구들끼리 만나서) 얘기를 들어보면 비교를 많이 한대요. 누구네 집은 뭐하고 뭐하고, 형제들끼리도 한다고, 왕래를 자주 하지 말라고 하더라구요. 가서 비교하고 한다고. [그런 말들은 어디에서 들어요?] 처음에 결혼 소개해준 여동생이, 또 사촌 동생도 해주고 해서 많이 알아요. 잘 아니까 귀띔을 해주더라구요. 인터넷에 들어가 봤더니 처음 만나서는 정이 없잖아요. 호감만 갖고 하다 보니까 다른 사람하고 눈이 맞아 가지고 (이혼)하는 그런 이야기도 있고, 한국어 배우러 다니다 보면 베트남에서 와 있는 사람들하고 어울리다 보니까 거기서 눈이 맞아서 그런다는 이야기도 있고…… 다른 사람들이랑 비교 많이 한다고 하니까, 가족들이랑 정이 들고 그러면 덜할 것 같고 해서, 정이 든 다음에 (밖으로) 보낼려고 했어요. <개별, A5, 김상진>

그렇지만 건축일용직인 김진기는 주변에서 이주여성들이 밖에 나가서 사람들을 만나다 보면 서로 비교하게 되어 부부싸움을 하게 된다는 말에 개방적인 태도를 보인다. 그렇게 아내를 집에만 가두어놓지 않아도 시간이 지나면 아내들이 어차피 알게 된다고 생각하기 때문에 아내가 한국어를 배우고 친구들과 어울리는 것에 허용적이다. 이와 같이 남성들은 아내가 사회생활을 하는 것에 대해 개방적인 태도를 보이기도 하고 폐쇄적인 태도를 보이기도 한다. 한국어교실이나 지역사회 베트남 네트워크에 참여하는 등 적극적으로 사회활동을 하도록 지원하는 남편들도 있고, 아예 집 밖으로 나가지 못 하게 통제하는 남편들도 있다. 문제는 남편의 태도에 따라 아내의 한국 생활이 달라진다는 점이다. 폐쇄적인 남편의 경우 아내가 사회활동을 하지 못하도록 집 안에만 있게 하는데, 이런 경우 이주여성의 한국 생활은 가족 이외에는 터놓고 이야기를 나누고, 정보를 얻을 네트워크가 부재하여 소외감을 더욱 크게 느끼게 된다. 나아가 정부에서 공식적으로 지원하는 각종 사회통합 프로그램에 참여하지 못함으로써 한국 생활 적응을 더디게 하게 되고, 자격증 취득이나 취업기회 등 사회적 자원을 획득하게 될 가능성이 제한된다.[57)]

> [부인은 지역사회 활동에 참여하나요?] 여기 달력에 다 적혀 있죠. 하루는 동사무소 가고, 하루는 ○○에 가고, 하루는 구청에 가고, 한글 공부 하느라 바빠요. [부인이 베트남 친구들과 어울리는 거 어떻게 생각하세요?] 여기는 서로 말이 돌아요. 누구네 집 베트남 몇 번 갔다 왔네, 얼마 송금했네 하구요. …… 자꾸 그러니까 부부 싸움 하게 되고, 그래서 남자들이 여자를 밖에 안 내보내려고 해요. 근데 내가 볼 때는 잘못 생각한 거예요. 밖에 안 나가도 다 알아요. 서로 전화들 하니까요. ○○에 가면 베트남 사람들 많이 모인다고 해요. 거기 가면 바람난다고 가지 말라고 해요. 그러면 나는 같이 손잡고 가요. 내가 집사람한테 여기 아냐고 물어보니까 알고 있었다고 해요. <부부, 가-2, 김진기>

언론이나 소문을 통해 듣는 '도망간 신부'는 막연한 불안감을 느끼게 하고, 자신의 일처럼 받아들이는 사건이 되는데, 아내가 임신을 해서 아이가 생기면 비로소 안심이 된다. 자녀를 낳고 결혼생활이 점점 안정이 되면서 아내가 도망갈 것이라는 불안은 아내에 대한 신뢰로 바뀌어간다. 김진철의 경우, 결혼 초기에는 아내가 그만 살고 베트남에 돌아간다고 할까 봐 조바심도 났었는데, 아이를 낳고 살게 되면서 점점 부인에 대한 신뢰가 쌓이면서 걱정을 덜게 되었다.

> 처음에는 그런 생각도 했어요. 애기 많이 낳으면, 우리나라 선녀와 나무꾼처럼 애기 한 셋 낳으면 진짜 독한 여자 아니면 안 도망가고

---

57) 여성가족부 홈페이지에 나와 있는 다문화 가족 지원사업의 내용을 보면 ① 방문교육 사업으로 다문화 가족 한국어 교육, 아동양육지원, 임신·출산 지도 서비스, ② 통·번역 서비스 사업, ③ 다문화 가족 자녀 언어발달 지원 사업, ④ 이중 언어교실 운영사업, ⑤ 민간위탁 혹은 다문화가족지원센터 프로그램(한국어교육, 다문화 사회 이해, 가족교육, 취업연계 및 교육 등) 등으로 이루어져 있다.

그럴 거다. 지금은 그런 건 없어요. 처음에는, 2년 전에, 9월 달에 결혼했을 때, 안 한다고 가면 어떡하나 그런 것처럼, 한국에 와서 나 못 살아요. 나 베트남에 갈래요. 그럴까 봐 좀 그런 면이 있었는데, 뭐든지 털어놓고 이야기하다 보니까, 와이프(가) 저한테 섭섭한 거 다 털어놓고, 집의 얘기, 옛날이야기 다 털어놓고 이야기하니까 믿음이 생기더라구요. <부부, 사-2, 김진철>

도망간 신부에 대한 남편들의 불안은 여러 가지로 생각해볼 수 있다. 남편의 입장에서는 아내의 결혼 이유가 한국에서 가정을 꾸려 자식을 낳고 사는 데 있지 않고, 위장결혼일 수 있다는 점에서 의심을 해보는 것이고, 둘째는 이주여성이 한국에서 생활하는 과정에서 남편의 계급적 위치를 깨닫는 과정에서 오는 기대의 불일치를 남편 스스로도 알게 되면서 나타나는 불안감으로 보인다. 희망의 사례는 여성의 입장에서 남편의 경제적 지위를 자각하게 되는 것이 어떤 의미인지를 보여준다.[58] 한국에 오는 순간 남편의 경제적 상황이 자신이 생각한 것과 너무 다르다는 것을 알고 울게 된다.

한국에 오자마자는 세가 꿈꿨던 한국 생활은 아니었어요. 남편한테 들은 것은 남편 집이 있다, 가정이 어느 정도 잘살고 있다고 했는데, 의사소통이 안 돼서인지, 막상 와서 보니, 남편 집이 6남매예요. 6남매랑 시어머니랑 반지하 집에서 6, 7명이 방 2칸에서 같이 살고 있는 거예요. 제가 오니까 제가 꿈꿨던 한국 생활이 아니다, 이제 깨달아 알게 되고, 막 울었어요. 인생이 내가 생각했던 게 아니고, 그러다가 적당히 또 임신되고, 경제적으로 어렵고, 바로 임신되니까

---

58) 희망은 6남매 중 둘째로 고등학교를 졸업하고 집안일을 돕다가, 정부에서 지원해주는 전문대학에 2년 다니면서 취업을 준비하던 중 베트남에 염색 기술자로 오게 된 남편을 만나 1996년 결혼해서 한국에 오게 된다. 남편을 만나기 전까지 국제결혼에 대해 생각해본 적이 없었다. 당시 남편이 베트남에서 교통사고를 당하는데, 희망의 이모부랑 남편 사장님이 아는 사이여서 병원에 입원한 남편을 도와주다가 둘이 사귄다는 소문이 퍼지고, 주변 사람들도 밀어줘서 결혼을 하게 된다. 희망이 가족관계 위기 상황에서 이를 인식하고, 상황을 헤쳐가는 모습은 VI장 초국가적 가족 네트워크 부분에서 다루고 있다.

일도 겹치고, 계속 겹치다가 힘들게 지냈어요. <개별, A16, 희망>

한편 김진혁은 전문대학을 졸업하고 지방에서 사업을 하다가 수도권으로 올라온 후 택배일을 하던 중, 거래처에서 아는 베트남 친구의 소개로 부인을 소개받는다. 아내와 나이 차이가 많이 나는 것을 좋은 일이라고 생각하지 않았기 때문에 38살 결혼 당시 35살인 부인과 결혼하였다. 김진혁은 '도망가는 아내'가 남편의 낮은 경제적 지위에서 나온 실망감에서 비롯된 것이라고 생각하고, 자신이 가입하고 있는 연금이나 보험 등 경제적 안정을 강조함으로써 아내를 안심시키는 전략을 사용하고 있었다.

> 저는 별로 걱정을 안 합니다. 그런 생각은 거의 안 해봤어요. 그런 생각을 안 해본 거 아니라, 지가 베트남으로 가면 고생할 거 아니까, 내 그릇에서 있을 때가 제일 행복하다고 그렇게 생각하고 있습니다. 말을 할 때도, 앞으로 미래에 이렇게, 이렇게 되니까 준비를 다 하고 있으니까, 걱정 안 해도 된다, 가끔 한 번씩, 비전을 보여주고 있습니다. <부부, 자-2, 김진혁>

4. 요약

이상에서 살펴본 바를 정리하면, 초국가적 결혼으로 비롯되는 결혼이주는 국가 간의 위계적 관계와 젠더 관계의 불평등한 관계에서 비롯된다고 할 수 있다. 하지만 이러한 요인들만으로 이주현상을 설명하는 데 한계가 있다. 이주여성들은 구조의 강제에 놓인 수동적인 피해자라기보다는 보다 나은 삶을 열망하거나 다양한 동기들을 가지고, 구체적인 삶의 현장에서 자신의 자원을 활용하여 협상한다.

또한 이주여성들은 결혼이라는 이주방식을 통해 국경을 넘지만, 결혼이나 이주에 대한 아무런 정보나 계획 없이 이를 실행하는 것은 아니다. 결혼이주여성은 먼저 이주한 베트남 가족이나 친구들의 네트워크에 연결되어 있고 이들로부터 듣는 결혼 소식이나 정보를 근거로 국제결혼을 선택한다. 한편 국제결혼을 매개하는 결혼중개업소는 성별화된 방식으로 만남을 주선한다. 돈을 지불하는 고객이 남성이다 보니 자연히 한국 남성의 욕구를 반영하지만, 맞선에서부터 결혼에 이르는 과정에서 한국 남성 역시 소외감을 경험한다.

이주여성의 사회경제적 배경은 학업을 중단할 정도로 가정형편이 어려운 경우가 많았고, 가난을 벗어나고 부모님을 돕고자 하는 욕망에서 국제결혼을 선택한다. 하지만 결혼의 동기는 경제적 안정, 가족에 대한 헌신, 결혼에 대한 문화적 기대, 새로운 삶에 대한 기대나 열망 등이 복잡하게 얽혀 있었고, 이러한 개인적 열망이나 기대 등은 개인 행위의 차이를 가져오는 이유가 된다.

한편 국제결혼을 하는 이유로 경제적 동기가 중요함에도 불구하고, 배우자를 선택할 때는 '첫인상이 좋아서'라고 대답한다. '좋은 사람'을 만나 '보다 나은 삶'을 기획하지만, 어떤 사람을 만나게 될지는 알 수 없기에 '운'에 맡겨진다. 이러한 점에서 구조적 제약 속에서 행위성이 조건 지어지는 측면을 살펴보았다.

한국 남성의 경우도 늦은 나이까지 마땅한 배우자를 구하지 못하여 국제결혼을 선택하게 되지만, 역시 새로운 삶을 기획한다. 사회에서 바라보는 부정적인 평가는 젠더 위계 속에서 '젊고, 어린' 신부를 맞이할 수 있는 우월적인 지위로 역전되기도 한다. 결혼중개 시스템은 '바람 쐬는 식'으로 부담 없이 접근하지만, 맞선 보러 가면 '안 하고 올 수 없는' 시스템적 강제 속에서 결혼이 진행된다. 그리고 외모보다는 '적당한 선에서' 배우자를 고르라는 중개업자의 조언을 듣고 배우자를 고른다. 이러한 측면에서 남성 역시 결혼중개과정에서 구조적 제약에 얽매인다는 점은 이주여성과 같다고 할 수 있지만, 남성은 배우자를 '앉아서 고를 수 있는' 지위를 갖고 마음에 들 때까지 수십 명의 여성을 '줄 세워서' 고를 수 있는 입장이다. 그러한 점에서 남성은 여성과 달리 젠더 관계에서 우월적인 위치에 놓인다고 할 수 있다.

남성에게 '도망가는 신부'라는 담론은 '선녀와 나무꾼'처럼 애가 셋이면 도망가지 못할 것이라 생각한다. 이러한 점에서 이주여성의 위치는 아내로서의 지위보다는 어머니라는 지위에서 가족의 승인을 얻게 된다고 볼 수 있다. 한편 남성의 불안감은 '젊고 어린' 아내를 신부로 맞이할 수 있는 것이 자신의 경제적 지위가 높아서라기보다는 '한국'이라는 국가적 지위에서 비롯된 것임을 알게 되는 데서 오는 긴장이다. 때로는 김진혁의 사례처럼 경제적 비전을 보여줌으로써 아내를 안심시키는 전략을 구사하기도 한다.

03

초국가적 가족의
형성과 삶의 실천

이 장에서는 결혼이주가족의 초국가적 가족의 성격을 젠더 관계와 가족전략 차원에서 살펴보고 있다. 결혼이주가족은 국제결혼 혹은 '초국가적' 결혼(transnational marriage)으로 인해 언어, 문화, 정체성 등 서로 다른 민족성이 국가의 경계를 벗어나 초국가적 가족이라는 사회적 장에 놓여 있다. 그리고 이러한 초국가적 가족 네트워크는 이주여성 가족관계 속에서 협상할 수 있는 중요한 자원이 된다. 가족관계는 언어, 문화 차이, 정체성, 성 역할, 계급적 배경, 초국가적 가족 네트워크 등 자원들을 협상되고 접합하고 이를 변형시켜 가는 역동적인 과정이라고 할 수 있다. 포너(Forner, 1997)는 가족이 구조와 문화, 행위성이 상호작용하는 역동적인 공간이라고 하면서, 이주가족의 형태는 본국의 사회적 관행과 문화뿐만 아니라 정착국의 사회, 경제, 문화적 요인들에 의해 형성된다고 말한다. 정착국의 구조적 제약과 조건들은 가족 제도나 역할, 적응 등에 영향을 준다. 하지만 이주자들은 외부의 힘에 의해 결정되는 수동적 존재가 아니어서 능동적으로 가족생활을 재구성하고 재정의하는 등 행위성을 보인다고 하였다. 이러한 포너의 시각을 인용하면, 이 장에서 언급되는 가족 경계의 재설정은 이러한 능동적인 가족행위의 한 측면이라고 할 수 있다.

한편 본 연구에서는 가족을 단일한 이해관계를 가진 집단으로 보기보다는 서로 이해관계가 충돌하고, 갈등하면서 변화해가는 집단으로 보며 가족관계의 역동성을 살펴보는 데 역점을 두고 있다. 서로 다른 성별, 가족의 사회경제적 배경, 민족적 배경을 가진 남녀가 만나 가족을 형성하는 과정은 역할을 조정하고 협상하는 과정이면서 한편으로는 개인의 이해관계보다는 가족 차원에서 전략적으로 행위하는 공간이다. 이러한 가족관계는 종종 권력자원의 불균형으로 인해 위계적 관계로 나타나기도 한다. 그렇지만 이러한 가족의 모습은 고정되고 불변하는 속성으로 이해되기보다는 현실 생활 속에서는 개인의 협상력에 따라 유동적으로 변형되는 과정이라고 할 수 있다.

1. 초국가적 가족 개념과 특성

초국가적 가족(transnational family)이란 가족이 서로 다른 둘 이상의 국가에서 떨어져 살지만, 국경을 초월해서 가족 소속감을 공유하는 집단으로 정의할 수 있다(Bryceson and Vuorela, 2002). 초국가적 가족은 새로운 현상은 아니고, 다양한 형태들이 있으며, 세계의 많은 가족이 초국가적 삶을 살고 있다(ibid., 7). 초국가적 가족은 지리적으로 분산되어 생활하고 있지만 공유된 가족감정을 가지고 있다. 하지만 공유된 가족감정은 고정되었다기보다는 협상되고 재구성된다(Trask, 2010). 기러기 가족과 같이 같은 민족으로 구성된 하나의 가족이 국경을 넘어 가족을 구성하는 경우도 있고, 이주자들이 본국 가족과 맺는 가족관계도 초국가적 가족이라고 할 수 있다. 이주와 관련한 초국가적 가족 현상은 주로 이주자와 본국 가족과 맺는 다양한 가족유대, 즉 가족별거의 감정, 초국가적 모성, 송금 행위와 같은 경제적 유대, 정서적 유대 등 다양한 측면이 있다. 결혼이주의 경우, 초국가적 가족은 이주여성이나 남편이 친정이나 처가 가족과 맺는 관계뿐만 아니라 이주여성이 남편, 자녀 그리고 시댁 가족과 맺는 가족관계도 포함한다. 즉, 가족구성원의 국적, 민족적 배경, 문화, 언어 등이 한 국가의 경계를 벗어나고, 이들의 삶이 초국가적 유대를 통해 구성된다는 점에서 그러하다.

결혼이주여성은 이주의 방식으로 '결혼'을 선택했지만, 초국가적 결혼은 단순히 몸만 이주해오는 것이 아니고, 새로운 가족을 만들게 되고, 역동적인 가족관계가 생겨나게 된다. 즉, 결혼이주여성은 노동 이주자나 성 산업 이주자와는 달리 본국의 출생 가족(natal family)과 결혼을 통해 이뤄진 현실 가족59) 사이에 끼어 있게 된다. 이러한 특수성은 결혼이주여성이 본국의 가족에게 송금을 하거나 경제적 지원을 할 때, 현실 가족 사이에서 갈등을 빚기도 한다. 한편 아내와 어머니로서 가족의 일원으로 자리를 잡는 과정에 남편이나 시댁과 다양한 밀고 당김이 일어난다. 결혼 이주여성은 '딸'과 '아내'라는 두 가족 사이에 위치해 있다. 이와 같이 국제결혼 한 여성이 본국과 정착

---

59) 여기에서 현실 가족이란 이주여성의 본국 가족과 구별하기 위해 사용한 개념으로, 한국 남성이 결혼해서 만들어진 핵가족을 의미한다.

국 사이 놓인 위치를 두고, 스즈키(Suzuki, 2005)는 "긴장"으로 표현한다.

다음은 초국가적 가족현상을 결혼이주여성의 이중적 위치성, 즉 출생 가족과 현실 가족 사이에서 '딸'과 '아내'라는 이중의 역할 속에서 가족경계를 설정하고, 초국가적 가족 네트워크를 자원으로 활용하고 협상하는 측면에 주목하고 있다.

2. 협상의 자원들과 가족관계

(1) 임신과 출산

이주여성은 한국으로 입국하면서 본격적인 가족생활을 시작한다. 처음 몇 주 혹은 몇 달 사이에는 한국 음식과 한국말, 한국 문화에 적응하는 기간이지만 한국에 오자마자 기대되는 것은 아이를 낳고 기르는 엄마로서의 역할이다. 아이를 몇 명 낳을지, 언제 낳을지, 집 장만은 언제 할지, 저축은 얼마나 할지 등 미래에 대한 구체적인 계획을 세우고 의견을 조정하기보다는 임신해서 아이를 낳고 키우는 성역할이 중요하게 여겨진다. 다영의 경우를 제외하면, 연구 참여자 대부분의 이주여성은 결혼 후 임신, 출산을 지연시키기 위해 피임을 계획하거나 미루지 않고 당장 해야 할 당연한 일로 여겼다. 수영, 보석은 베트남에서 결혼식을 올리고 한국에 오기 전에 임신이 되었다. 임신을 계획 중인데 아직 자녀가 없는 소라(개별 A3)를 제외하고는 모두 한국에 온 지 일이 년 안에 임신하고 출산을 경험하였다.

한국에 와서 일 년 반 만에 임신했어요. 베트남에서 피임약 주사 맞았어요. 3개월 정도 (피임) 효과 있어요. 왜냐면 남편도 애기 2명 있어요. 어떻게 살아요. 그래서 임신 안 되죠…… 지금 남편(은) 애기 또 낳고 싶어(해)요. (제가) 힘들어 안 돼요. …… 애 낳고 병원에서 4일, 5일 정도 있다가 나와서 혼자 키웠어요. 산후조리원도 안 가구요. 그냥 답답해요. 남편 음식도 못해. 애기 3.4키로(그램), 허리가 너무 아파 수술했어요. <부부, 다-1, 다영>

결혼이주여성에게 임신과 출산은 이주의 삶을 정착하게 만드는 계기이다. 나영의 경우 남편이 어떤 사람인지 잘 모르니 임신을 나중으로 계획하고 있었으나, 시어머니가 피임을 반대하였다. 임신이 되자, 아이를 낳고 나면 혹시 남편과 시댁 식구들이 내쫓을까 봐 두렵기도 하였다. 나영이 이러한 두려움을 갖는 것은 자신의 결혼이 자녀를 낳는 것에 큰 의미가 주어져 있고, 남편과 시부모가 나영을 출산하는 몸으로 바라보고 있음을 알고 있기 때문이다. 하지만 임신과 출산을 통해 이주여성은 가족 안에서 아내와 어머니로서의 지위와 역할을 확보해나가는 계기가 되고, 자원을 확보하는 일이 된다.

[결혼하기 전에 어떤 가족을 이룰지 생각해보셨나요?] 조금 생각했어요. 집(을) 어떻게(장만할까). 시골(에) 살아, 시에 살아? 애기는 한국에서 천천히 생겨. 임신 금방(되면) 안 돼요 했어요. 피임약 베트남서 사왔는데 엄마[시어머니]가 이거 안 돼요 했어요. 남편이 애기 없어요? 물었는데 두 달 후에 생겼어요. 애기 낳았으니 남편이나 베트남 추방해? 생각했어요(그래서 무서웠어요). 남편이 나 많이 사랑해 (이제) 알아요. 한국에 와서 남편이 음식 많이 사주고 이거 먹어 하고, 머리 아파 하면 병원(에) 가 해요. (사랑하는거) 조금 느껴요. 처음 임신했을 때는 몰랐어요. 임신했을 때는 (사랑한다는) 느낌 없었어요. <부부, B-1, 나영>

노영은 10남매 중 7번째로 베트남 남부 시골에서 초등학교를 졸업하였다. 집안의 농사일을 돕다가 회사에 취직하여 직장생활을 하던 중 한국 남성과 결혼한 친언니의 소개로 남편을 만나 2005년 결혼하게 되었다. 친언니의 소개로 남편을 만났기에 낯선 외국 남성에 대한 거부감은 없었고, 외국 생활에 대한 두려움이나 걱정은 없었다. 그러나 한국 생활을 하면서 남편의 인식능력이 다른 사람과 다르다는 점을 알게 된다. 시어머니는 다세대 주택을 소유하고 임대수입으로 얻어 비교적 넉넉한 생활을 하지만, 오래전부터 반신불수로 거동이 불편한 상황이라 노영의 한국 생활 적응과 자녀양육 과정에 별다른 도움을 주지 못했다. 노영은 남편의 상태에 대해서 정확히 알고 싶지만 누구도 정확히 설명해주는 사람이 없다. 결혼 초기 이런 남편의 모습을 보고 베트남에 돌아갈까 생각도 했지만, 아이가 생기면서 그런 마음은 접어둔다. 베트남으로 돌아가서도 먹고살 일이 힘들고, 엄마로서 아이를 돌봐줘야 한다고 생각했기 때문이다.

[결혼했을 때 시댁 식구들은 어땠어요?] 좋아했었어요. 그런데 시집이 걱정했었어요. 제가 남편이랑 같이 오래 살까, 아니면 일 년 후에 도망갈까, 그런 거 걱정해요. [시어머니가 도망갈까 봐 걱정하셨어요?] 네, 항상. 제가 베트남에서 결혼했을 때도 그래요. 왜냐면 우리 남편 다른 사람(과) 다르잖아요. 머리에서 (나오는 생각이) 똑똑하지 않아요. 그런데 바보이지도 않아요. 그거 항상 시집에서 걱정했었어요. 저도 사실은 (도망갈까) 그런 거 생각했었어요. 그런데 같이 사니까, 우리 애기 임신했었어요. 그래서 생각해도, 생각해도, 지금 임신했는데, 나 (베트남에) 가서도 고생하고, 우리 애기도 나중에 좀 불쌍해서, 그래서 참았어요. [결혼 당시 잘 몰랐어요?] 전혀 그런 건 몰랐어요. 우리 남편도, 처음에 얼굴 봤을 때, 약간 생각했는데, 그런데 그런 거 많이 몰라요. <개별, A14, 노영>

노영은 현재의 삶에 크게 만족하는 것은 아니지만 그렇다고 다시 베트남에 돌아갈 만큼 나쁜 것은 아니라고 생각한다. 남편이 다른 남성들과 다르다는 것을 알게 되면서 베트남에 돌아갈 것을 염두에 두지만 임신이 되면서 경제적 조건과 아이의 미래를 위해서 한국에서 살기로 한다. 이는 오그부(Ogbu, 1987)가 말하는 '이중적 준거틀(dual frame of reference)'의 개념으로 설명할 수 있다. 오그부는 이 개념을 빌려 이주자들이 어떻게 자신이 처한 고단한 현실을 이겨내고 삶을 지탱해나가는가를 설명한다. 즉, 이주자들은 본국에서 자신이 생활했던 상황이나 또는 본국의 친구들이 처한 상황과 비교하면서 정착국에서의 삶이 힘들더라도 보다 나은 기회와 삶을 누리고 있다고 생각한다는 것이다. 노영에게 있어서 남편이 다른 남성과 달리, 인지능력이 떨어지고 부부관계가 소원해져서 갈등을 겪고 있지만, 그렇다고 본국으로 돌아가는 것보다는 나은 것으로 여긴다.

현재 노영은 시어머니가 둘째를 낳으라고 해서 다니던 부품조립공장을 그만두고 임신을 계획 중이다. 애를 키우기 힘들다는 말에 시어머니는 화를 내고, 생활비를 줄 테니 직장을 그만두라고 하지만 앞으로 어떻게 할지 고민이 많다. 딸이 외동이어서 외로울 것 같고, 자녀터울이 길면 형제관계가 안 좋을 것 같다는 생각에 빨리 애를 낳는 것이 좋겠다고 생각한다.

> 둘째는 고민 중이에요. 더 나(을)까, 말까. 왜냐면 몸이 힘든 게 아니고, 우리 애기가 부족해서, 불쌍해서 생각해요. [왜 부족하고 불쌍해요?] 애기 낳으면 아빠가 교육하는 거 안 도와주잖아요. 할머니도 안 도와주잖아요. ……(중략)…… 그래서 애기 생각해서 안 낳았어요. 먼저 한국어 많이 배우다가 나중에 애기 키울 때 가르쳐주

고, 정확하게 알려주고 그렇게 하고 싶어요. 애기 아빠가 애기 키
우는 거 전혀 도와주지 않아요. 힘들었는데, 애기 더 낳으면 애기
도 힘들고, 나도 힘들고. [시어머니는 뭐라고 하세요?] 애기 안 낳
는다고 막 뭐라고 했어요. 애기 키우는 거 남편이 안 도와주잖아요.
저보고 애기 더 낳으면 누가 봐줘요? 그렇게 이야기했어요. 힘든
거 시어머니도 알아요. <개별, A14, 노영>

노영은 자신의 인생설계를 고려하면 지금 둘째를 가지는 것이 좋
겠다고 생각한다. 시어머니가 다세대 임대업을 해서 일정한 고정 수
입이 있기에 며느리에게 애를 낳도록 요구하고 며느리가 고분고분히
결혼생활을 유지할 것을 기대하지만, 노영은 시어머니의 경제력에 의
지하기보다는 자신만의 독립적인 생활을 계획한다. 그 꿈을 이루기
위해서는 젊은 나이에 임신과 출산, 육아를 마쳐야 하기에 둘째 임신
도 서두르고 있다. 노영에게 임신과 출산은 가족의 기대에 맞춰 엄마
로서의 역할을 수행하고 정체성을 확립하는 영역이고, 동시에 자신이
목표하는 삶을 위해 계획하고 실천하는 행위성의 영역이다.

내년에 서른 살이에요. 저는 결혼을 25살, 26살에 결혼했으니까요.
그리고 저도 꿈에 30대, 40대 사이에 장사하는 거, 아니면 뭐(라도)
하는 거예요. 계속 지금처럼 이렇게 생활하고 싶지 않아요. 뭐 장
사하는 거, 아니면 뭐 일하는 거 꼭 있어야 돼요. 그래서 지금 시간
있으니까 애기 하나 낳으면 괜찮을 것 같아요. 그래서 그거 생각해
요. 지금 쉬고 있을 때, 내년에 애기 낳아서 키우면 좋겠어요. 38살
정도, 그때 뭐하고 싶어요. 그런데 우리 시어머니가 안 그래요. 저
보고 너 평생 집에 있을 생각하라고, 먹고 살 거 걱정 안 해도 돼
하고 말했거든요. 그런데 제가 그거 싫어요. 내 거 아니고, 내 맘대
로 쓰는 거 못 했잖아요. 좀 불편해요. 자기 맘대로 쓰는 거 안 되
잖아요. 그리고 내 거는 갖고 있으면 친정엄마, 아빠 비행기 왔을
때, 내 거 당장 보내면 돼. 우리 시어머니 돈 있으니까 한 번 주면
물어보잖아요. 내가 그런 거 싫어요. <개별, A14, 노영>

가영은 남편이 장남이라서 아들을 낳아야 할 것 같은 부담감을 느꼈다. 남편은 아들이든 딸이든 괜찮다고 하지만 자신은 꼭 아들을 낳고 싶었다. 결혼생활 2년 차에 인근 조립공장에서 일을 하던 중 둘째 아이를 임신하게 되었는데 다행히 아들이었다. 시어머니는 늦게 결혼한 장남 아들에게서 그렇게 바라던 손주를 얻게 되자 기뻐하였다. 아들을 낳자 남편의 대우도 달라진다. 큰애는 가영이 혼자 애를 키웠지만, 둘째 낳을 때는 남편이 베트남 친정엄마를 초청해주었다. 가영은 시어머니와 가족의 기대에 따라 둘째 아이를 임신하고 아들을 낳게 되자, 자신의 위치를 더욱 확고하게 만드는 계기가 되었다.

> 큰애 낳고, 나(는) 애기 그만 낳아야지 생각해[했어]요. 시어머니가 손자 없어요. 손주 여섯 명 중에 손자 없어요. 제가 생각해요. 남편이 큰아들이니까, 아들 없으면 어떻게 할까 생각해요. 애기 한 명 더 낳자. 아들. 제가 생각해. 남편(이) 딸(을) 더 좋아해요. 아들이나 딸이나 (가릴)생각 없어요. 제가 그냥 두 명 낳자고 했어요. 큰애가 안 외로워요. 그렇게 생각해요. 제가 원래 아들 좋아해요. 시어머니도 손자 없어요. 다른 손주 보고 속상하고, 왜 손자 없나 했는데, (아들) 한 명 낳아서 시어머니 너무 좋아해요. [남편도 좋아해요?] 네. 남편이, 큰애 외로우니까 아들이나 딸이나 괜찮다고, 안 외롭게 해주고, 동생 있으면 좋겠다고. 제가 "나 아들 낳고 싶어요" 하니까 남편이 "아들인지 딸인지 어떻게 알아요. 그냥 애가 안 외로워하면 돼." ……(중략)…… 애기 두 명 있고, 너무 재미있어요. <부부, 가-1, 가영>

이주여성에게 있어 가임의 능력과 출산의 능력은 여성의 삶을 전통적인 성 역할에 묶어놓고 '애 셋 낳으면 도망가지 못할 것'이라는 남편의 기대처럼 삶에 안주하는 일이 될 수도 있다. 하지만 한편으로는 애를 낳기를 원하는 남편과 협상할 수 있는 자원이기도 하다. 도망갈까 두려워하는 남편을 안심시키고, 자신을 신뢰할 수 있게 만드는 측면에서 자원이 될 수 있다는 의미이다. 이주여성은 자녀의 간식비 등을 이유로 생활비를 자신이 일정 부분 관리할 수 있고, 남편에게 아이와 놀아주라거나 책을 읽어주라고 요구하는 등 성 역할을 협상할 수도 있다. 때로는 진실의 경우처럼, 자녀를 핑계로 시댁에 가는 일도 미룰 수 있고, 안 갈 수도 있다.

진실은 중학교를 중태하고 호찌민에서 봉제일을 하다가 이모가 결혼소개소를 알려주어서 결혼소개업소에 간 지 이틀 만에 남편을 만나 결혼하게 되었다. 남편은 결혼 당시 32살로 자동차 정비일을 하는데, 진실이 육아일로 힘들어서 짜증을 내도 잘 이해해준다. 첫애를 낳고 둘째는 천천히 낳을 생각에서 피임약을 사달라고 했지만, 남편은 빨리 애를 낳자며 회피하였고, 지금 두 살 된 둘째를 키우고 있다.

> 저는 빨리 (둘째) 애 안 낳고 싶었어요. 천천히, 왜냐면 큰애 잘 키우고 나서 나중에 둘째 낳으려고 했는데, 남편은 애 둘째 빨리 낳으라고 했어요. 빨리 낳고 빨리 크니까, 나중에 뭐하고 싶은 거 있으면 편하게 할 수 있다고, ……(중략)…… [피임하는 방법도 있었는데요?] 그때는 피임하는 방법 잘 몰랐어요. 가르쳐주는 사람도 없고요. 그래서 남편보고 피임약 사달라고 했는데 안 사줬어요. 그때 둘째 임신했을 때 지우고 싶었는데 남편 못 하게 했어요. 그런데 그때 지웠으면, 이렇게 예쁜 아기 못 보고 지금 후회 많이 했을 거예요. 지금 애가 너무 예뻐요. <개별, A9, 진실>

자녀를 언제, 몇 명 낳을지, 피임은 어떻게 하는지 등에 대한 결정은 이주여성에게 있다기보다는 남편의 선택에 맡겨지는 경향이 있다. 이는 이주여성이 젊은 나이에 결혼해서 일반적인 성 지식이 부족하고, 낯선 한국 생활과 가정생활에 적응하는 과정에서 주도적으로 의

사결정을 내리고 실천하기보다는 남편에 의지할 수밖에 없는 상황에서 초래하는 것으로 보인다. 한편 진실은 자녀를 낳고 키우면서 시댁에 가는 횟수를 줄이기도 하고 안 가기도 하는 등 며느리 노릇을 조절할 자원으로 활용한다.

> 시골에 계신 어머님 자주 전화 와서 일주일에 한 번씩 시골 가서 고추 심어요. 지금 애들 두 명 있어서 어디 움직이면 힘들어요. 애들 둘 있잖아요. 날씨 안 좋으면 감기 걸리잖아요. 그래서 가끔 짜증나요. [시골에 자주 가세요?] 처음 왔을 때 일주일에 한 번 갔어요. 처음에 너무 속상했고, 한국 음식도 못 먹고, 그런데 시골 가면 할머니들 안 좋은 냄새 나고, 김치 냄새도 나고…… 그런데 둘째 애기 낳고 지금은 자주 못 갔어요. <개별, A9, 진실>

남편의 입장에서는 아내가 애를 낳고 자녀를 키우는 것은 당연한 일이다. 대기업 생산직에 근무하는 김상진은 가족은 자녀의 존재로 인해 완성되는 것으로 생각한다. 은퇴 전까지 자녀를 대학에 보내려면 자녀를 빨리 낳는 것이 이롭다고 여긴다.

> 다른 사람들처럼 알콩달콩 자식 두세 명 낳아가지고 그렇게 살려는 게, 다 그런 거 아니에요? 결혼 전에 꿈꾸는 게…… 아직 애기가 없어서, 나이가 있으니까 빨리 해야 되는데, 회사 다닐 동안 빨리 해서 키워야지. ……(중략)…… 그래서 빨리 낳아서 했으면 좋겠는데, 잘 안 되네요. 남들 보면 쉽게 쉽게 낳는데. 아직 애가 없으니까 요즘 결혼했는지 안 했는지 잘 모르겠어요. <개별, A5, 김상진>

한편 이혼하고 고속버스 운전기사 일을 하고 있는 김진수(50세)는 초등학교 여 동창이 배우자감을 소개시켜 준다고 했지만, 애를 낳을 수 없을 것이라고 생각해서 거절을 한다. 그래서 젊은 아내를 맞이할 수 있는 국제결혼을 선택하였다. 심층면접 당시 김진수는 둘째 아이를 낳을 생각을 하고 있었다. 남성의 입장에서 결혼으로 자녀가 생기고, 아빠가 되는 것은 자연스러운 일이다. 전 결혼에서 자녀가 있는 것과는 상관없이, 재혼가족에게도 자녀는 가족을 형성하고 부부관계를 이어주는 중요한 요소로 여겨진다. 이러한 점에서 남성은 전통적인 가족규범을 가지고 있다고 할 수 있지만, 이러한 전통적 가족규범 속에서 이주여성은 가부장적 성 역할을 적극적으로 수행함으로써 협상의 자원으로 활용하고, 자신의 위치를 공고히 다지게 된다.

> 제가 또 결혼한 이유는 어제 만났던 친구 있죠. 그 친구가 자기 시누하고 결혼하라고 하는 거예요. 잘산다는, 못산다는 보장은 없죠. 잘 못 살면 친구하고 끝나는 거죠. 나이 차이가 좀 있긴 있더라구요. 지그 오빠, ○○에 (일하고) 있고 하니까, 사는 건 괜찮게 살아요. 그런데 여자로서 기능은 다 못 하잖아요. 저는 아들 하나 낳고 싶은데…… [그게 소원이셨어요?] 하나 더 낳을라고 했는데, 못 낳는대. 서운한 건 없는데, 애 때문에요. 둘이 있으면 지그끼리 뭉치잖아요. 제 (전처 사이의)딸은 아빠, 그만 낳아요. 그래요. 제 딸이 88년생이니까, 아내하고 나이 차이 별로 없죠. <부부, 다-2, 김진수>

(2) 자녀의 의미와 '외국인 엄마'의 역할

결혼이주가족에게 자녀는 가족을 '가족답게' 만드는 안전장치이다. 신문 지상에서 오르내리는 출산파업이나, 출산율 저하라는 사회적 현상과는 달리 결혼이주가족에게 자녀는 절대적으로 필요한 것으로 보인다. 남성이 재혼이고, 전 결혼 사이에서 자녀가 있고, 은퇴를 앞둔 나이에도 불구하고 자녀를 낳으려는 행위를 통해서 이들이 생각하는 가족상을 짐작해볼 수 있다. 혜수는 아이를 더 낳는 것이 싫지만, 남편을 안심시키기 위해서는 둘째를 갖는 것이 필요하다고 생각한다.[60] 자녀가 더 생기면 남편은 자신이 이제 한국에 정착해서 도망하지 않을 것이라고 믿기 때문이다.

> 저는 생각 없는데, 근데 우리 남편 꼭 딸 하나 더 낳고 싶대요. [그래서 낳을 생각이세요?] 남편 따라야죠. 그래 저는 딸 안 낳으면 남편이 다른 생각…… 우리 남편이 딸 하나 낳고 싶어 해. 낳기 싫으면 우리 남편이 다른 생각해. 혹시 나중에 생각, 우리 아들이랑 둘이 도망갈까 봐. [남편이 다른 생각이라는 거 뭐예요?] 우리 남편 생각, 우리 자주 싸우잖아. 혹시 저는 도망갈까 봐. 애기 너무 많으면 못 도망가니까…… 그래서 낳자고 해요. 저는 이런 거[도망갈] 맘 없어요. (남편) 혼자 상상해서……. <보조, B-3, 혜수>

혜수의 남편 김진중은 자녀가 생김으로써 아내가 한국 생활에 적응하게 되고, 부부 갈등 시 위기를 해결해주는 존재로 생각하였다. 한국이라는 낯선 땅에 와서 문화 차이로 어려움을 겪지만, 아이를 낳고 양육하는 과정에서 한국인으로 적응하게 된다고 생각하였다. 그리고 '선녀와 나무꾼'에서 자녀가 셋인 것처럼, 자녀 수가 그 정도 되어야 안심이 된다고 여겼다. 따라서 자녀의 존재는 가족관계를 유지하는 중요한 연결고리일 뿐만 아니라 아내의 한국 생활의 적응에서도 필수적이다.

---

60) 혜수는 캄보디아 칸다우가 고향으로 부모님은 농사일을 한다. 오빠 4명과 여동생 2명이 있고, 자신이 큰딸이다. 고등학교를 졸업하고 회사도 다니고, 놀기도 하고, 옷가게에 취직도 하다가 말레이시아에 건너가 1년 정도 공장에서 일하면서 한 달에 300달러를 벌었다. 사귀는 남자친구가 있었지만 결혼할 생각은 없었고, 마침 친구가 국제결혼을 소개해준다. 중국은 들어봐서 알고 있었지만 한국은 처음 들어보고, 아는 게 없었다. 소개소에서 몇 명의 남성을 만나봤지만 서로 마음이 맞지 않아서 혜수가 좋으면 상대방의 직업이 좋지 않았고, 상대방이 좋다고 하면 본인이 싫었다. 그러다 남편을 만났는데, 아버지상같이 옆에 가까이 가고 싶은 마음이 들었고 마음이 따뜻한 사람 같았다. 남편이 재혼인 건 알았지만 딸이 있는 것은 알지 못했다. 캄보디아에서는 국제결혼이 비밀이어서, 그냥 웃고, 사진만 찍었다. 진짜 결혼이 아니라고 생각해서 한국에 오면 결혼식을 하고 싶었는데, 남편이 결혼식 안 해줘서 섭섭하다. 남편과 2006년 25세에 결혼해서 4세 된 아들이 있다.

실질적으로 육아를 하면서 부대끼는 면이 상당히 많은 것 같아요. 거기에 한국 문화에 적응하도록 해주는 것 같아요. 그래서 새끼가 없는 가정은 많은 위기를 느끼고 있고, 그런 걸 지니고 사는 것 같아요. 제 생각에 그래요, 새끼는 둘쯤이면 딱 좋은 것 같아요. 하나는 조금…… 나무꾼과 선녀에서도 셋이 아니에요? 그게 빈말이 아닌 것 같아요. 그것이 아주 의미가 있는 내용 같아요. [둘째 생각 있으세요?] 있어요. 생각 있지요. <보조, B-4, 김진중>

한편 우영은 한국 생활 16년째로, 전 남편의 경제적 무능력과 알코올중독으로 한국 생활 내내 "눈물로 밥 비벼 먹는" 생활을 하던 중, 전 남편과 사별하고 교회에서 남편을 만나 재혼하였다. 남편은 한약을 지어줄 만큼 자녀를 원했고, 재혼 후 2년 만에 임신이 되자 일하던 공장을 그만두고 지금은 출산하여 집에서 자녀를 돌보며 있다. 재혼 부부에게도 아이는 부부관계를 안정적으로 유지시켜 주는 존재이다.

[애는 언제 태어났어요?] 결혼해서 2년. 남편이 우리 둘째 낳아야지, 그런데 한약 먹자, 한의원에(서), 35만 원짜리 한약 지어 먹었어요. 어느 세월에 생겼어요. (웃음) 애도 인연인지, 한 달 동안 조금 조금 하혈이 있었어요. 임신인 줄도 몰랐어요. 일하러 계속 다녀[녔]어]요. 어느 날 몸 좀 이상해요. 밥도 안 먹고 싶어, 떡하고 라면으로 때웠어요. 같이 일하는 언니들이, (병원에)가봐, 가보니 유산기가 있대. 병원에서 주사 3번 맞고, 아이 건강도 괜찮다고 걱정하지 말라고(했어요). <부부, 아-1, 우영>

어느 계급에서나 자녀는 가족 재생산의 의미를 갖는다. 재산과 가문은 자녀를 통해 세습되기 때문에 자녀의 출산은 가족의 안정과 유지에 중요한 의미를 갖는다. 최근 한국 사회에서 빚어지는 저출산이 자녀양육과 교육에 따르는 비용이 증가함에 따라 나타난 가족의 전략적 선택 중 하나라는 사실과 비교해볼 때, 결혼이주가족은 자녀를 경제적 측면에서 비용의 문제로 생각하기보다는 자녀로 인한 가족의 결속과 안정에 더 큰 가치를 더 두는 것으로 해석할 수 있다.[61]

이주여성에게 아이의 출산은 '외국인 엄마'의 위치로 정체성의 변화를 가져온다. 새롭게 생긴 엄마로서의 역할과 지위는 이주여성의 정체성에 많은 혼란과 갈등을 가져온다. 아이를 출산하고 가장 힘든 것이 낯선 한국 문화에서 애를 어떻게 키워야 하는가 하는 육아방법이다. 물론 베트남에서도 첫애를 낳고 키우는 방법이 어려운 일일 수 있다. 하지만 베트남에서는 부모나 자매, 친구, 이웃 등 주변의 도움을 받을 곳이 많고, 정보를 얻어 육아방법을 알 수 있다. 한국에 와서 처음 해보는 애 목욕시키기, 젖 먹이기, 예방접종 등 성장 단계마다 아이를 돌봐주는 육아지식은 부족하고, 한국어로 된 육아서적은 읽기가 어렵다. 베트남에서 고등학교를 졸업하고 연애결혼 한 하늘(개별, A1)은 한국말이 어려워 베트남에서 보내온 육아 책을 보고 있고, 남편이 인터넷에서 육아정보를 찾아서 설명해줘서 알게 된다.

보영은 아이가 무얼 물어봐도 대답을 잘해줄 수 없어서 엄마로서 답답하고 미안함을 느끼고 있었다. 아이가 아플 때 병원에 데려가도 한국말을 알아듣기 어렵다. 자녀를 키우는 과정에서 이주여성은 자신이 외국인임을 실감하게 되고, 아이가 말문을 틔워 갈수록 한국말이 서툰 자신이 모습이 부족하다고 느끼게 된다.

---

61) 부부사례 10쌍 중에서 자녀가 2명인 경우는 가영, 라영, 보영, 우영, 주영, 차영이고, 자녀가 3명인 경우는 소영, 마영(현재 출산예정)이다. 나영과 다영의 경우 남편들을 통해 자녀를 더 낳을 것인지를 물어보았는데, 남편들은 둘째를 '낳아야 되겠죠, 혼자 외로우니까'로 말하면서 둘째를 희망하였다. 수영은 둘째 임신을 시도 중이다. 한편 보라는 27세에 남편(당시 43세)을 만나 결혼해서 4살 된 딸과 시어머니와 같이 살고 있다. 보라는 애를 더 낳고 싶지만, 시어머니가 키우기 힘들다며 그만 낳으라고 한다. 남편이 나이가 많고, 시어머니가 몸도 아파서 애와 놀아주지 못하기 때문이다. 보라는 애를 낳을지 말지 고민하고 있었다.

한국말 아직 익숙하지 못해서 애들이 물으면 힘들어요. 애들 요구
있어요. 해주고 싶지만, 몰라서 못 해주니 마음이 아파요. 아프면
가끔 혼자 가요. 한국말 못 (알아)들어요. 병원에서 그냥 약 줘요.
한국말 어려워요. 애기가 너무 아프면 어머니랑 같이 가요. 애들
요구를 몰라서 못 해주는 게 힘들고 마음이 아파요. (눈물) …… 가
끔 공원 가고 싶은데, 밖에 데려가면 애들 요구[애들이 하는 말] 잘
몰라서 못 해주니까 애들이 짜증내요. 애들은 밖에 나가고 싶고,
(그런데) 한국말 잘 못하니까, 다른 애들이 미끄럼틀 타고 있어서
못 타게 하니까 울어요. 양보해라 말하고 싶었는데, 말을 못 해서
애가 우니까 속상해요. 다른 사람들처럼 잘하지 못하니까 속상하니
까 안 데려가고 싶어요. <부부, 바-1, 보영>

시댁과 동거하지 않는 이주여성 대부분은 시댁이나 다른 친족과의
교류가 없이 살림을 혼자서 배우는 경우가 많았다. 가영, 다영, 마영,
주영, 소라, 소망, 초록, 소정, 희망, 희영, 수정, 보석 등은 시댁 가족
의 네트워크에서 도움을 받지 않고 혼자서 임신, 출산, 육아 등을 익
혔다. 가영의 경우, 가장 어렵게 생각하는 일은 매 순간 부딪치는 육
아이다. 육체적으로 힘든 것보다는 애를 어떻게 목욕시키고, 어디에
서 육아용품을 사고, 이유식은 언제 어떻게 만들어 먹이고, 애들은 어
떻게 놀아줘야 하는지에 관한 세세한 육아 정보와 경험의 부족에서
어려움을 느끼고 있었다. 남편이 인터넷에서 육아 정보를 찾아서 알
려주기도 하지만, 잠깐 애하고 놀아주는 정도이고, 애를 어떻게 키우
는지 모르기는 마찬가지다. 아이에게 뽀로로 캐릭터 가방을 사주자
아이는 그것을 친구들에게 자랑할 정도로 기뻐한다. 아이의 눈높이에
맞춰서 아이의 욕구를 들어주는 일은 텔레비전에서 나오는 유아 프
로그램을 봐야 알 수 있는 일이고, 아이에게 '곰 세 마리' 동요를 불
러줄 수 있을 정도의 한국어 능력이 요구되는 일이다. 따라서 이주여

성에게 육아는 엄마로서의 역할 전이를 가져오지만, 언어와 문화가 낯선 한국이라는 공간에서 낯설고 어려운 일이 된다.

[육아가 한국하고 베트남하고 틀려요?] 틀리지. 베트남은 음식 많이 있잖아요. 우리 베트남 사람, 베트남 음식 잘 만들어요. 제가 베트남 사람, 한국 음식(을) 어떻게 만들어 몰라요. 튼튼하게 키우고 싶은데 어떻게 몰라요. 이유식 어떻게 만들어요. 몰라. 잘 이야기해 주는데, 아직 한국말 잘 못해, 애기랑 같이 놀아요. 그냥, 음······ 한국말 아직 많이 몰라요. 마음이 아파요. 가슴 아파요. 베트남(에서) 애기 낳으면, 애기랑 같이 통화할 수 있어요. 계속 우리 이야기하고. 책 보고 이야기해주고, 지금 (한국 동화)책 봐도 그냥 이야기, 몰라, 몰라요. 베트남이면 노래도 불러주고, 이야기도 해줄 텐데, 한국말 잘 못하고, 노래 잘 못하고, 속상해요. 우리 애기 불쌍해요. 제가 매일 곰 세 마리 불러주니까. 큰애가 "엄마는 왜 맨날 곰 세 마리만 불러? 엄마 곰 세 마리밖에 몰라?" 해요. (웃음) 애기, 엄마 너무 자랑해요. 어린이집에 가면 '나 뭐 먹고 싶으면 엄마가 사줘요. 엄마가 신발 사줬어요, 모자 사줬어요. 너무 자랑해요. 우리 엄마 뽀로로 신발 사줬어요. 자랑해요. (웃음). <부부, 가-1, 가영>

한편 남편의 입장에서는 아내의 '외국인 엄마'라는 정체성은 행여 자녀가 주변으로부터 받게 될 차별에 대한 두려움으로 다가온다. 아이가 태어나면 한국말을 배우고, 한국 음식에 잘 적응하기를 바라는데, 한국 문화와 언어에 능숙하지 못한 아내가 자녀교육을 잘 해나갈 수 있을지 걱정하기도 하고, 어린이집 아이들이나 선생님들이 혹시 부정적 편견을 갖고 차별하거나 따돌리지는 않을까 염려도 된다. 아파트 관리실에 근무하는 김진배는 아직 아이가 어려서 직접 차별의 경험은 없지만, 왕따에 대한 걱정이 많다.[62]

---

62) "올해 초부터 서울 광진구 화양동 일대에 불을 지르고, 화염병을 던진 17살 소년이 경찰에 붙잡혔는데, 그 소년은 한국인 아버지와 러시아인 어머니의 사이에서 태어난 다문화 가족 자녀였다. 학교에서는 '튀기'라고 놀림을 받았다. 소년은 '나는 분명 한국 사람인데 주변에선 한국

[자녀 키우면서 어려움은요?] 다 그렇지만, 초등학교 들어간 애들이 왕따 당하고 그러니까. 그런 부분이 크죠. 주변에서 아직까지는 그 정도로 올라간 애들이 없으니까, 국제결혼해서 애들이 4, 5살 정도니까 그보다 더 자란 애들이 별로 없는데, 인터넷에서 많이 나오니까…… (그럴 때) 후회라기보다는 그걸 극복해야 되니까, 해결책이 대안학교가 있던데, 그 개념이 우수학생이 아니고, 안 좋은 개념이니까, 거기를 보낼 수도 없는 거죠. <부부, 마-2, 김진배>

공무원인 김진영은 아내가 외국인이어서 이로 인한 부정적인 영향이 많을 것이라고 생각한다. 언어습득이나 성장과정에서 아내가 챙겨주는 부분이 미흡하다고 생각하기 때문이다. 한국 사회에서 엄마의 주된 역할이 자녀교육이고, 자녀들이 좋은 대학, 좋은 직장에 들어갈 수 있게 자녀의 뒷바라지를 하는 것이 어머니로서 주된 역할로 여겨져 있기 때문에, '외국인 엄마'는 자녀교육에 불리한 위치에 있다고 여겨진다. 택배일을 하는 김진혁은 역시 자녀가 왕따 당하지 않을까 걱정이 되지만, 현실적으로 실감하고 있지는 않았다. 다행히 아이의 피부색이 표시가 나지 않는 점에서 안심을 하고 있었다.

[자녀교육에 드는 생각은요?] 걱정은 많죠. 아무래도 엄마가 한국 사람이 아니다 보니까, 제 또래에 비해서 엄마 때문에 생기는 손실이 많지 않겠습니까. 경쟁력도 떨어질 테고, 언어습득이나 성장과정에서 엄마가 챙겨주는 부분이 훨씬 부족하니까, 걱정은 되는데, 일단은 애들을 어린이집에 보내면서 또래들하고 형성할 수 있도록 하는데, 특별히 뭘 더 해야겠다, 정부지원을 받아야겠다는 생각은 들지 않는데요. …… [아이들이 친구들과 노는 것은 어떠세요?] 아

사람도 아니고 러시아 사람도 아니라고 한다. 나는 반쪽이다'라고 말했다(한겨레신문, 2012. 5. 16일자, 10면 재구성)." 위의 기사에서 방화를 저지른 소년은 주위의 왕따와 놀림에 학교생활을 적응하지 못하고, 정체성의 갈등과 사회에 대한 분노를 갖고 있는 것으로 보인다. 이는 국제결혼가족이 자녀의 왕따문제를 걱정하는 것이 현실로 나타난 경우로, 한국 사회에서 이에 대한 원인과 해결을 위한 보다 진지한 논의가 필요할 것으로 보인다.

무래도 집단 따돌림 같은 걸 다문화 가정 아이들이 많이 당한다는 이야기를 듣고 걱정이 드는데요, 아직은 그 단계까지는 애들이 작으니까요. 아직은 그런 아직까지는…… 일단은 다문화 가정 아이들이 얼굴 형태나 피부색이 달라서 그런 게 있는데, 아직은 그런 걸 못 느껴 그런지 모르겠는데요. …… 뒤에서야 무슨 이야기하는지 모르겠지만, 제 귀로는 못 들어봤습니다. <부부, 바-2, 김진영>

   이러한 현실적 상황에서 남편들은 나름대로 어린이집을 일찍 보내서 한국말을 익히게 하고, 한국 음식을 자주 먹이도록 전략을 세운다. 조기 자녀양육에서 엄마가 부족한 부분은 어린이집에서 보충할 수 있다고 생각한다.[63] 한편 생각을 달리하면, 외국인 아내의 위치는 자녀들이 이중 언어를 습득할 수 있는 기회이기도 하다. 김진혁은 그래서 다른 한국 아이들이 갖지 못하는 언어능력을 갖출 수 있는 자원으로 여긴다.

   애는 엄마하고는 베트남말로 하고, 저하고는 한국말로 대화하고, 영어야 기본적으로 학교 들어가면, 지금도 어린이집에서도 기본적으로 영어도 하고, 제가 영어만 조금 신경 써주면, 언어 교육은 크게 신경은 안 쓰고, 그리고 (애)엄마가 한국말이 부족하니까 제가 어린이집을 일찍 보낸 경향도 있어요. 왜냐면 한국어를 잘 배워야 되니까, 아무래도 어른이 되면, 그리고 음식 문제도 엄마가 김치를 싫어하니까, 애도 벌써 김치를 안 좋아하거든요. 그래서 어릴 때부터 친구들하고 김치도 먹고, 교육 차원에서 일찍 보냈어요. 어려운 가정 형편 속에서도…… (웃음). 옛날에는 보육비가 전액이 아니어 가지고, 처음부터 들어간 돈만 해도, 25만 원이 매달 들어갔거든요. 지금은 10만 원으로 낮아져 가지고, 보육료는 전액 지원되는데, 필요경비는 10만 원씩 내야 되죠. <부부, 자-2, 김진혁>

---

63) 2011년 3월부터 다문화 가정 자녀들의 보육료가 전액 지원되었는데, 이전에는 보육료를 소득에 따라 지원받았다.

한국 정부의 다문화 가족 보육정책은 다문화 가족의 자녀들에게 한국어 습득과 한국 문화를 익히는 데 도움을 줌으로써 한국인으로서의 정체성 확립을 촉진하는 데 중점을 두고 있다. 이러한 정책이 자녀들에게 한국인으로서 언어, 문화, 관습 등을 익히는 데 도움을 주기는 하지만 부정적인 측면에서는 베트남 엄마로서의 문화적 자원은 열등한 것으로 평가하고, 엄마의 자질로서 부족하다는 인식이 전제되어 있다는 점에서 비판받을 여지가 있다.

한편 김진석은 아내 라영이 부모로서의 역할을 한국인인 자신보다 더 잘하고 있다고 인정한다. 이러한 점은 라영이 자신보다 나이가 어리지만, 아내를 동등한 입장에서 바라보게 되는 계기가 된다. 라영은 한국어를 열심히 배워서 이제는 한국말을 능숙하게 하고, 자녀들 학교 행사에 적극적으로 참여하고, 헌신적인 태도로 양육을 함으로써 남편의 지지를 얻어내고, 남편과 협상할 수 있는 자원을 확보하고 있었다. 라영의 협상의 자원은 가부장적 가족체계 안에서 전통적으로 여성에게 주어진 성 역할이지만, 이를 적극적으로 활용함으로써 자신의 위치를 공고히 할 수 있는 가능성 또한 열어놓고 있다.

> 애들 키우면서 저 같은 경우는, 부인이 혼자서 다 알아서 해요. 그런 걸 보면 진짜 고맙죠. 오히려 제가 나서서 (애들) 학교 도와줘야 할 형편인데도, 혼자서 (선생님) 찾아다니고 그건 것 진짜 잘해요. 제가 항상 구사리 먹죠. 애들 안 챙겨준다고요. …… 저보다 나으니까 끌고 가는 거죠. 저보다 못하면 죽도 밥도 안 돼요. 그러니까 아내도 큰소리치면서 끌고 가는 거죠. 아내가 어느 정도, 하여튼 똑똑하지 않아도 나보다 나으니까 다행이에요. (웃음). <부부, 라-2, 김진석>

(3) 초국가적 젠더 정체성

이주여성은 본국과 정착국 사이에 놓여 있으면서 자신의 정체성을 새롭게 변형시킨다. 마영은 자신이 아무리 노력해도 자신이 "100% 한국 엄마"가 되지 못한다고 생각한다. 한국인 엄마와 똑같이 된다는 것 자체가 불가능함을 인식하고, 그러한 데서 자신이 부족한 점이 있다고 여긴다. 마영은 자녀의 정체성을 재미있게 수치로 비유했는데, 자녀는 한국과 베트남의 두 문화 사이에 존재하며, 한국이 70%, 베트남이 30% 정도 차지한다고 생각한다. 자녀가 엄마로부터 물려받은 베트남 정체성은 엄마를 이해할 수 있는 단서이고, 엄마와 연결되어 있는 부분이다. 그래서 자녀가 성장하면, 엄마와 소통하기 위해 베트남을 방문하고, 베트남과 한국을 오가는 일을 하면서 자연스럽게 엄마를 이해할 수 있게 되길 바라고 있었다.

아이가 크면 딱 한 국적으로 원하지 않아요. 당연히 베트남만을 원하지 않아요. 왜냐면 어려서부터 한국 사람으로 살았잖아요. 당연히 한국 사람이 되어야죠. 그런데 한국 사람이 70% 갖고 있으면 베트남이 30% 정도, 그 정도 되면 좋아요. 생각으로도 베트남 쪽 생각을 갖고 있으면 좋아요. 왜냐면 엄마가 베트남 사람이니까 아이도 어느 정도 엄마 쪽 갖고 있으면 좋지 않을까 생각해요. [그냥 50대 50은 어떨까요?] (웃음). 50대 50은 애가 힘들어요. 왜냐하면 한국 사회에서 살았으니까 그렇게 자라요. 그중에 자기 엄마가 외국 사람이니까 그쪽 나라의 생각을 갖고 있으면 엄마를 이해할 수 있잖아요. 왜냐면 저는 베트남 사람이고, 제가 아이를 가르쳐도 100% 한국 사람처럼 키워주질 못해요. 그건 저도 인정해요. 제가 100% 한국 사람처럼 키우지 못해요. 당연히 부족해요.[뭐가 부족할 것 같아요?] 한국 엄마하고 베트남 엄마가 아이한테 가르쳐주는 방법이 틀려요. 사람 행동이나 행동이 다르잖아요. 제가 아무리 여기 오래 살아도 자기가 베트남 사람이니까 자신의 성격이나 습성 다 버리지 못해요. 어느 정도는 아이는 엄마한테 자연스럽게 받은 거예요. 안 가르쳐도 스스로요. 말도 부족하니까 말도 그렇고 능력이나 그런 것도 많이 생각해요. <부부, 마-1, 마영>

마영에게 70대 30의 분할은 자신이 임의로 구분한 것이지만, 아이에게 베트남적인 부분 30%는 엄마와 자녀를 이어주는 겹침의 부분이다. 그렇다고 자신의 능력이 부족해서 아이를 완전하게 키울 수 없다는 말이 아니다. 완전히 한국 사람처럼 키우지 못하지만 그게 전부는 아니다. 자신이 노력해서 100% 한국 사람처럼 키우면, 그 아이는 엄마를 전혀 이해할 부분이 없어지기 때문에 그렇게 키울 수 없다고 생각하는 것이다. 마영은 자신이 한국 엄마와 다르다는 차이를 숨겨서 100% 한국 사람처럼 되고자 하기보다는 자신의 고유한 영역으로 남겨놓기로 한다. 아이도 베트남적인 문화와 혈통을 이어받고 있으니 그 부분이 사라지지 않고 엄마와 연결해주는 가교가 되길 희망하였다.

내가 부족해서 아이가 100% 한국 아이가 안 된다고 생각하는 건 아니에요. 애는 스스로 자기 성격대로 이 사회에서 어느 정도 받아들일지는 아이의 성격이잖아요. 그런데 30% 정도는 제가 스스로 엄마의 성격이나 그 나라의 특징을 전하고 싶어요. 자기 아빠는 한국 사람이고, 자기는 한국 사람이지만, 잊지 마라, 엄마는 외국 사람이다. 자기도 외국 사람의 한 부분을 갖고 있어요. 그래서 두 나라에 대해서 다 이해해야 한다고 생각해요. …… 100% 못 해요, 저, 솔직히. 자기가 스스로 크면 자기가 느낄 수 있는지는 아이의 성격에 달려 있어요. 그런데 엄마는 100%는 가르치지 못해요. 완전히 100% 키우지 못해요. 완전히 한국 사람으로 키우면 그 반대로 엄마는 이해 못 해요. 그러면 엄마 마음은 고생하잖아요. 아이한테는 어느 정도 엄마 마음 전해줘야지, 전해주지 못하면 느끼지 못해요. 만약에 어렸을 때, 때리거나 야단치면 엄마가 나빠요. 애는 거기만 알아요. 엄마가 왜 그렇게 하는지, 그리 나쁜지, 왜 부족한지 느끼지 못해요. 그냥 그렇게만. 엄마는 눈으로, 느낌으로만. 엄마가 나빠요. 그런데 왜 그리 나쁜지 느끼지 못하잖아요. <부부, 마-1, 마영>

진취 역시 한국 국적을 취득하여 한국 사람이 되었지만, 자신을 베트남 사람이자 한국 사람으로 정의한다. 베트남 문화를 버리기보다는 아이들과 베트남어로 의사소통도 하고 싶다. 아이들과 한국말로 대화하는 것과 베트남어로 대화하는 것의 차이를 인식한다. 한국말로 이야기하는 한 완전히 아이와 소통하는 게 아니고, 완전히 엄마를 아는 게 아니다. 진취는 아이들이 베트남어를 배워서 엄마를 이해하고 동질성을 갖게 되길 바라고 있었다. 언어는 정체성을 이어주는 수단이 된다.[64]

제 생각에 내년부터 겨울방학 때 베트남에 보낼려구요. [왜요?] 베트남에 가서 베트남어 배워요. 여기서 가족 별로 없잖아요. 아빠, 엄마 외에는 다른 가족의 사랑 못 받아요. 그래서 베트남에 가서 할머니, 할아버지 사랑 느껴보라고 하고 싶어요. [남편도 찬성하세요?] 남편이 반대하고 있어요. 그런데 제가 하고 싶은데, 남편이 못하게 해도 꼭 할 거예요. 남편 안 보내주면 제가 돈 벌어서 보내면 돼요. (웃음) [아이한테 왜 베트남어 가르치고 싶으세요?] 저는 베트남 사람이잖아요. 계속 아이랑 한국말 물론 말하니까, 조금 그런 것 같아서, 가끔 베트남어로 아빠 흉보고 싶기도 하고, 그리고 베트남에 가서 할아버지, 할머니랑 베트남어로 대화할 수 있고…… [아이들과 베트남어로 이야기하고 싶은 거죠?] 네. 지금 이야기하면 애들이 쑥스러워해요. 애들이 아니고, 제가 쑥스러워요. 아이한테 어떻게 말하는지 이야기 못 하겠어요. 베트남 친구들 만나면 자연스럽게 베트남어 나오는데, 딱 아이한테 말할려니까 말이 안 나와요. <개별, A21, 진취>

---

64) 이러한 점에서 최근 엄마 나라에 대한 이해를 돕고자 엄마 나라 언어 배우기 강좌나 이중 언어에 대한 긍정적인 시각이 형성되는 것은 바람직한 일이라고 생각된다.

(4) 언어 습득

　이주여성이 한국에 와서 새로운 환경에 적응해가고 가족관계를 만들어가는 과정은 많은 노력이 요구된다. 한국말을 배우기 위해 노력해야 하고, 처음 먹어보는 한국 음식도 맛있게 만들 줄 알아야 하고, 모국에서 몸에 밴 생활 방식을 벗고 낯선 한국 문화에 적응할 것을 요구받는다. 이 과정에서 남편들 역시 문화의 차이와 의사소통의 어려움을 경험하지만 시간이 지나면 저절로 좋아질 것이라고 낙관하며, 아내가 한국 생활에 적응되기를 기대한다. 남편들이 아내를 위해서 제일 먼저 하는 일은 집에서 가까운 사회기관에서 한국어 강좌를 알아보는 일이다. 일단 말이 통하면 한국 생활에 잘 적응할 것이라고 생각하기 때문이다. 즉, 언어습득은 한국인이 되는 가장 기본적인 요소로 여겨진다.

　라영은 한국 생활 9년 차인 주부로, 중학교를 중퇴하고 집안일을 돕다가 22살에 베트남에 진출한 한국 화장품 회사에서 일을 하던 중, 회사 동료의 소개로 남편을 만나 결혼하였다. 지금은 라영이 한국 생활을 하는 데 별 어려움을 못 느낄 정도로 한국말을 능숙하게 잘하지만, 결혼 초기에는 언어 차이로 인한 많은 어려움이 있었다.

> [결혼하고 힘든 점은 뭐예요?] 남편하고 결혼하니까 말 안 통하니까, 베트남 사람이지만 만약에 베트남 사람끼리 결혼해도 서로 안 맞아서 싸우기도 하는데, 그런데 우리, 언어도 안 통하니 문제(가) 많이 생겨요. 점점 이해 많이 해주고. 남편도 이해해주고 싶어. 제가 자주 삐쳐요. 왜냐하면 내가 자꾸 오해해요. 남편이 자주 늦게 와요. 그러면 이상한 생각(이) 들어요. 의심(이) 많아요. 한국어 통화 안 되니까, 제가 한국말(을) 잘하면 남편이 일 많이 생겨서 늦게 온

다고 말할 텐데, 말 안 통하니까 말 안 하고 술 먹고 여자 만나나 의심돼요. 그러면 외로워. 베트남(에) 가고 싶어. 어머님하고 마음 안 통하니까 마음 아파요. 결혼해서 한국에 와서 생활은 힘들어요. 베트남에서 생활은 힘들지만 어려서부터 지내 와서 괜찮은데, 남편 (을) 만나 결혼해서 생활이 (힘들어요). …… 한국에 와서 힘들었어요. 우리 남편이 어려서부터 힘들게 살으니까 도와줄 사람 없고, 다정한 마음 없고요[다정하게 표현하지 않아요]. 아침에 일어나서 회사 다니고, 집에 와서 저녁 먹고, 매일매일 그렇게 지내요. 남편 옆에 있으면 마음이 편해요. 한국에 와서 말 안 통해서 힘들었어요. 말로 못 해요. 임신 때 경험도 없고, 먹고 싶어도 (먹을 수)없고, 이 야기하고 싶어도 못 하고, 장애인 같아요. 얘기하고 싶어도 못 하고. 애들 두 명 키우니까 더 공부 노력해요. 제가 한국에 몇 년을 살았는데…… 여성회관 ○○선생님이 잠자는 사람 깨워준 것 같아요. 그 선생님이 알려줘요. "계속 이렇게 (지내면) 안 돼요. 너는 외국 사람이지만 한국말 배우면 문제 다 없어질 거야. 한국말 잘 배우면 괜찮아질 거야." (말했어요). <부부, 라-2, 라영>

이주여성이 느끼는 한국 생활의 어려움은 언어문제가 가장 크게 나타난다(장명선, 2008). 언어소통의 어려움은 가족생활을 외롭고 쓸쓸한 것으로 만든다. 이주여성이 느끼는 감정적 소외감은 표면적으로는 남편과 정서적 교류를 말로써 소통하지 못한다는 점에서 비롯되는 것으로 보이지만, 한편으로는 감정적인 의사표현이 서툰 남편의 태도도 거리감을 느끼게 한다. 이러한 심리적 거리감은 가족관계에서 자신이 아내로서 인정받고 있는지를 의심하게 하고, 불안감에 휩싸이게 한다. 언어 차이는 가족생활에 어려움을 가져오는 요인인 것은 분명하지만, 국제결혼가족이 겪는 문화 차이와 한국 생활의 어려움을 모두 언어의 문제로 회귀하는 방식은 주의를 요한다.

자녀를 교육해야 할 어머니로 기대되는 이주여성에게 한국말 습득은 필수적이다. 한국에 살기 때문에 한국말을 배우고, 한국어를 말할 줄 안다는 것은 단순히 의사소통의 의미를 넘어서 자녀교육에 있어서 어머니의 역할에 필요한 자질을 갖추는 일이고, 나아가 한국 생활에서 취업이나 사회활동에 유리한 조건을 갖추는 자원이 되기도 한다. 라영이 한국말을 능숙하게 구사하게 되면서 "열쇠"를 가진 것으로 표현하는 것처럼, 언어능력은 한국 생활에 자신감을 갖게 하고, 취업이나 다문화 강사 등 사회활동에 참여할 수 있는 가능성을 열어주었다.

> 한국에 사니까 한국말 모르면 너무 갑갑해요. 너무 깜깜해서, 지금 한국말 아니까 뉴스 나오면 (무슨 내용인지) 알 수 있어요. 옛날에 무슨 일 생겨도 몰라요. 아이들이 어디 아파서 병원 데려가면 의사(가) 무슨 말(을) 하는지 몰라요. 이제 한국말 아니까 열쇠 있는 사람 같아요. 어디 들어가도 들어갈 수 있어요. 조금 아니까 점점 욕심이 생겨요. 일도 하고 싶어요. ……(중략)…… 만약에 남편이 건강하면[고] 생활이 힘들지 않으면 계속 (한국어) 공부하고 싶어요. 남편이 건강하면 공부하고 싶어요. 우리 아들도 커가면, 엄마가 공부하면 애들한테 도와줄 수 있어요. 학교 보내고 엄마가 아이들 직접 가르쳐주면 좋아요. <부부, 라-1, 라영>

(5) 젠더 관계의 문화적 차이

베트남 가족문화에 대한 연구들이 많지 않은 현실에서 베트남의 가족제도나 젠더 관계를 논의하는 일은 어렵다.[65] 베트남 여성들은

---

65) 베트남 여성의 지위는 역사적으로 달라져 왔다. Knodel et al.(2005)에 의하면, 1930년대 사회주의 초기는 전통적이고 유교주의에 기반을 둔 젠더 이데올로기를 대체하는 것이 주된 정책의 목표였다. 1946년 베트남 정부는 여성의 평등을 선언하였고, 성 평등은 여성의 가정 내 역할과 사적 소유의 소멸로 얻어진다고 보았다. 여성의 평등을 단순히 말로써 그치는 것이 아니라 정치적·제도적·법적 장치로 이를 실행해나갔다. 결혼과 가족법이 제정되었고, 여성을 사회주의 산업발전에 통합시키려고, 정치적으로는 여성동맹을 결성하였다. 이러한 결과 여성은 교육과 경제, 정치적 기회를 높일 수 있었다. 여성 노동력이 농업과 산업 분야에 증가하고, 정치적

유교의 영향으로 가부장적 문화에도 잘 적응하고 순종적이라는 베트남 신부 이미지와 사회주의하에서 남녀 평등사상이 강한 강인한 여성의 이미지가 혼재한다. 김현미 외(2007)는 베트남 여성들은 정도의 차이가 있지만 사회주의하에서 남녀평등적인 노동관을 내재화했거나, 동남아시아 특유의 모계제의 영향을 받아 여성의 경제적 역할에 대한 강한 신념을 가지고 있어서 유교적 가족제도의 여성관과 대립된다고 설명한다.

본 연구에서 남편들은 종종 아내의 행동을 베트남과 한국의 문화적 차이, 즉 모계사회의 특성으로 이해하고 있었다. 아내가 취업을 원하거나 가사일의 분담을 요구할 때, 베트남은 모계사회니까 여성이 일을 한다거나, 여성 주도이다 보니 가사일도 남녀가 분담한다는 식으로 설명을 하였다. 이주여성 또한 한국과의 차이를 그렇게 인식하고 있었다. 여기서 주목한 점은 연구 참여자들이 가부장적인 사회에 대칭되는 개념으로 모계사회 혹은 여성 주도 사회라는 개념을 사용한다기보다는 사회적으로 기대되는 젠더 역할의 차이를 나타내는 개념으로 사용한다는 점이다. 즉, 모계사회라는 의미는 여성의 경제활동 참여가 높은 현상을 가리키는 말로 사용되고 있었다.

마영의 남편인 김진배는 고등학교를 졸업하고 여러 직업을 거쳐 지금은 아파트 관리실에서 일하고 있다. 아내와의 의견 충돌은 나이 차이에서 비롯되는 것도 있지만 문화적인 요소가 크다고 생각하고 있다. 마영은 한국어 강좌를 두세 군데 찾아다닐 만큼 적극적이고, 다문화 강사를 할 정도로 사회활동에 관심이 많다. 이러한 사회활동을 할 때

인 성과도 있었지만, 전쟁과 재통일 과정에서 가부장적 가치가 다시 강화되고, 공적 영역에서 남성이 지배적으로 되었다.

어린 자녀들의 육아가 큰 제약이 된다. 큰애는 어린이집에 다니고 있고 둘째 아이는 집에서 돌보고 있는데, 마영이 한국어를 배우러 다니거나 다문화 강사로 활동할 때는 아이를 맡길 곳이 없어 격일로 일하는 남편에게 아이를 부탁하는 편이다. 이러한 과정에서 남편 김진배는 자녀양육과 가사일 분담을 베트남의 모계문화로 이해하였다.

이제까지 살면서 싸웠던 적은 없어요. 그런데 그게 있어요. 생각하는 관점이 틀리구나 하는 건 많이 느꼈죠. 나이가 틀리니까. 같은 나이면 당연히 같이 싸우겠지만, 지금은 나이가 틀린데, 그런가 보다 하고 말아야지. 그런 관점의 차이니까, 말로 한다고 해서 해결되는 문제가 아니잖아요. 여기서 우리가 쌀 먹는다고 해서, 거기서 빵 먹던 사람한테 밥 먹자고 하고, 말로 해서 해결되는 거 아니잖아요. [구체적으로 어떤 예들이 있으세요?] 문화 차이가 크죠. 우리하고 같으면서도 다른 게 많아요. 가장 큰 거는 여기는 남자가, 한국 사회는 남자가 약간은 가부장적인 게 있잖아요. 그런데 거기는 여성 주도다 보니까 모든 책임은 여자가 져요. 여기는 남자가 뭐하면 책임을 지지만, 거기는 여자가 책임을 지니까, 모든 관점이 거기에서 출발하다 보니까, 맞아질 수가 없죠. ⋯⋯(중략)⋯⋯ [부인께서 일한다고 하면 어떻게 생각하세요?] 그건 베트남에서 당연한 거니까 나쁘다고 생각할 수 없어요. [도와주실 생각이세요?] 한다고 하면 뭐 그럴 수밖에 없는 거죠. 어차피 그렇게 가는 거고. 돈을 번다는 개념보다 사회생활 한다는 개념이 더 크니까, 그래야지 한국 사람도 집에 있는 것보다 더 잘할 수 있고, 한국 사람이랑 같이 일하다 보면 집에 있는 것보다 폭이 넓어지고, 어떻게 보면 더 나은 거죠. 한국보다 남녀평등이 베트남이 더 있더라구요. 베트남 문화를⋯⋯ 어차피 살다 보면 공부를 안 할 수가 없어요. 그런 문화가 있으니까. 공부를 안 할 수가 없어요. 절충을 해야 되는 거죠. 한 가지 고집한다고 절대 물과 기름처럼 융합할 수 없으니까. <부부, 마-2, 김진배>

산업연수생으로 일하던 소정은 결혼 후 임신과 출산으로 일을 그만두고 간간히 부업을 하던 중, 2008년 공공기관에서 모집한 이주여성상담원에 합격한다. 소정은 재취업을 하게 된 동기를 베트남 여성이라면 당연한 것이라고 말하였다. 베트남의 15세 이상 여성의 경제활동 참여율은 73% 정도로 높은 수치임을 볼 때(World Bank, 2011), 소정이 한국에서 부업이나 취업을 하는 것을 자연스러운 일로 여기는 것을 이해할 수 있다.[66)]

> [다시 직장생활은 언제 했어요?] 결혼 후에는 바로 애기를 가졌으니까 제가 입덧이 심해 4개월 동안 밥을 못 먹었어요. 첫애 낳고, 잠깐은 동네 아르바이트 조금 했어요. 그리고 큰애가 학교에 들어갈 때야 제가 정식으로 취직했어요. 그전에는 아르바이트, 자원봉사만 했어요. 그리고 둘째도 임신이 됐고, 그래서 저도 몇 년 동안에 엄마 역할만 했었죠. 큰애 낳고, 또 벌이도 남편이 버니까 제가 조금이라도 벌고 싶어서 부업도 했지, 또 동네 아줌마 따라가서 빵 공장에, ○○명과에서 아르바이트도 했지, 핸드폰 조립회사에서 아르바이트도 했지, 애 맡겨놓고, 오전에만, 1시까지는, 애들 오기 전에는. 또 열심히 내 용돈이라도 벌 수 있는, 저희 나라 여성들은 여성들이 직장은 다녀야 돼요. 결혼 후에도. 내가 직장 안 다니면 내가 떳떳하지도 못하고, 그리고 저희 나라는 모계사회니까 여자들이 중요해요. 여자들이 오히려 남편들보다 돈을 더 잘 벌 수도 있어요. 그래서 내가 남편한테, 남편도 힘든데, 생활비도 매달 빡빡하게, 조금이라도 내가 부업이라도 해서 그렇게 기저귀 값이라도 벌었죠. <개별, A13, 소정>

베트남 사회를 모계사회라고 해석하는 것은 한국의 가부장적 남성중심 문화와 비교를 위한 것으로 보인다. 베트남 문화에는 유교의 영향으로 가부장제 문화와 사회주의영향으로 평등주의 사상이 혼합되

---

66) 사회주의 체제하에 있는 베트남의 경우 여성의 노동참여율이 한국보다 훨씬 높다. 베트남이 73%인 데 반해 한국은 49%였다(http://data.worldbank.org).

어 있어서 베트남 문화를 비가부장제 문화, 혹은 모계사회라고 이해하기는 어려울 것이다. 하지만 한국과 비교할 때, 사회주의 정권의 영향으로 남녀의 사회적 권리를 평등하게 인식하는 것으로 보인다. 이와 같이 한국의 가부장적 젠더 관계에서 이주여성은 취업을 하거나, 역할 분담을 하려고 할 때 문화 차이를 적극적으로 협상의 전략으로 사용한다. 남성 역시 아내가 취업하고, 사회활동을 하는 것이 베트남의 문화에 기반을 둔 것으로 인식하여 '당연한' 것으로 이해하고, 수용하려는 태도를 보인다. 가부장적 젠더 관계에서 성 역할 협상과 변화의 측면을 문화 차이에서 오는 사고방식으로 이해하고 있었다.

한편 문화 차이에서 오는 결혼생활의 어려움은 언어 장벽에 그치지 않는다. 문화의 차이는 종종 갈등을 일으킨다. 한국의 남성 문화에 익숙하지 않은 주영은 남편이 일을 마치고, 친구들과 술 마시고 오거나 주말에 집에서 쉬는 것을 이해하기 어렵다. 남편 김진혁은 일주일에 한 번 정도 술을 마시는데, 아내가 이를 못마땅해하는 것이 섭섭하다.

> 문화적인 차이죠. 이해를 못 하는 거, 제가 이해를 못 하는 것보다도 와이프가 이해력이 부족한 것 같아요. [예를 들어줄 수 있어요?] 우리나라 한국 남성의 생활이라는 게 바쁘고 힘들지 않습니까? 그래서 주말에 하루 종일 잔다든지, 친구들이랑 술도 마실 수 있지 않습니까? 그런데 전혀 이해를 못 합니다. ……(중략)…… 그런 부분에서 오해가 좀 있죠. <부부, 자-2, 김진혁>

부부관계를 형성해가는 과정은 상대방에게 자신을 남편으로서 혹은 아내로서 인정받는 과정일 것이다. 이는 상대방의 행위에 대한 통제/간섭에서 시작되고, 부부간에 지켜야 할 세세한 일상의 규칙들이 정해지는 조정을 거치는데, 이러한 조정과정을 외국인이라는 문화적 차이에서 오는 오해로 간주함으로써 의사소통을 어렵게 한다. 즉, 베트남과 한국의 음주 문화는 다를 수 있지만, 한국 아내들도 남편이 술 마시고 늦게 들어오면 잔소리하기는 마찬가지일 것이다. 주영이 남편 김진혁에게 술을 먹지 말라고 말하는 메시지는 아내로서 남편에게 자신의 존재를 부각시키는 방법이기도 하고, 남편의 역할을 적극적으로 변화시키고자 하는 행위로 해석되지만, 남편은 이를 외국인 아내가 한국의 문화를 잘 몰라서라고 해석한다.

> 제가 (국제결혼을 희망하는) 한국 사람을 소개시켜 줬을 때, 과연 한국 남자가 상대방에게 적극적으로 맞춰줄려고 하는 그런 마음으로 살 수 있나, 그게 상당히 쉽지 않다는 것을 알고 있기 때문에, 국제결혼을 적극적으로 찬성하고 싶은 생각은 없어요. 많이 포기하고 사는 경우가 많습니다. [어느 부분들을 포기하고 사신다고 생각하세요?] 아까도 말씀드렸듯이, 한국 사람들 보면 일주일간 열심히 일하면 일요일에 푹 쉬고 그런 경우가 있는데, 초창기에는 밖으로 어디 놀러 가자고 하는 경우도 많이 있었고, 물론 그렇게 할 수 있으면 좋은데, 저 같은 경우는 업무가 피곤한 일을 하기 때문에, 그리고 또 피곤한 일을 하기보다도 한국 사람들, 웬만한 사람들 다 자더라구요. 일요일날 자고 싶은 대로…… 내가 일주일에 한 번씩, 예를 들면, 회사 동료하고 술을 마시는데, 그걸 싫어하니까, 속여가면서 마시기도 하고 그랬는데, 그걸 못 하게 하니까. 일주일에 한 번 술을 마시는 게 뭐가 그리 대단한, 엄청난 일이라고 못 하게 하니까, 어휴, 눈물 날려고 그러구요, 내가 이렇게 살아야 되나, 내가 뭣 때문에 돈을 버나, 이런 생각도 가끔 듭니다. 이렇게 살아요. (침묵) (웃음). <부부, 자-2, 김진혁>

김진혁은 이제까지 삼, 사십 년 동안 먹어온 김치를 아내가 냄새 맡는 것조차도 싫어해서 결혼하고 나서 김치를 제대로 못 먹어보는 점은 견디기 힘든 어려움이다. 처음에는 아내를 위해서 베트남 음식

점에 가서 사 먹기도 하고, 음식을 못 하는 아내를 위해 외식으로 식사를 해결하는 등 여러모로 노력을 기울이지만, 시간이 지나면서 아내가 한국 문화에 적응해서 요리도 잘하게 되길 바라고 있었다.

아내 주영은 남편과 가족을 위해 한국 음식을 만들려고 책도 보고, 인터넷도 찾아보고, 베트남 친구에게도 물어보거나 한국의 기관들을 찾아가 배우기도 한다. 그런데 아내들의 노력이 남편의 눈에는 잘 띄지 않는다. 남편은 아내가 한국 음식을 저절로 잘 만들 수 있게 되길 바라고, 아내가 음식을 배우고 만들어보는 노력을 인정하기보다는 그 요리가 맛이 있는지, 없는지로 평가하려고 한다. 이러한 남성의 행위의 이면에는 외국인 아내가 '당연히' 그리고 '한국 여성과 똑같이' 한국 문화에 적응해야 된다는 자문화 중심주의 태도가 깔려 있다.

> 처음에는 문화적인 거, 음식문화가 어렵구요. 두 번째는 언어 소통에서 상당히 어려움이 많죠. [한국 음식 만드는 것에서 어려움이 있나요?] 못 만들기도 하고, 먹지도 않고. 김치 같은 거, 냉장고 문만 열면 냄새를 싫어하니까. 제 생각에는 제가 베트남 음식에 맞추기보다는 어차피 우리나라에서 살기 때문에, 살 거니까 그쪽에서 맞춰주는 걸 원하죠. 그런 부분에 어려움이 있죠. [부인께서는 혼자 음식을 배우시나요?] 네. 그래도 어디서 알아가지고 와서 만들어주더라구요. 제가 일부러 가르쳐주지는 않지만, 어디서 배워와요. 음식 전문가한테 배워오면 먹어줄 만할 텐데, (웃음). 개인적으로 어디서 배워가지고 와가지고, (그래도) 먹고 있습니다. (웃음). <부부, 자-2, 김진혁>

(6) 이주여성의 계급적 배경

결혼이주는 보다 나은 사회경제적 조건을 위해 자신의 나라를 떠나 한국에 온 경우가 대부분이지만 한국 남성과의 결혼이 곧 계층 상승이나 신분 상승을 의미하지는 않는다. 남편의 사회경제적 지위나 삶의 조건이 이주여성에게 전가되기 때문에 남편이 저소득층인 경우 여성의 사회경제적 배경에 관계없이 이러한 삶의 조건에 제약을 받을 수밖에 없다. 이와는 반대로 본국에서 학력이나 계급적 지위가 남편보다 높은 경우도 나타나는데, 파레나스(2009)는 이를 "모순적 계급이동" 개념으로 포착한다. 파레나스는 필리핀 여성들이 자국에서 가졌던 계급의 위치보다 낮은 가사노동자의 신분으로 중심부 국가에 가사노동자로 이주하는 여성들이 하향적 계급이동의 상황을 견디는 여러 가지 수단을 분석하고 있다.

본 연구에서도 이러한 모순적 계급이동의 현상이 발견되었다. 그렇다면 이주여성은 남편의 사회경제적 지위가 자신의 그것과 크게 차이가 있을 때, 이를 어떻게 받아들이고, 어떻게 대처하는가? 모순적 계급이동이 가족 상황에서 젠더 관계를 어떻게 변화시키는가? 심층 면접을 통해 모순적 계급이동은 태영과 소정, 희망, 수정 등 4사례 발견이 되었으나, 본 연구에서는 필리핀 이주여성 태영과 베트남 이주여성 소정의 사례에 분석의 초점을 맞추기로 한다.

먼저 태영은 필리핀 이주여성으로 2006년 결혼하여 네 살 된 딸이 있다. 친정엄마는 필리핀에서 교수, 아빠는 산림감독관인데 태영이 대학에 재학 당시 모두 돌아가셨다. 태영은 약학대학을 나와 필리핀에 있는 한국 교회에서 주말학교 교사를 하다가, 목사의 소개로 남편을 만나 결혼하게 되었다. 남편은 가정형편이 어려워서 상고를 졸업하고 여러 직장을 옮겨 다니다가 지금은 대기업 영업직으로 일하고 있다. 처음 본 한국 남자를 남편으로 선택한 것은 종교와 사랑 때문이다. 대부분 이슬람을 믿는 태영의 고향에서 기독교 신앙을 유지하는 것은 많은 용기와 신앙심이 필요했다. 그런 만큼 같은 종교를 믿는 남편을 만나게 된 것은 신의 뜻이라 여기고 있었다. 태영은 필리핀에서는 가정부를 두고 살만큼 부유했고, 어려움 없이 생활했다가 한국에 와서 자신의 사회경제적 배경보다 훨씬 열악한 신혼집을 보고 충격을 받는다.

> 우리 할아버지, 할머니 부자였는데요. 우리 할머니도 일찍 돌아가셨어요. 할아버지가 문제여서 비즈니스 천천히 벌었어요. 우리 엄마가 (아빠가) 부자인 거 같다 땅도 많다 하고 (결혼했어요). (결혼하고) 여기 왔을 때 잘못되나 보다. 집 뭐야. 이게, 거지야. 왜 그래. 잘못되나 보다(생각했어요). 어렸을 때부터 가정부 있었어요. 한 명 베이비시터는 지금도 우리 집에 있어요. 지금은 할머니예요. 가지 마 해서 우리 집에 있어요. 우리 엄마가 엄격했어요. 가정부도 있어도 (가사일을)배우라고 했어요. 그런데 여기는 혼자 다해. 지금 상관없어요. (처음) 왔을 때, 지금은 남편이 도와줘, 괜찮아요. 나는 더러운 것 안 좋아요. 남편도 알아요. 한국 스타일에 맞춰 살아요.
> <보조, B-1,태영>

한편 남편 김진만의 입장에서 태영의 첫인상은 도도함이다. 필리핀에 사업차 여러 여성을 만나고 사귀어보기도 했지만, 태영처럼 당당하지는 않았다. 태영의 외모는 마음에 들지 않았지만, 태영의 당당한 성격이 마음에 들었다. 같이 맞선 보러 간 매형은 못사는 나라에서 온 신부라는 이미지를 떠올리고 있다가 당당한 태영의 태도를 보고 결혼을 반대하였다.

> 절실한 크리스찬인데 (내가) 담배도 피고, 술도 먹고(하니까). 한국 사람이랑 결혼할 생각이 그 친구가 없었어요. 왜냐면 그 친구가 못

사는 것도 아니고, 거기서 남들 명문대도 나오고, 마음에 충격적인 일은 있었죠. 아버지가 일찍 돌아가셨지만…… 그리고 둘째 날 만 나서 말 좀 해라 했더니, 옆에서 우리 매형이 무슨 말이야 하면서, 자꾸 물어보잖아요. 그런데 우리 매형 입장에서 봤을 때 '뭐, 이런 기집애가 다 있나, 지가 얼마나 잘났기에 이렇게 도도해' 우리 매 형은 못사는 나라에서 한국에 시집오면 감사하게 생각해야 되고, 우리나라 전형적인 마인드. 매형이 쟤는 안 된다 했어요. 말하는 것이 싸가지가 없다고. 그런데 저는 그게 마음에 들었어요. …… 성 격 하나가 강인한 것이 마음에 들었어요. 솔직히 외모는 마음에 안 들었어요. 제가 만나는 애가 얼굴 하얗고 늘씬한 애들이 많았거든 요. 키도 작고, 너무 시커멓고, 성격이 마음에 들더라구요. 당당할 수 있다는 게. <보조, B-2, 김진만>

태영은 한국에 온 지 6개월 지나자 운전면허를 따서 차를 운전하 고 다닌다. 한국어를 배우러 대학의 어학당을 알아보지만 수강료가 너무 비싸서 포기하고, 대신 지역사회에서 한국어 프로그램을 듣고 있었고, 네 살 난 딸아이를 시댁 근처 어린이집에 보내고, 영어 과외 로 꾸준히 돈을 벌고 있었다. 태영은 자신이 번 돈을 저축해서 필리 핀에 땅을 사고 집을 지을 계획이다.

6개월 지나니까 운전면허증 어떻게 하면 되냐고 물어보더라구요. 평소 차를 끌던 친구니까. 그래서 알아봐줬죠. 그리고 있다가 바로 중고차를 사줬죠. 왜냐면 내가 결혼하기 전에 그런 이야기를 했죠. 내가 금전적으로 큰 도움은 못 주고, 한국이란 나라가 아무래도 필 리핀보다는 경제적 성장력이 있으니까 당신이 한번 해봐라, 꿈을 이뤄봐라 했죠. 처음에는 복학을 하고 싶다고 했죠. 그래서 ○○대 어학당을 알아봐줬어요. 그랬더니 등록금이 장난이 아니에요. …… 당신 인생은 당신 설계로 해봐라. 그러다 보니까 그런 부분에서 제 가 봤던 성격은 맞는 것 같아요. 좀 튀는 성격. 처음에는 어머니가 걱정을 많이 하셨죠. 겁도 없이 한국말도 못하는데, 막 돌아다니 까…… 그러다가 일단 한국말을 배워야 하니까 제가 알아봐서 ○○ ○에서 한국어를 배웠죠. ……(중략)…… 저는 지금도 와이프가 얼마 버는지 모릅니다. 저는 단지 한 달 150만 원 한도 내에서 써라 그 정도고. 몰랐는데 그 돈이[아내가 영어 과외로 번 돈이] 다 거기로 간 거예요. 집 사고, 땅 사고. <보조, 부부, B-2, 김진만>

시댁 가족이 태영을 받아들이는 입장은 둘로 나뉜다. 태영은 명절 때 음식 만들고, 제사상을 차리는 일을 할 줄 모른다며 음식 일을 안 하고 컴퓨터만 하고 있었는데, 점차 시댁 가족들과 친해지면서 같이 음식도 만든다. 그러면서도 집안일을 여자들만 하는 것이 잘못됐다고 이야기를 하는 등 시댁과의 관계에서도 자기 목소리를 낸다.

애는 혼자 키웠어요. 많이 힘들었어요. 언니들[시누이들]도, 한국 엄마들 다 이렇게 키워 했어요. [집안일은 어떻게 하세요?] 집에 가 정부 많았어요. 그래서 여기는 어떻게 해. 우리들[내 가족] 애기 때 부터 가정부 있어요. 여기는 다 여자들 해야 돼 어려워요. 설거지 도…… 나 가정부야? 추석날, 명절 있잖아요. 나 싫어해요. 지금은 음식들 잘하는데, 예전엔 못해요. 설거지만 해요. 그런데 왜 내가 이거 해야 돼? 가정부야? 가정부 아니야…… 마음이 조금 나빴어요. 남자들은 앉아서 있고, 필리핀은 안 그래요. 남자들 같이 도와야지. 요리도 해요. 그런데 남자들은 텔레비전 봐요. 남자들 가만히 있어 요. 진짜로 화나요. 왜 내가 이거 해? 한국 생활을 어떻게 해야 하 나(생각해요). <보조, B-1, 태영>

이런 모습이 시누이들의 입장에서는 긍정적으로 평가되는 반면, 매형의 입장에서는 당돌해서 부정적으로 평가된다. 시댁 가족들에게 태영은 한편에서는 '딸 같은 애'가 당당하니까 예쁘게 보이지만, 다른 한쪽에서는 '딸 같은 애'가 대드니까 당돌한 것이다. 시누들이 태영을 지지해주는 것은 태영이 영어 과외를 하면서 수입이 있고, 자녀들을 미국이나 필리핀으로 유학을 보낼 계획을 세우고 있다는 점 등으로 보인다. 태영이 가지고 있는 개인적인 배경, 능력 등의 측면이 가족관계에서 긍정적으로 평가되는 것이다. 반면, 매형의 입장에서는 가부장적 가족관계에서 태영을 '젊은 외국인 신부'라는 성별관계로 평가하기 때문에 당돌한 점이 못마땅하게 여겨진다.

> [가족 분들은 어떻게 생각하세요?] 다 좋게 생각하는데, 작은 매형만 '쟤 도망하는 거 아닌가?' 첫인상부터 그래서 (사이가 안 좋아요). 그런데 작은 누나는 이해를 해요. 당당하고 이게 맞다. 딸을 키우잖아요. ○○대학교 하고, ○○대학교 다니는데, 3학년, 2학년입니다. 그러니까 어떻게 보면 딸 같잖아요. 매형은 딸 같은 애가 대드니까 기분이 나쁜 거고, 누나는 딸 같은데 당당하니까 이해가 되는 거고, 왜냐면 자기 딸도 당당했으면 하니까요. 왜 여자라고 기죽어야 돼, 하고요. <보조, B-2, 김진만>

태영의 필리핀에서의 계급적 지위는 한국 생활을 당당하게 하는 자원이다. 시댁에서도 태영이 대학을 졸업하고, 중간계급의 기반을 지녔다는 사실은 태영을 '돈 주고 사온 외국 신부'와 구별 짓는 지점이다. 김진만의 어머니도 처음에는 '내 아들이 뭐가 못나서 국제결혼을 하나'의 입장에서, 교회 목사님의 말을 듣고 '해도 괜찮겠다'라는 태도로 변한다. 그래서 결혼도 어머니가 아들을 설득해서 맞선 보러 필리핀에 가게 한다. 어머니가 며느리를 적극적으로 이해하려고 하자 형제들도 태영을 긍정적으로 대한다. 다른 국제결혼의 경우는 결혼소개업소를 통해 비용을 들이고 결혼하지만, 김진만의 경우는 사랑과 교회의 축복 속에 이루어진 결혼이라는 점에서 이와 다르다고 구별을 짓고 있었다. 이러한 구별이 가족들에게는 태영을 인정하는 또 다른 이유다. 김진만이 형수에게 "창피하지 않으세요"라고 묻자, "왜 남들 눈치 봐요"라고 대답한다. 형수는 태영과 동네 목욕탕도 같이 가고, 시장도 같이 다닌다. 가족들도 부끄러운 일이 아닌 것으로 받아들인다.

태영은 미래가 불확실하지만 그렇다고 두려울 것도 없다는 태도를 가진다. 결혼 초만 해도 남편은 미래를 생각하지 않고, 어떻게 살지 계획도 없었다. 태영은 남편을 설득해서 적극적으로 가족 비전을 만들어나간다. 이러한 점은 시대 가족이 태영을 보통의 한국 엄마들처럼 집에서 자녀를 키우고 행동하길 바라면서도, 한편으로는 '딸'에게 투영되는 능력 있는 여성의 모습으로 전환되면서 다른 이주여성과 다르게 해석한다.

> [남편과 같이 사는 거 어때요?] 우리 엄마가 아빠하고 10년 차이예요. 나도 나이 차이 괜찮아요. 남편 고등학교 졸업했어도 괜찮아요. 아까 말했잖아. 사랑 때문에. 옛날에 나는 결혼해 하면 꿈 있잖아. 그런데 남편은 하나도 없어. 그럼 어떻게 해요. 남편 일도 있고, 성격 좋고 괜찮아요. [생활비는 어떻게 관리하세요?] 남편 것은 남편이 관리하고, 내가 번 것은 내가 관리하고. 그런데 남편이 카드 값 많이 나와요. 친구들 만나면 남편이 계산해. 내가 왜 당신이 계산해. 내가 하루에 만 원씩 줄게. 여보, 열심히 해야 돼. 돈 벌어야지. 미래(위해서). <보조, B-1, 태영>

한편 베트남 이주여성 소정은 앞에서 살펴본 바와 같이 베트남에서 공업전문대를 나오고 한국에 산업연수생으로 와서 일하다가 남편을 만난 경우다. 주한 베트남 대사관에서 근무하는 외숙모가 한국 문화는 남자가 집을 장만하고 여자가 살림을 장만하는 것으로 알려줘서 한국에서 일한 돈으로 신혼살림을 마련하였다. 연구 참여자 중 자신의 돈으로 신혼살림을 준비한 경우는 소정이 유일하였다. 이주여성이 신혼살림을 마련했다는 사실은 남성이 결혼비용을 전적으로 부담하는 국제결혼과는 차별화된다. 전통적인 중매결혼에서 신랑 측이 신부에게 중매 비용을 주고, 신부 측이 지참금을 주는 교환체계는 두 집안의 사회적 관계를 창출하는 것이지만, 상업화된 국제결혼에서 신랑 측의 비용부담은 이러한 사회적 관계를 만들지 못한다는 점에서 시장의 교환관계라고 할 수 있는데(Wang, 2007), 소정의 경우처럼 신혼살림을 준비한 행위는 결혼생활에서 대등한 위치에서 협상할 수 있는 자원을 갖고 있다고 할 수 있다.

> 결혼할 때는, 저희 외숙모가 알려줬어요. 한국에는 남자가 집을 마련하고, 여자가 살림은 마련하는 거라고. 저희 엄마가 너는 국제결혼 하지만, 그래도 그만큼은 니가 할 수 있는 능력 있잖아. 그래서 한국 사람처럼 해봐라. 그래서 제가 5백만 원으로 살림을 마련했어요. 그래서 돈이 없잖아요. 저도 돈 못 벌고, 남편도 생각보다 월급이 많지 않았어요. 생활은 처음에는 제가 월급 타고, 마음대로 쓸 수 있는데, 남편한테 5만 원, 10만 원, 처음에는 남편이 딱 그 돈을 건네주지 않았죠. 그래서 좀 힘들었어요. <개별, A13, 소정>

소정은 큰애를 낳은 후에도 부업으로 간간히 돈을 벌기도 한다. 점차 한국 생활에 적응을 하면서 생활비를 직접 관리하게 되는데, 교육비, 보험료, 부모님 용돈, 은행거래 등 가정생활 전반의 일들을 혼자 처리한다. 소정이 남편과의 관계에서 우위를 점하게 된 결정적 사건은 신도시에 20평대 집으로 이사한 데 있다. 당시 15평에 살던 아파트를 소정이 우겨서 20평의 아파트로 옮기는데, 남편은 "돈이 어딨어서 옮기냐"는 부정적 반응이었다. 소정은 남편의 반대에도 불구하고 이사를 하는데, 이 결정은 나중에 집값이 오르면서 가족 경제에 도움이 되었고 가족 내 자신의 위치를 확고히 하는 계기가 되었다. 소정은 스스로를 '악착스럽게' 사는 모습으로 자신을 바라본다. '악착스러움'은 열심히 살아가는 모습이기도 하지만 한국 여성의 전형적인 담론이 의미하는 것처럼 환경에 굴하지 않고, 삶을 개척하는 능동적인 모습이기도 하다. 이런 소정의 노력은 안정적인 계급기반을 닦으려는 몸부림으로 해석된다.

> [생활비는 어떻게 관리하세요?] 지금 남편이 저한테 맡겨요. 남편은 용돈을 받고, 제가 다 해요. 큰애가 생긴 후부터 제가 관리했어요. 남편이 바쁘니까, 공과금은 낼 시간이 없어요. 그래서 제가 다 했죠. 하다 보면 제가 다 관리하게 돼요. ……(중략)…… 그리고 뭐 보험이나 교육비든 부모님 용돈을 드리든 제가 혼자 알아서 해요. 제가 다 알아서 고민해요. ……(중략)…… [이사는 혼자 결정하셨어요?] 남편이 안 한다고 했는데 제가 했어요. 살림 안에 도배, 벽, 이사 가는 날도 이삿짐 제가 불렀고, 제가 알아서 다했어요. 남편은 직장 나가고 제가 혼자 했어요. 집에 오면 남편이 아침에는 15평에 살고, 저녁에는 20평에 들어오고. 그런데 하다 보면 별거 아니에요. 저는 좀 악착스럽게, 악착스럽게 살면 누구든 다 성공할 수 있지 않을까, 지금은 집을 목표로 세웠지만, 사실은 애들 문제, 학비 문제, ……(중략)…… 남편 말이 "당신은 나하고 십 년 차이인데, 나는 당신보다 젊어, 당신은 주름이 자꾸 생기잖아" 그래서 내가 성질나서 "내가 왜 주름이 생기는지 알아? 다 내가 고민하고 생각하잖아" 말했어요. <개별, A13, 소정>

한편 소정은 가족 자산을 늘려는 것 이외에 애들 교육 문제로 고민이 있다. 남편이 자녀 교육에는 직접 관여하지 않지만, 직장 일을 하는 아내를 대신해서 아이들 저녁을 먹이고, 빨래와 청소 등 집안일을 도와준다. 하지만 자녀 교육문제나 가족 경제 등 일상적인 부분은 소정에게 일임한다. 소정이 적극적으로 한국 사회에 적응하려고 노력하는 것에 비해 남편의 태도는 미온적이라 생각하고, 이러한 남편의 소극적인 태도가 학력에서 비롯된 것으로 해석하고 있었다.

> 남편은 대학을 안 나오고, 다른 게 좀 있어요. 제가 결혼할 때는, 결혼하기 전에는 별 문제로 생각하지 않았는데, 결혼 후에는 약간의 차이가 좀 있어요. 그리고 저는 남편이 좀 성격은, 있는 대로 되는 대로, 편안하면 돼요. 욕심이 없어요. 그런데 저는 욕심이 좀 있고, 내가 이거는 모르면 이게 뭔지 해보고 싶은 마음 있어요. 그런데 남편은 퇴근하면 TV 보고, 그거는 자기 취미예요. 별로 열심히 배우거나 그런 사람 아니에요. <개별, A13, 소정>

소정이 경제적 자원을 가지고 있고, 가정생활의 주요한 일들을 주도적으로 결정하는 권한을 갖고 있지만 젠더 관계의 권력관계에서 소정이 남편보다 우위에 있다고 보기는 어렵다. 소정은 남편을 가장으로서 인정해주고, 가부장적 성 역할 체계를 받아들이는 전략을 사용한다. 이러한 전략은 가족의 유지와 안정에 도움이 된다는 판단에서 비롯된 것으로 보인다. 키브리아(Kibria, 1990) 역시 미국에 이주한 베트남 가족의 젠더 관계와 권력을 연구하면서, 베트남 여성들이 경제적·사회적 자원을 획득하면서 권력이 높아짐에도 불구하고 가족 내 가부장적 질서는 유지하고 있는데, 이는 미국 사회에서 그들 가족이 자녀를 양육하고 교육하는 데 있어 부모의 권위가 중요하다는 점에서 비롯되었다고 지적하고 있다. 즉, 소정은 권력으로 전환할 자원을 갖고 있지만 적극적으로 가부장적 협상을 벌이지 않고, 이를 유지함으로써 가족의 안정과 생존을 추구한다고 여겨진다.

> 한국 생활은 제가 남편한테 기대하는 것이 굉장히 많아요. 사회 면

에도, 예를 들면, 어떤 보험이 좋은지, 은행도 어떤 거래는[를](해)
줘야 되는지, 동사무소는 어떻게 하는지, 부동산은 어떻게 하는지,
사실은 이주여성이 몰라요. 그래서 남편들이 만약 대학을 다닌 남
편이라면 보는 인식이나 그런 게 달라요. ……(중략)…… 자기도 그
런 단점을 아니까, 자기가 그 대신은 당신은 그런 면에 나보다 잘
아니까, 당신은 그런 면에 하고, 내가 그런 면은 부족하니까 내가
살림은 도와줄 수 있다 해서, 남편이 살림은 되게 열심히 도와줘요.
지금도 남편이 저보다 일찍 오거든요. 그래서 설거지하고, 밥하고,
그런 것은 잘 도와줘요. 빨래 같은 거. ……(중략)…… 다시 한 번 생
각하면 남편이 이런 장점이 있구나, 항상 나만 보고, 또 내가 없을
때도 애들도 잘 챙겨주고, 내가 안정할 수 있게 직장 다니는 것도
다행이라고. 그래서 지금은 남편한테 수고하고, 고맙다고 생각해
요. <개별, A13, 소정>

소정과 태영의 경우, 남편들은 아내의 능력을 인정하고, 아내가 살
림을 꾸려나가는 일에 크게 관여하지 않는다. 집안일도 비교적 잘 도
와준다. 하지만 전적으로 집안일이나 자녀양육이 남성의 일이라고 생
각하지는 않는다. 이주여성이 남편보다 학력이나 가족적 배경이 상대
적으로 높은 점은 이들이 가족에서 자신의 위치를 확고히 하고, 인정
을 받는 요인이 되기도 하지만 한편으로는 자녀교육이나 다른 집안
일에 대한 의사결정을 혼자 감당해야 하는 부담이 되기도 한다.

(7) 일과 가족의 경계와 협상

가. 결혼이주와 노동이주의 불분명한 경계

이주여성들은 결혼을 이주의 방식으로 선택하였지만, 이주 후 삶
속에서 결혼이주와 노동이주는 분리되지 않고 이와 혼합된 형태로
나타난다(Piper & Roces, 2003). 한국 사회에 오자마자 바로 취업을 하

는 여성도 있고, 자녀는 낳고 애를 어린이집에 보낸 후에 취업을 계획하고 취업을 연기하는 여성도 있다. 때로는 집에서 부업으로 돈을 벌기도 하는 등 경제적 활동은 삶에서 부단히 일어난다.

이들이 일을 하고 싶은 이유는 베트남 친정을 돕고 싶어서, 남편을 돕고 싶어서, 또는 사회생활을 원해서 등 다양하다. 이주여성의 취업은 종종 남편과 갈등을 초래하기도 한다. 남편은 애를 낳고, 어느 정도 키운 다음에 일을 하러 나가길 원하지만, 이주여성은 빨리 돈을 모아서 친정 가족에 보내려 하거나, 경제력을 갖고자 할 때 그러하다.

이주여성들이 취업을 하고 경제활동에 참여하는 것은 이제까지 베트남에서 돈을 벌어 생계를 유지해왔듯이 한국에서도 돈을 벌어 생계를 유지해야 하는 상황적 요인이 큰 것으로 보인다. "애를 키우고 나서" 취업을 한다는 것은 남편의 수입만으로 생계가 유지된다는 의미일 수 있지만, 현실적으로 남편의 경제력이 넉넉하지 못하기 때문에 언제든지 자신이 일을 해서 부족한 부분을 채우고, 베트남 친정에도 도움을 주고 싶은 마음이 간절하다. 국제결혼을 선택한 가장 큰 이유가 경제적 동기에서 비롯된 점을 생각하면 한국에서 경제적 활동을 통해 이를 성취하고자 하는 행위는 이해하기 어려운 일이 아니다.

이주여성들이 주로 취업하는 곳은 단순한 부품조립 공장이나 소규모 의류하청업체에서 봉제일을 하는 경우가 많았다. 가영, 초록, 노영은 부품조립 공장에서 취업한 적이 있고, 라영, 아름, 보석, 진주는 조그만 가내 사업장에서 봉제일을 하고 있거나 일한 적이 있다. 다영은 낚시바늘 만드는 공장에서 일하고 있고, 사랑은 상점에서 시간제 아르바이트를 하고 있다. 나영, 우영과 주영, 소망, 진실은 아이가 어려 지금 당장은 일을 하고 있지 않지만 아이가 크면 나중에 일하겠다고 생각한다. 보영은 나중에 애가 크면 일을 하고 싶지만, 같이 살고 있는 시어머니가 "일 안 해도 괜찮다"고 해서 일을 하게 될지 잘 모른다.

공장에서 일하는 것 이외에 다문화 강사나 통·번역일을 희망하는 마영과 하늘은 유치원에서 베트남 문화를 소개해주고 시간당 2만 원의 비정규적인 일을 하고 있다. 혜수는 캄보디아에서 미용기술을 배웠기 때문에 한국에서도 미용기술을 배워서 미용일을 하고 싶지만, 남편이 한국어를 더 배워서 애를 다 키운 다음에 통·번역 일을 하라고 해서 남편과의 기대 차이를 느끼기도 한다.

공공 기관이나 민간 기관에서 상담사 일을 하고 있는 소정, 희망, 소영, 수정은 비교적 안정적인 사무직 일을 갖고 있다. 소영과 희망은 상담사일 이외에 부업으로 번역일을 하면서 부수입을 얻고 있다. 필자가 인터뷰한 연구 참여자들 중 '집에서 살림만 하겠다'고 말한 여성은 한 명도 없었다. 취업 중이 아닌 여성은 모두 나중에라도 일하고 싶다고 말하였는데, 남편이 '애 키우고 나서'라고 취업 시점을 연기하거나, 보영처럼 시어머니가 반대하는 경우도 있다. 남편의 반대에도 불구하고 공장에 취업한 다영은 일하려는 의지가 강하였다.

이주여성이 일하는 곳은 초록의 경우처럼 '집에서 쉬라'고 하면 그만두고 다른 직장을 구해야 되는 불안정한 일이다. 또한 한 달 월급이 잔업과 야간 수당을 모두 합쳐 120만 원에서 130만 원 정도의 저임금 노동이다. 이와 같은 노동조건의 열악함과 불안정성은 이주여성이기 때문에 감내해야 하는 차별이라 할 수 있다. 남편이 생활비를 주지 않는 초록이나 베트남 가족이 진 빚을 갚아야 하는 아름의 경우처럼 돈을 벌어야 하는 입장에서 보면 일자리가 무엇보다도 중요하다.

아름은 7남매 중 큰딸로 중학교를 졸업하고, 어부인 부모의 일을 도왔다. 21살 때 베트남 남편을 만나 결혼했지만, 남편이 술 먹으면 밤새 잠을 못 자게 하고 성관계를 심하게 해서 한 달 만에 이혼을 하고, 2010년 27세에 한국 남편을 만나 재혼하게 되었다. 남편은 화물운전기사인데, 필리핀 여성과 결혼한 적이 있다. 아름이 국제결혼을 하면서 남편이 재혼한 사실을 알고 있었고, 부모님을 돕고 싶은 마음에 자신을 선택한 남편과 결혼하게 되었다. 베트남 친정 부모님은 오랫동안 아파서 병원비로 많은 빚을 지게 되었다. 아름은 남편의 나이가 많아도 베트남 가족을 잘 도와줄 것이라고 생각해서 결혼하게 되었지만, 결혼을 하고 보니 남편은 베트남 가족을 도와줄 생각이 없다. 남편이 친정에 돈을 보내주지 않자 자신이 일을 하면서 베트남에 송금하는데, 엄마에게는 남편이 보내준 것이라고 말한다. 사실대로 말하면 부모님이 걱정하기 때문이다.

친구가 한국 남자와 결혼했어요. 집을 아주 잘 도와준다고 말했어요. 그래서 결혼하고 싶었어요. 집을 도와주고 싶었어요. ……(중략)…… [일하고 싶으세요?] 4월 26일부터 일 시작했어요. 집 근처 사는 친구는 한국 남편이 잘해줘요. 친구 남편이랑 친하게 지내요. 친구 남편이 (내)남편한테, 베트남 여자들이 한국에 왔는데, 베트남 가족 힘들다고 이야기했어요. 그래서 남편이 이제부터 매달 100만 원 준다고 했어요. 그런데 안 줘요. 말뿐이에요. 남편은 일하지 말라고 했어요. (일하면) 힘드니까 (남편이) 속상하다고. 한 달에 백만 원 보내준다고. 그런데 한 번만 백만 원 보냈어요. 그래서 일자리 찾아봤어요. ……(중략)…… [부모님은 잘 계세요?] 아버지가 병원에서 4년 살아요. 동네 사람들, 친척들한테 처음 얼마씩 모아서 빌렸어요. 암이 갑자기 생겼어요. 하노이 병원에서 수술 받았어요. 수술 후에 혹이 잔뜩 나와요. 큰 배 있었는데, 다 팔았어요. 동네 사람들한테 얼마씩 빌려요. 병원에서 4년 동안 오래 있으니까 안 빌려줘요. 엄마 지금 아버지랑 비슷한 것 같아요. 두 달 전에 수술 받았어요. 지금까지 병원비로 빌린 돈 못 갚았어요. (펑펑 울음) 베트남 가고 싶어요. 그런데 베트남 가면 어디서 돈 벌어요. 그런데 남편이 이해해주지 않고…… 만약 아버지 영혼이 있다면 엄마 많이 도와줘요. 엄마가 아프지 않게 지켜주라고 기도하고 싶어요. 아버지 1년 전에 돌아가셨어요. (울음). <개별, A11, 아름>

아름은 남편의 술주정으로 인해 한국에 온 지 6개월도 채 안 되어서 부부싸움을 하고, 집에서 쫓겨나게 되었다. 아름은 베트남 결혼중개업소에 전화를 해서 결혼을 취소하겠다고 항의를 하고[67] 우여곡절 끝에 이혼 소송을 제기했지만, 남편이 잘못을 빌어서 다시 살아보기로 한다. 하지만 다시 남편이 술을 먹고 괴롭히자 최근 가출한 상태였다. 한국에서의 가족생활은 기대와는 달리 남편이 친정 가족을 도와주지 않고 남편과의 부부관계도 평탄하지 않지만, 그렇다고 베트남에 돌아갈 수 있는 처지도 아니다. 아름에게는 경제적으로 돈을 버는 것이 중요하기 때문이다.

지금 베트남 돌아가고 싶어요. 그런데 빌린 돈 못 갚아서 갈 수 없어요. 남편 나이 너무 많았는데, 돈 빨리 갚고 싶어서 눈감고 결혼했어요. …… (눈물). 예전에 첫 남편이 술 먹고 성관계 너무 심하게 하고, 옷 찢고 목 조르고 그래서 이혼했어요. [빚이 얼마 정도예요?] 한국 돈 3천만 원 정도예요. 가족들이 힘들어요. 친구 남편이 이야기했어요. 왜 안 도와주냐고. 베트남에서 어려운데, 도와주고 싶어도 힘들잖아요. 4년 동안 보험 없고, 큰 배 팔았잖아요. 마지막에 돈 없어서 땅 엄청 넓어요. 조상한테 받은 거. 땅도 팔아요. 광고 냈는데, 다음 날 아버지 돌아가셔서 땅 안 팔아요. 그때 빌린 돈 3천만 원, 제가 벌어서 갚아야 돼요. 엄마가 아프잖아요. 엄마가 빨

---

67) 아름은 국제결혼을 하면서 베트남 결혼중개업소에 한국 돈 2백만 원 정도를 지불하였다. 이러한 점으로 인해서 아름은 결혼과정에서 문제가 생기자 결혼소개업소에 항의를 할 수 있었던 것이다. 아름의 말에 의하면, 결혼을 하고 나서 중개업소에서 알려준 정보와 다른 점이 있거나, 배우자 폭력이나 정신질환 등 결혼을 유지할 수 없는 사유가 있으면 결혼비용을 환불받을 수 있다고 하였다.

리 나아야, 나도 힘이 나와요. (울음) 아버지 어려서부터 고생 많이
하셨어요. 잘해주고 싶었어요. 아버지 배고파도 일해요. (펑펑 울음)
······. <개별, A11, 아름>

아름은 경제적으로 가족에게 도움을 주기 위해 국제결혼을 했기
때문에, 베트남에 가더라도 지금 당장은 아니고, 돈을 번 다음에 갈
수 있는 것이다. 아름은 남편과 애를 낳고 가족을 이루고 생활하는
데 의미를 두기보다는 베트남 송금이라는 경제적 동기가 강하였고,
결혼으로 이주했지만 노동자로서 일을 하는 게 우선으로 여기고 있
었다.

[남편과 앞으로 어떻게 할 생각이세요?] 비자 기간이 끝날 때까지
일하고 싶어요. 그 뒤 베트남(에) 가고 싶어요. 이혼 안 하고 싶어
요. 그냥 베트남 가서······ 이혼하면 소식도 안 좋아요. 지금 남편
안 만나고 싶어요. 일단 친구네 집 가서 (주말에) 있다가 일하러 갈
거예요. 아직 월급 못 받았어요. 월급 받아야 해요. [앞으로 어떻게
할 생각이세요?] 잘 모르겠어요. <개별, A11, 아름>

베트남 북부 하남이 고향인 소망은 친척의 소개로 유리 공장에서
일하는 남편을 소개받아 결혼하였다. 남편은 결혼 이후 직장을 그만
두고 비정규직으로 일하는데, 계절이나 날씨에 영향을 받는 일이어서
경제적으로 어렵다. 그래서 가족 경제에 도움이 되고자 부업을 하고
있다. 하는 일은 접착 비닐을 덧대는 작업으로 2천 장을 붙이면 만 천
원씩을 받고, 한 달에 보통 2만 장 정도를 작업하여 십만 원 정도의
수입을 올리고 있었다.

애기 한국에 키우면 돈 많이 들어가요. 그래서 문제예요. 남편이

지금 나이 좀 있으니까, 애기 좀 어리니, 그래서 힘들어요. 돈 때문에 이야기해요. 남편 나이도 있고, 저도 베트남 사람이니까 직장생활 힘들어요. 남편 도와주고 싶어요. 그런데 직장 생활 힘들고, 애들도 어리고 봐줄 사람도 없어요. 생활비가 여러 가지 들어가요. 분유, 우유, 간식, 생각만 힘들어요. 도와주고 싶어도, 일 가려면 (아이들 때문에) 야근도 안 돼요. 그래서 부업하고 있어요. 애들 간식 사주고 싶어요. [취업할 생각 있어요?] 지금도 생각 있어요. 그런데 애가 어려서 일하기가 어려워요. 대부분 일이 야간 근무가 있어요. 하루에 8시간만 일하고 싶어요. 그래서 쉽지 않아요. 지금 부업하고 있어요. 애들 어린이집에 가면 혼자 일해요. 얼마 안 돼요. 그래도 심심해서 하고 있어요. [왜 일하고 싶으세요?] 남편 도와주고 싶어(서)요. <개별, A8, 소망>

소망이 부업을 해서라도 가족 경제에 도움을 주고 싶은 것은 "남편을 돕고 싶은" 마음이라고 말을 하지만, 가족의 생계와 직결된 현실적이고 경제적인 이해관계에서 나온 것이라 할 수 있다. 처음에는 한국 물정을 몰라 남편이 준 카드로 생활비를 썼는데, 너무 많이 나와서, 카드를 남편에게 돌려주고 대신 현금으로 매달 30만 원을 생활비로 받고 있다. 30만 원으로 간식비, 생활비, 병원비 등을 지출하고 나면 남는 게 없다. 부족한 생활비를 보충하기 위해서 소망이 하는 부업은 비상금이 된다.

한편 이주여성은 일을 하고 싶지만 남편이 애를 키우고 나서 일하라고 말하면, 취업 시기를 연기하기도 한다. 남편과 애를 챙기는 것이 먼저라고 생각하고, 자녀양육에 우선순위를 둔 여성들도 있다. "애 키우고 나서"는 남편이 정한 시점이기도 하지만 이주여성 스스로도 애가 너무 어려서 엄마가 돌봐줘야 한다고 생각하고 있었다.

하지만 애가 몇 살 정도가 되면 일하러 나가도 되는지는 남편과 협상의 영역이다. 가영은 첫애를 낳고 어린이집에 들어가자 남편한테 일하러 가고 싶다고 말한다. 남편은 안 된다고 했지만 몇 번 졸라서 허락을 받고 4개월 정도 일하였다. 둘째가 임신이 되자 직장을 그만두었는데, 둘째를 어린이집 보낼 때까지는 당분간만 집에서 엄마로서의 역할을 수행할 생각이다. 가영은 '당분간만' 집에서 애를 키울 생각이지만 남편은 애가 열 살 때까지 키우라고 한다. 가영이 취업하는 데 가장 큰 걸림돌은 "이주여성"이라는 신분이 아니라, "엄마"라는 성 역할이다. 결혼한 여성이 공통적으로 겪는 일과 가족 영역의 갈등은 남편과 적극적으로 성 역할과 역할분담 문제를 협상해야 하는 영역이다.

> [일하는 건 어땠어요?] 좀 재미있었는데, (베트남 친구들이랑) 같이 일하고, 돈 버는 거 좋아해요. (웃음) 제가 야간 안 해요. 토요일, 일요일 일 안 해요. 아침 9시부터 6시까지 일하고, 한 달 70만 원 벌어요. ……(중략)…… [다시 일할 생각 있어요?] 제가 생각해. 다섯 살 정도 키우고 일 다닐려고 해요. 그런데 두 살 키우면 일 다니고 싶어요. 돈 많이 벌고, 적금 하고, 나중에 애기 학교 다니면 돈 많이 들잖아요. 남편 혼자 벌면 힘들어요. 돈 많이 벌고 싶어요. 돈 많이 벌면 남편도 도와주고, 생활비 남편 안 주면, 내가 내고. 그런데 남편 안 돼. 일 가면 애기 누가 봐요? 어린이집 갔다 오면 누가 간식 줘요? 밥 먹여 주냐고 해요. 일하고 싶어요. (그런데 지금은) 애기 생각해서 안 돼요. <부부, 가-1, 가영>

나. 가족의 경계와 협상

이주여성이 성 역할을 수행하는 과정에서 "여기가 내 가족"이라고 가족의 경계를 설정함으로써 베트남 친정 가족에 대한 딸로서 기대되는 부양의 의무에서 벗어나려는 모습을 보이기도 한다. 이주여성은 베트남 친정과 자신의 가족 사이에서 '누가 가족인가'라는 가족의 개념을 재설정하면서 베트남 친정 가족과 거리 두기를 하고, 베트남 가족에게 송금하는 것을 그만두기도 한다. 송금 행위와 같은 경제적 행위에 있어서 가족의 경계설정은 가장 두드러지게 나타나고 있다. 이와 관련된 부분은 4장에서 논의하기로 하고, 여기에서는 일상적인 가족관계 속에서 가족의 경계를 설정하는 행위에 초점을 맞추기로 한다.

생계를 돕고자 부업을 하는 소망에게 노후에 베트남으로 돌아갈 것인지를 묻자 "여기가 내 가족"이라고 대답한다. 가영도 베트남 가족과 현실 가족 사이를 경계 짓고, 여기에 내 가족이 있다고 말한다.

> [나중에 베트남에 가서 살 생각 있으세요?] 여기, 아들 딸 있어요. 여기 한국에 살고 싶어요. 그냥 베트남에 놀러 가고, 또 한국 와요. 나중에 베트남(에서) 살아, 그런 생각(이) 없어요. 그냥 (내) 생각에, 여기 가족이야. 베트남(친정 가족), 나[내]가족 아니잖아요. 새끼, 남편(이) 내 가족이잖아요. <개별, A-8, 소망>

> 처음 왔을 때, 베트남 아빠, 엄마, 언니, 조카 너무 보고 싶었는데, 지금 나 가족 있어요. [베트남 친정과 느낌은 같아요?] 다르지. 그냥. 왜 우리 가족, 엄마 아빠 같이 살았는데, 왜 2년, 3년 한 번 만나요. 왜 베트남 가서 한 달밖에 못 살아. 애기 때문에, 우리 가족 때문에 그렇죠. <부부, 가-1, 가영>

주영은 결혼 전에는 "딸"로서 베트남 부모님을 돌봐드려야 한다고 생각해서 자신이 일한 돈을 드렸는데, 이제는 "내 가족"이 생겼고, 베트남 친정은 별로 신경을 쓰지 않는다고 말한다. 결혼 전에는 베트남 가족이 자신의 가족이었지만, 결혼 후 남편과 자녀가 생기면서 새로운 가족 현실에 눈뜨게 된다. 남편이 벌어오는 돈으로 가족이 생활하려면 어느 정도 돈이 들고, 어떻게 써야 저축도 할 수 있는지 체감하는 것이다. 그래서 베트남 가족에 대한 "딸"로서 부양의 책임감은 미뤄두고, 실제 몸담고 있고 생활하고 있는 가족의 현실에 충실하려고 노력한다.

> 지금하고 결혼 전에[전하고](달라요). (결혼 전에는) 베트남에 부모 계시니까, 여러 가지 (부모님을) 챙겨주니까 걱정이 많아요. 지금은 결혼하니까 내 가족 있고, (부모님) 걱정 많이 없어요. [누가 누구를 걱정해요?] 결혼 전에는 내가 부모님을 걱정해요. 결혼하기 전에 돈이 조금 모여 있어요. 둘째 언니한테 맡겼어요. 그 돈으로 부모님을 챙겨줘요. 그리고 지금 결혼했으니까 많이 안 해줘요. 형제들이 조금씩 조금씩 모아서 부모님한테 용돈 줘요. 그래서 지금은 신경 많이 안 써도 돼요. 그리고 결혼 전보다 지금 결혼했으니까 마음이 따뜻해요. 애들 키우니까 힘들지만, 내 가정이니까 따뜻해요. 예전에 아가씨였을 때 부모님 생활비, 용돈 많이 도와드렸지만 (지금은)별로 신경 많이 안 써요. 지금은 결혼했으니까, 내 가족이니까 어떻게 행복하는지, 어떻게 자식 키우는지 생각을 많이 해요. <부부, 자-1, 주영>

이주여성의 결혼 동기가 가난한 부모님을 도와드리고 싶은 마음과 가난에서 벗어나 보다 나은 삶을 위한 기대에서 비롯되었지만, 남편의 사회경제적 지위가 높지 않다는 현실에 직면해서 이주여성들은 베트남 부모님에 대한 도리, 책임감보다는 자신의 가족의 생계와 자녀의 미래를 먼저 생각하게 되면서 가족의 경계를 설정하는 행위성을 보이고 있다. 가족의 경계를 세우는 전략은 친정 가족과의 정서적 유대까지 단절하는 것을 의미하지는 않는다. 초국가적 가족의 정서적 유대는 유지하면서도 경제적으로 가족부양에 대한 심리적 부담감을 가족의 경계 짓기 행위를 통해 대처하는 것이라 할 수 있다. 이러한 행위는 자신이 가족 안에서 아내로서, 엄마로서의 위치를 인식하는 데서 비롯된 적극적인 전략과 협상의 한 측면이다.

3. 초국가적 가족자원과 가족전략

(1) 생활 방식

심층면접 한 결혼이주가족의 남편의 직업은 신문기자와 공무원, 회사원 등 화이트칼라 직종과 자영업, 연금생활자 등이 있지만, 대부분은 건축일용직, 운전기사, 아파트 관리실, 신문배달, 택배, 건물관리인, 컨테이너 수리, 자동차 정비, 물류직원 등 불안정하고 소득수준이 높지 않았다. 건축일용직 이외에 개인적인 기술을 가지고 일감이 있을 때 일을 하는 페인트일이나 건축실내마감, 용접, 유리기술 등을 포함하면 일용직의 비율이 7명으로 가장 많았다. 건축일용직은 그때그때 일이 있을 때 일을 하거나 날씨가 좋지 않을 때는 일이 없기도 하고, 계절적인 영향을 받기도 한다. 회사원의 경우 컴퓨터 기술을 가진 프로그래머도 있었고, 경리업무, 영업직의 일을 하고 있었다. 공무원은 2명 있었는데, 이 중 한 명은 7급 장애인 특채로 입사한 경우가 포함되어 있다. 자영업의 경우 시장에서 건어물을 파는 사례와 노래방을 운영하는 사례였다.

결혼이주가족의 사회경제적 지위와 계급적 생활 방식을 한마디로 단정내리기는 어렵다. 조사된 사례 수가 적기도 하지만, 남편의 직업뿐만 아니라 이주여성의 직업도 고려해야 하고, 남편의 직업들 또한 다양하기 때문이다.[68] 하지만 이들 가족의 특징은 몇 가지로 요약해 볼 수 있다. 첫째, 결혼 초기에는 생활비 관리를 비롯한 경제적 주도권은 대부분 남편이 가지고 있지만, 이주여성이 가족에서 자신의 위치가 확고해짐에 따라 남성과 협상을 벌이고, 이주여성이 담당하는 것으로 전환된다. 남편이 전적으로 생활비를 관리하는 이유는 남편의 직업 특성상 소득이 일정치 않고, 상대적으로 소득이 낮기 때문에 한국 사정을 잘 모르는 아내에게 생활비를 맡기는 것은 비경제적이라고 여기기 때문이다. 생활비 지출 규모는 필요한 경비만 최소한도로 지출하는 것으로 보인다. 김진석은 일이 있을 때와 없을 때가 있으니, 많이 벌었다고 해서 다 쓸 수는 없다고 말한다. "한 끼 잘 먹고, 한 끼 못 먹을 수는" 없기에, 꼭 필요한 만큼만 지출하고, 절약에 초점을 둔다.

제가 하는 일이 장마철이나 겨울에 추우면 일 못 해요. 노는 기간이 많아요. 그쪽 사람(베트남)이 육식 좋아해요. 애들도 그런 쪽 좋아해요. 생활비는 일할 때는 한 달에 백만 원씩 주죠, 요새는, 옛날에는 안 줬는데, 내가 얼마를 버는지 모른다고 그런 말을 해서······ (내가) 그러고 싶어서 그런 거 아니라 공과금이 40~50만 원 나오잖아요. 그런 걸 전체적으로 이해를 못 하겠다 싶어 제가 (관리했죠). 일이 있다가 없고. 겨울날 가급적 똑같이 해야 될 것 아니에요. 한 끼 잘 먹고, 한 끼 못 먹을 수 없잖아요. 그게 힘들어요. 일이 꾸준히 없으니까, 못 하니까, 일이 없는 게 아니라 일을 계속할 수 없으니까, 그런 일을 하다가 다른 일은 못 하겠더라구요. 어쩔 때 보면 (아내가) 좀 돈 씀씀이가 헛되게 쓰는 건 아닌데, 제가 보기엔

---

68) 남편들은 자신의 수입 정도를 밝히기를 꺼렸는데, 수입이 많지 않고, 일정치 않은 부분 때문에 그러한 것으로 보인다. 보영의 남편(공무원)의 경우 연봉 4천 정도이고, 마영의 남편(아파트 기계실)의 경우 연봉 2천 정도이다. 건축일용직의 경우 하루의 일당이 7만 원이다. 보건복지부 (2010) 자료에 의하면 다문화 가족 한 달 평균 가구소득은 100만 원 미만이 21.3%, 100~200 만 원 미만이 38.4%로 전체의 59.7%가 200만 원 미만으로 조사되고 있다.

짜임새 없어 보여요. 주로 먹는 데 써요. 애들 먹이고 그런 쪽이에
요. 그래서 애들도 식습관이 (고기만 좋아해요) 그래서 잘 안 고쳐
지는 것 같아요. 돈이 요즘은 통장으로 들어오고 하니까, 싹 빼서
주기도 그렇고, 한 달에 필요한 만큼, 필요한 거야 더 많이 필요하
겠지만은, 그런 정도죠. <부부, 라-2, 김진석>

　장남인 김진철은 어머니와 같이 동거하는데, 어머니는 시장에서
일을 하고 있어서 쌀이나 반찬 사는 일은 어머니가 지출한다. 김진
철은 많이 벌지는 못하지만, 꼼꼼히 가계부를 기록하면서 절약하는
생활습관을 가지고 있다. 한 달에 아내에게 40만 원 생활비를 주는데,
아내가 자신처럼 알뜰하게 가계부도 쓰고, 저축하는 습관을 갖게 되
길 바라고 있었다. 김진철의 사례에서처럼, 결혼 초기에는 생활비 관
리를 남편이나 시어머니가 주로 담당한다. 남편은 수입의 일정 부분
을 반찬값과 생활비 명목으로 아내에게 관리하도록 하는데, 이주여성
은 용돈으로 10만 원 정도 받거나, 생활비 명목으로 30~40만 원 정
도를 받는다.

　여성이 생활비를 주도적으로 관리하고 남편이 용돈을 타서 쓰는
경우는 우영, 소정, 수정, 희망, 진취, 태영의 6사례에서 나타났는데,
남편이 아내를 믿고 생활비를 모두 넘기는 데는 나이 차이, 만남의
형식 등과 관련이 없었다. 우영과 소정은 연애결혼이지만, 진취는 결
혼소개업소를 통해 남편을 만났다. 진취는 남편과 나이 차이가 22년
으로 많이 나지만, 남편은 자신에게 생활비를 맡긴다. 수정의 경우 남
편의 수입이 일정치 않고 자신이 버는 돈이 생계에 비중을 차지하기
때문에 생활비를 관리하게 된다. 생활비를 누가 관리할 것인가의 협
상은 여성의 경제력도 중요한 자원이 되지만, 반드시 취업 여부가 경

제적 주도권을 결정짓는다고 할 수는 없다. 시부모의 영향력, 남편의 태도, 여성의 취업 여부, 성 역할 태도 등 다양한 요인이 작용하는 가운데 협상이 일어나기 때문이다. 하지만 이주여성이 생활비를 관리한다는 점은 부부관계에서 아내로서의 지위를 확고히 확립했다는 점을 드러낸다.

> [생활비는 어떻게 관리하세요] 지금은 제가 관리해요. 예전에는 남편이 저한테 생활비만 주고, 돈 관리는 남편이 했어요. 그런데 지금은 제가 돈 관리해서 남편한테 용돈 줘요. [남편 용돈은 얼마 줘요?] 지금은 돈 많이 없어서 많이 못 주고, 남편이 달라는 대로 줘요. <개별, A21, 진취>

한편 시어머니와 동거하는 경우 남편의 월급을 시어머니가 관리하던 방식대로 결혼 후에도 시어머니가 관리하는 경우가 있는데, 보영과 수영, 노영의 경우가 이에 해당한다. 3사례 모두 시어머니가 시장에서 일을 하거나 임대업으로 일정 수입을 가지고 있었고, 결혼하고 나서도 시어머니가 생활비를 관리하고 있었다. 아들이 몸이 불편한 경우(보영), 정신적으로 판단능력이 낮은 경우(노영), 시어머니는 며느리에게 집에서 살림을 잘하라거나 둘째 아이 임신을 강요하는 식으로 이주여성에게 통제력을 갖고 있었다. 3명의 이주여성 모두 시어머니와의 관계가 가시적으로는 큰 마찰은 없고, 시어머니와 같이 사는 것이 도움이 된다고 생각하고 있었다. 시어머니가 임대업을 하면서 수입을 갖고 있는 노영의 경우, 시머어니로부터 금전적인 도움을 받고 있지만, 이것은 시어머니의 간섭 또한 커짐을 알고 있다. 그래서 노영은 한국 생활을 잘하기 위해서 한국말을 잘하는 것이 중요하다고 생각하고 한국말 배우기를 열심히 하고 있었고, 십 년 안에 가게를 열 계획을 세우고 있었다.

> 생활비는 어머님이 관리해요. 남편 돈도 시어머니가 관리하세요. 2백만 원 벌으면 150만 원은 어머님 돈 드리고 나머지로 생활해요. 간식 사고, 우유 사고요. 어머님이 한 달 10만 원 용돈 줘요. [남편이 얼마 버는지 아세요?] 몰라요. [일하고 싶은 생각 있으세요?] 가끔 일하고 싶지만 애기 2명 있어요. 힘들어요. 애들 간식 사고 생활 궁핍하지 않게 일하고 싶어요. 어머니가 걱정 말라고, 집도 있고, 돈 있으니까 일 안 해도 된다고 이야기해요. 나중에 돈이 있을지 없을지 잘 몰라요. 마음은 일하고 싶어요. 그런데 어머니가 괜찮다고 말하니까 어쩔 수 없어요. <부부, 바-1, 보영>

둘째, 이들 가족의 지출 방식은 '수입에 맞춰 사는' 방식이다. 앞서 김진석의 '필요한 만큼만'이라든가 초록의 '없으면 없는 대로'의 말처럼 현실적 조건 속에서 최대한 씀씀이를 적게 지출하며 생활하는 전략이다. 이러한 상황을 큰 욕심 없이 그냥 행복하게 살면 된다고 생각하면서 위안을 삼는다. 우영은 지금까지 계속 일을 해왔고, 혼자서 전남편의 아이와 생계를 유지해왔다. 지금은 재혼해서 둘째 아이를 돌보느라 집에 머물고 있지만, 아이가 조금 크면 다시 일을 시작할 생각이다. 남편의 월급이 평균 150만 원에서 160만 원 정도로 네 식구가 생활하기에는 부족하지만, 지출은 최소한으로 줄이고, 수입에 맞춰 '있으면 쓰고, 없으면 마는' 생활 방식으로 적응한다. 우영은 지금보다 훨씬 더 힘든 상황에서도 생활해왔기 때문에, 지금 넉넉하지 않은 생활이지만 감사하게 받아들이고 있었다.

우리 남편 많이 못 벌어요. 월급 많이 없어요. 많이 안 줘요. 많이 받은 날만 180(만 원), 그건 진짜 많이 바쁜 날, 일요일도 일하고 한 날, 안 그러면 150이에요. 그 정도 버는데요, 힘들죠. 보증금도 있고, 한 달에 많이 벌으면 180 정도, 안 그러면 150, 160 정도요. 그래도 그거 맞춰서 살아요. 한 달 벌어 한 달 먹고 살죠. 남지 않아요. 한 가지만 조금, 보험, 애 둘만 어린이 보험 들어요. 그리고 남편 하나 나 하나 들어요. 다른 거 없구요. …… 그리고 내가 안 써요. 반찬 안 먹고, 둘째는 분유 값, 큰 애는 학원비 있기 때문에, 그냥 거기 맞춰 살아요. <부부, 아-1, 아영>

한편 주영의 경우, 남편이 생활비 명목으로 수시로 몇만 원씩을 주는데 자신이 아르바이트를 해봐서 돈 버는 일이 쉽지 않다는 걸 알고 있다. 그래서 남편이 생활비를 적게 주는 것을 이해하면서 필요한 것만 사고, 절약하며 생활하려고 애쓰고 있었다. 주영은 나름대로 생활비를 절약하는 방법으로 베트남에서 필요한 것을 사기도 한다.

남편이 그때그때 생활비 줘요. 5만 원, 8만 원, 4만 원, 다 쓰면 생활비 줘요. …… 한국에서 아르바이트 했잖아요. 일 힘들어요. 그래서 남편 이해해요. 필요한 것이나 쓰고, 마음대로 사지 못해요. 한국 옷 비싸요. 베트남에서는 여름 옷 싸요. 그래서 언니한테 부탁해서 베트남에서 사서 한국에 보내줘요. 베트남 가는 친구한테 부탁하기도 해요. <부부, 자-1, 주영>

주영의 입장에서는 베트남에서 물건을 보내오는 것이 생활비를 절약하는 방법으로 생각하지만, 남편 김진혁의 입장에서는 베트남에서 부쳐오는 우편물 비용으로 차라리 한국에서 사는 것이 더 낫다고 생각한다. 이 경우는 남성과 여성의 경제적 개념의 차이를 보여준다. 김진혁의 경제 개념은 현재 욕구를 조절하고, 필요한 것만 지출하는 데 있는 데 반해 아내는 비싸더라도 예쁜 것을 사고, 상대적 돈의 가치에 초점을 둔다. 이러한 경제적 개념의 차이는 앞서 라영의 남편 김진석의 말에도 나타나는데, "아내는 좀 제가 보기엔 짜임새 없어 보여요. 주로 먹는 데 써요"는 말에도 나타난다. 먹어서 없어지는 것보다 아껴서 저축하는 편이 남편의 입장에서는 현명해 보이기 때문이다.

지금 저 친구[아내]가 생활하는 것은 우리나라 상류층 생활을 생각하고 있는데, 저 같은 경우는 우리나라 중서민층, 중서민이 아니라 서민층, 돈을 벌어서 생활해야 할 입장인데, 생각하는 건 그렇지 않아요. 이 친구가 의외로 베트남에서 가난하게 생활한 것 같지 않아요. 자기 하고 싶은 일 하면서 돈을 쓴 것 같아서, 그 생활을 하려고 하니까 저하고 조금 차이가 있죠. 돈 주면 그다음 날 뭔가 사 가지고 와 있다니까. 저 같은 경우는 우리 애를 사랑하지 않아서가 아니라, 애가 크는 과정이니까, 되도록이면 덜 사가지고 노후 생활도 준비하고 이런 게 주안점이 되는데, 그런 게 아니니까…… 경제적인 개념에 차이가 있어요. 저 같은 경우는, 한국 사람 대부분이 그렇잖아요. 이것 대비 비싸면 안 하잖아요. 그런데 어느 날 베트남 언니가 뭘 보내줬다, 음식을 보내주는 거 있을 거 아니에요. 우리나라도 외국에 살면 김치 보내줄 거 아닙니까. 그런데 김치 값보다 가는 값이 더 비쌀 거 아니에요. 어느 날 갑자기 택배 왔다고 14만 원을 달라고 해요. 택배 값이라고, 음식 값이 아니라. ……(중략)…… 그런데 이 친구는 먹고 싶은 거, 돈이 중요한 게 아니라, 어느 날 갑자기 ○○에 가서 귤을 두 개 사왔는데, 하트 모양으로 만들어놓은 귤이에요. 한 개에 2천 원, 두 개에 4천 원에 사왔어요. 우리나라 평범한 가정에서 살 수 있습니까? 왜 샀냐(고) 그러니까 이쁘다, 이런 데서 차이가 있는 거죠. <부부, 자-2, 김진혁>

셋째, 이주여성은 언제든 부족한 생활비를 부업이나 취업으로 충당하거나, 그럴 의사가 있다는 점이다. 이는 이주여성이 결혼이주로 왔지만 언제든 노동이주로 전환된다는 앞서의 지적과도 상통한다. 심층면접에 참여한 이주여성들은 자신이 언제든 남편을 돕고, 남편을 대신해서 일할 준비가 되어 있고, 부업을 통해 틈틈이 돈을 저축하고 있었다. 부인의 부업은 수시로 이루어지고, 우연적이고, 불규칙적으로 행해진다. 부업으로 돈을 버는 경우 대부분 직접 관리한다. 자신이 번 돈으로 베트남 부모님을 도와드리기도 하고, 생활비가 모자라면 보태기도 하고, 남으면 저축도 한다. 따라서 국제결혼이 여성의 성과 남성의 경제력의 맞교환이라는 설명방식으로는 이러한 여성의 경제적 활동을 설명할 수 없게 된다. 이주여성은 결혼을 통해 남성의 경제력과 교환하기보다는 남편의 경제적 조건을 보완한다.

> 2년 아르바이트 돈 벌으니까 나중에 돈 벌면 나중에 (애를) 낳아요 생각했어요. 그런데 갑자기 임신했어요. 아르바이트로 2년, 3년 정도 돈 벌어서 통장에 넣어두고, 베트남 부모님께 무슨 일 있으면 도와줘요. 남편한테 이야기하면 미안하잖아요. 애기 계획 없었는데 생겼어요. [아르바이트는 얼마 정도 벌었어요?] 하루에 3만 3천 원 정도, 그 달에 돈을 많이 벌면 통장에 십만 원 넣어요. 생활비 모자라면 그 돈으로 쓰고, 남으면 저축해요. <부부, 자-1, 주영>

한편 차영은 베트남 친정엄마나 친동생에게서 경제적 지원을 받기도 한다. 차영의 남편은 목수로 수입이 일정치 않은데 결혼하면서 베트남에 있는 차영의 친딸을 데려오는 과정에서 은행 빚을 지게 되었다. 지금은 재혼 후 애를 낳아서 키우고 있는 상태라 자신이 취업할 수도 없고, 생활비는 부족한 상황이다. 이러한 차영의 사정을 잘 알기에 친정엄마와 여동생이 생활비를 보조해주기도 하였다. 일반적으로 결혼이주여성에 대한 편견은 가난하기 때문에 베트남 가족들에게 일방적으로 지원을 해주는 것으로 생각하지만, 반드시 그렇지 않다는 점이다. 따라서 베트남이라는 초국가적 가족자원이 한국에서 일방적인 경제적 지원으로 흘러가는 것이 아니라 쌍방의 교류가 이루어지고 있음을 알 수 있다.

> 남는 돈 없어요. 항상 부족해요. 왜냐면 생활비, 보험비, 은행대출 5천만 원에 대한 이자, 나랑 결혼하면서 3년 동안 남편이 일 안 했어요. 친정엄마 오고, 딸 데려오면서 베트남 4번 왔다 갔다 했어요. 한 번 가는데 5백만 원 들어갔어요. 그리고 왔다갔다 생활비, 그리고 한국에서 결혼식 했어요. 그러면서 은행에서 대출받았어요. 그리고 임신하고 애기 낳고, 그것 때문에 대출받았죠. [남편은 생활비얼마 주세요?] 많이 없지만, 꾸준히 30, 50만 원 정도 줘요. 생활해야 하니까, 사실(대로) 이야기하면 애기 출산 후 대만 여동생과 친정엄마가 저를 도와줬어요. 엄마는 한 달에 100달러, 200달러 주고,여동생은 200달러씩 몇 달 도와줬어요. 당분간 애기 키우니까 직장다닐 수 없고, 남편 수입이 없기 때문이에요. 친정엄마가 애기 돌전에 2번 도와줬어요. 엄마가 외국인이랑 결혼했는데 어떻게 엄마가 딸한테 (돈) 보내 주냐고, 외국 사람 결혼하면 딸이 엄마한테 돈주는데, 이제 그만 도와준다고 하셨어요. 지금은 애기 때문에 안되지만, 애가 크면 일하고 싶어요. <부부, 차-1, 차영>

이상에서 종합해보면 결혼이주가족의 계급적 상황은 가족의 생활비 지출은 '없으면 없는 대로' 맞춰 사는 것으로 필요한 것에만 지출하고, 당장 급한 것이 아니면 소비욕구를 억제하는 형태를 보인다. 이 과정에서 남성과 이주여성 사이에는 서로 다른 경제적 관념 때문에 갈등을 빚기도 한다. 한편 이러한 계급적 상황은 이주여성들이 언제든 가계를 위해서 취업이나 부업을 할 수밖에 없는 상황에 처하지만, 이주여성들은 어쩔 수 없이 돈을 벌어야 된다고 생각하기보다는 적극적으로 일을 찾고, 취업을 해서 생계를 돕고자 하는 강한 의지를 가지고 있었다. 이러한 적극적인 행위성은 계급적 상황에 대처하는 삶의 전략으로 해석된다. 한편 차영의 경우처럼 베트남 친정 가족에게서 생활비를 지원받기도 하는데, 이는 이주여성들의 사회경제적 조건이 다양하고, 베트남 가족과의 관계는 쌍방적임을 보여준다고 하겠다.

(2) 계급적 배경에 따른 자녀교육

가. 자녀양육 방식

한국에서 베트남 여성과 국제결혼은 2003년을 기점으로 크게 증가하여, 중국 다음으로 결혼율이 높은 나라이다. 현재 이들 가정의 자녀들은 대부분 나이가 어려서 어린이집에 다니거나 초등학교에 들어간 정도이다. 자녀가 취학 전일 경우, 아직 한국 교육이 실감나지 않아 자녀교육에 거는 기대도 막연하다. 자녀의 직업이나 미래에 대한 기대도 "선생님", "좋은 사람", "자기가 하고 싶은 사람" 등 구체적이지 않지만, 모두 자녀들이 "평범하게" 커나가길 희망하였다. "평범하게"의 의미는 남들처럼이고, 튀지 않는 방식이다. 공부를 아주 잘하거나 못하지도 않고, 보통의 집단 속에서 살아가는 방식이다.

가족과 계급재생산의 관계에 대한 논의는 이미 고전사회학에서 논의된 지배계급의 이데올로기가 가족을 통해서 어떻게 사회화되는가라는 주제로 거슬러 올라간다. 하지만 가족을 단순히 재사회화 기능에 한정하는 기능적 논의는 계급재생산의 시각에서 보면 한계를 지닌다. 부르디외(Bourdieu, 1977, 1986, 1996)의 계급 논의에 의하면, 가족은 단순히 지배계급의 이념을 받아들이고 이를 전수하는 수동적 위치가 아니라, 의지를 가진 적극적인 행위자 혹은 집합적인 주체이다. 신뢰와 보살핌의 영역인 가족은 이해타산적인 교환 행위가 작동하는 시장이나 경제체제와 대조된다. 가족은 경제적·문화적·사회적, 그리고 상징적 자본 혹은 특권을 집합적으로 축적하고, 이를 세대 간에 전승하는 역할을 담당한다. 이러한 가족의 역할은 가족구성원의 특수한 이해와 가족의 집합적인 이해를 융합시킴으로써 가족의 유대를 탄탄하게 만든다. 또한 가족구성원은 일상의 실천 행위를 통해 비슷한 성향체계를 공유하는데, 이는 집합적 가족의 이해와 더불어 가족의 유대를 공고하게 만드는 힘이 된다. 하지만 자녀양육이나 교육 등 가족의 전략과 실천행위는 가족구성원 간의 권력 관계 속에서 결정되며, 종종 가족구성원 간의 갈등을 유발하는 요인이기도 하다.

여기에서 자녀양육과 교육 등 가족의 전략과 실천행위에 주목할 필요가 있다. 예를 들면, 부모가 인식하는 자녀 교육의 중요성은 과연 가족의 사회경제적 배경에 따라 차이가 있는가, 그리고 교육자본을 획득하기 위해 동원하는 가족의 행위전략은 계급별로 차이가 있는가 등의 질문을 던질 수 있다. 이러한 질문이 중요한 이유는 가족의 전략과 실천행위가 계급의 생산과 재생산에 결부되어 있기 때문이다. 이러한 질문에 대한 답을 라루(Lareau, 2002, 2011)에서 찾아보자.

라루(Lareau, 2002, 2011)는 백인과 흑인의 중간계급과 노동자계급, 빈곤계층에서 부모들의 자녀양육에 대한 행위를 연구하였다. 중간계급과 노동계급의 양육태도의 차이는 부모가 가진 경제적·문화적·사회적 자원과 삶의 경험이 다른 데서 기인하는 것으로, 중간계급은 자녀를 집중적인 능력계발(concerted cultivation)의 관점에서 양육하는 반면, 노동자계급은 자녀를 자연스러운 성장(natural growth)의 관점에서 양육한다. 중간계급 부모들은 자신의 경제적 자원을 기반으로 자녀들을 위한 여러 가지 다양한 활동을 조직하고 제공한다. 또한 언어 사용에 있어서도 이성적인 것을 강조하는데, 일상생활에서 부모와 자녀 사이의 대화는 서로의 의견을 절충과정에 초점을 둠으로써 자녀들이 자연스럽게 협상의 능력을 배우게 된다. 반면, 노동자 계급의 부모들은 부모가 사랑을 주고 안전하게 의식주를 돌보아주면, 자녀의 성장은 저절로 이루어질 것으로 본다. 부모와 자녀의 대화는 협상보다는 규율의 성격이 강하다. 이와 같이 계급적 배경에 따라 차이가 있는 양육문화는 자녀의 언어발달, 인지능력, 그리고 성향체계의 차이를 낳고, 이러한 차이로 인해 학교 안에서 교육의 성취는 계급별 차이를 가져오게 한다. 그러나 라루는 이러한 차이가 계급의 본질적인 특성이 아니라 특수한 사회적 맥락에 위치함을 강조하고 있다.

한편 한국에서 자녀의 양육 방식에 대한 연구는 주로 중산층 여성의 모성 측면에서 어머니 됨의 의미와 행위전략 등이 연구되고 있고, 계급 간 가족의 비교 연구는 드문 편이다. 중간계급과 저소득층의 양육문화를 비교한 신명호(2006)를 보면, 중산층 양육문화가 학력주의, 학벌주의, 높은 목표의식 유도, 든든한 인적 네트워크, 부모의 개입전략 등의 특징을 갖는다면 저소득층의 양육문화는 이러한 특성들이 결핍되어 있다고 논의하면서 저소득층 부모의 양육태도에서는 학력, 학벌주의 가치관이 뚜렷하게 나타나지 않으며, 자녀의 학업에 개입하는 현상도 거의 발견되지 않는다고 하였다.

이 책은 결혼이주가족이 갖는 부모의 양육 방식과 교육기대 등은 라루(Lareau, 2002, 2011)와 신명호(2006)의 논의처럼 중산층과 구별되는 독특한 양육태도를 보인다는 점에 인식을 같이 하지만 신명호의 지적처럼 저소득층의 양육문화를 '결핍'으로 규정하는 것에는 의견을 달리한다. 결핍의 개념으로 이해를 하게 되면, 저소득층의 양육 방식에서 나타나는 다양한 실천 행위들의 적극적인 의미들이 사장되기 때문이다. 예를 들면, 중간계급의 부모는 자녀들의 학업성취를 높이기 위해 비전을 제시하고, 구체적인 실천을 가지고 있는데 반해, 저소득층의 부모들은 자녀들이 "건강하게", "아무 탈 없이" 자라기를 기대한다. 부모가 공부에 대한 강요보다는 자녀들을 따뜻하게 안아주고 보듬어주는 양육태도를 보이는 것은 오히려 이들의 자녀가 학교에서 잘 적응하고, 학교 밖으로 밀려나지 않게 하는 전략일 수 있다. 따라서 노동자 계급이나 저소득층, 그리고 결혼이주가족이 지닌 양육 방식을 중간계급이 갖는 특성들이 결핍된 것으로 이해하기보다는 그들의 행위를 보다 그들의 관점에서 해석할 필요가 있다.

진취는 자녀교육에 있어서 공부를 강요하지 않는다. 한국의 중산층 어머니가 매니저맘으로서 자녀교육에 대해 적극적으로 개입하고, 관리하는 측면과는 다르다.[69] 진취는 자녀에게 선택을 부여하고 자율성을 허용하지만, 진로나 직업에 대한 비전을 제시해주는 것은 아니다.

> 애기 교육은 관심 많이 안 가져주지만, 자기가 다른 아이들처럼 공부 많이 해서 스트레스 안 받게 편하게 공부하고, 자기가 원하는 거 할 수 있으면 좋겠어요. 왜냐면 제가 예전에 하고 싶은 거 많은 데 못 했잖아요. 그래서 지금은 아이한테도 많이 해주고 싶지만, 많이 해주는 것보다 자기가 원하는 거 해주면 좋은 것 같아요. 그리고 제 아이들도 막 이런 거 저런 거 원하는 거 많지 않아요. 마트에 가도 사달라고 하지도 않고. 그래서 그냥 평범하게 키우고, 앞으로 커서 자기가 원하는 거 공부하고 싶으면 보내주고 싶어요.
> <개별, A21, 진취>

---

69) 여성의 양육 방식에 대한 논의는 주로 중산층 어머니 연구들이 많다. 박혜경(2008)은 신자유의체제 확산으로 경쟁 중심의 사회변화에 따라 중산층 어머니의 자녀교육은 보다 전략적이고 매니저로서의 역할로 변한다고 논의한다. 한편 이재경(2004)은 노동자계급의 어머니는 중산층 중심의 좋은 어머니라는 이상을 갖고, 일과 모성 사이에서 자신을 부족한 어머니로 정체화하면서 갈등하는 모습을 갖게 된다고 지적한다.

결혼이주가족의 자녀양육 방식에 있어서 또 다른 특성으로는 자녀의 건강을 중요시하고 기본적인 생활습관을 강조하는 점을 들 수 있다. 이주여성들은 잘 먹고, 건강하게 키우는 것을 중요하게 생각한다. 라영과 진취, 소영은 자녀가 일정한 시간에 잠을 자도록 습관을 들이는 데 많은 노력을 기울인다. 라영은 자녀가 잠잘 시간이 되면 잠을 재우는 게 숙제를 하는 것보다 더 중요하다고 생각하고, 일찍 자도록 양육하고 있다. 라영이 자녀의 일찍 자는 습관을 중요하게 생각하는 이유는 이를 통해 자녀의 건강을 지킨다고 생각하기 때문이다. 그렇다면 라영은 자녀의 건강을 학습보다 왜 더 중요한 이유라고 생각하는가? 일단 여러 가지 측면에서 해석이 가능하다. 병원비 부담이 문제인지, 아니면 일찍 자는 습관이 몸에 배서 그런 것인지, 병에 걸렸을 때 과거에 나쁜 경험이 있었는지 등등 많은 이유가 있을 것이다. 한 가지 해석은 라영의 입장에서 건강은 가족생활에 중요한 의미를 가진다는 점이다. 남편의 일은 비나 눈이 오면 할 수 없는 일이지만, 건강이 허락하는 한 계속할 수 있는 일이기에 남편의 건강이 라영의 가족에게 중요한 생계수단인 셈이다. 당장 남편이 병이 생겨 앓아누우면 가족의 생계는 막막하다. 이러한 경험으로 라영은 숙제보다도 건강을 우선하게 되는 행위를 보인다고 해석할 수 있다.

> 애들 신경 많이 써. 9시쯤 꼭 자요. 왜냐면 이렇게 하면 키도 잘 커요. 병도 안 걸려. 애들이 늦게 자고 싶어. 왜냐면 할머니 텔레비전 보니까. 그러면 힘들어서 빨리 안 자니까. 빨리 자면 공부할 수 있어…… 그저께 학교에서 숙제 내줬어요. 그런데 놀이터에 놀아서, 내가 바빠서 깜빡해서 알림장 안 봤잖아요. 우리는 아무리 바빠도 8, 9시에 꼭 자요. 그래서 엄마, 숙제 안 했어. 너 왜 숙제 안 하냐고, 안 돼, 오늘 자고, 내일 일찍 일어나서 숙제해 했는데, 아침에

늦게 일어났어. 숙제 못 해서 그냥 갔어. 아침에 선생님한테 혼났어. 혼나니까 너무 마음 아팠어. <부부, 라-1, 라영>

구체적으로 그런 생각 안 해봤는데, 애 엄마한테도 그렇고, 애들한테도 제가 특별히 해줄 수 있는 게 별로 없어요. 건강만이라도 건강해서, 보살펴주었으면 하는 마음이에요. <부부, 라-2, 김진석>

진취 역시 자녀들이 일정한 시간에 일찍 자는 습관을 갖게 하고, 일상생활을 스스로 하도록 양육하고 있었다. 이러한 자녀들의 생활습관은 진취가 자녀를 키우는 데 힘을 덜 들이게 되고, 취업을 하거나 가게를 운영하는 데 도움이 된다. 이와 같이 자녀들의 기본적인 생활습관을 중요시하는 양육 방식은 결혼이주여성이 자신이 처한 가족적 상황에서 선택하게 된 실천행위라고 해석할 수 있다.

제 생각에는 한국 엄마들이 너무 과한 것 같아요. 그렇게까지 안 해줘도 되잖아요. 제 애는요, 초등학교 1학년 하고, 여섯 살 어린이집 다니잖아요. 저는 아침에 밥만 챙겨주고, 옷도 그냥 놔둬서 자기 혼자 옷 입고, 가방 미리 챙겨서, 오빠가[큰애] 학교 가는 시간에 어린이집 데려다줘요. 동생이 먼저 차타고 가면, 오빠가 학교 가요. 그리고 또 저녁에 오빠가 먼저 집에 와서, 시간 맞춰서 내려가서 동생 기다려요. 제가 집에 있을 때도 있는데, 그때도 자기가 간다고 해요. 오후에 제가 없잖아요. 오빠가 동생 데리고 집에 들어가면, 바로 저한테 전화하고, 집에 도착했다고, (동생 데리고) 왔다고. [애들을 스스로 하게 키우셨네요.] 모르겠어요. 그냥 막 키웠어요. (웃음) 저희 집 애들은 9시 되면 불 끄고 텔레비전 끄고 자요. 그게 습관이 돼서 9시 되면 스스로 자고, 7시 되기 전에 다 일어나요. 일어나서 밥 먹고, 세수하고, 혼자 준비하고 가요. 가끔 주말에 제가 너무 피곤해서 자면 애들이 혼자 우유에다 시리얼 챙겨서 먹어요. <개별, A21, 진취>

자녀를 자립적으로 키우는 생활습관은 우영의 입장에서는 계획적으로 자녀교육을 위해 선택된 것이라기보다는, 아침에 일찍 일하러 나가야 되는 현실적인 이유에서 비롯되었다. 우영은 아이가 유치원에 가는 시간보다 더 일찍 출근해야 되기 때문에, 다섯 살 아이는 혼자서 유치원에 가고, 집에 혼자 있는다. 이러한 상황적 요인에서 자녀는 어려서부터 스스로를 돌보고, 생활하는 습관을 갖게 되었다. 이렇게 자녀의 일상을 세세하게 돌봐주지 못하는 상황에서 자녀를 독립적으로 생활하도록 키우는 게 우영이 선택한 자녀교육방식이라 할 수 있다.

> 우리 아들, 5살부터, 아니 세 살부터 혼자예요. 엄마 밖에서 일하면 혼자 앉아 있어. 착해. 그리고 5살 되면 혼자 유치원 다녀. 엄마 공장, 여기 옆이어서, 공장 8시 시작하니까, 우리 아들, 8시 30분 되면 딩동댕 유치원 끝나면 문 잠그고 열쇠 갖다 줘, 하면 딱 잠그고 유치원 가. 오후 3시면 유치원에서 데려와요. 그리고 초등학교 때부터 계속 혼자. 엄마, 아빠는 그림자도 못 보는데요. 그래도 애가 잘 컸어요. 지금 후회 없어. ……(중략)…… 유치원 다니면서부터 선생님들이 전화 왔어. 문제없어. 항상 전화 와서 칭찬해줘. 아들이 너무 똑똑해서 걱정 안 해도 돼요. 초등학교 애들, 엄마들 책도 챙겨주잖아요. 한 번도 챙겨준 적 없어, 한 번도 깨운 적 없어. 아침밥 먹고 나가기 바쁜데 어떻게 챙겨줘. 지 알아서 해야지. 하여튼 뭐든지 알아서 해요. <부부, 아-1, 우영>

나. 교육전망

카오와 톰슨(Kao and Thompson, 2003)은 인종, 민족, 이주 집단의 차이가 자녀의 학업성취에 있어서 차이를 가져오는 현상을 연구하였는데, 인종과 민족의 차이와 상관없이 부모들은 자녀들이 대학에 진학하길 희망하는 높은 교육 전망(aspiration)을 나타냈다고 하였다. 이와 마찬가지로 심층면접 한 이주가족에서도 자녀 교육의 전망은 대학교 진학으로 높게 전망하고 있었다. 이때 대학진학은 구체적으로 특정 대학을 지칭하기보다는 대학이라는 학력을 의미한다. 높은 교육 전망을 보이고 있지만, 대학에 들어가기 위한 실천전략은 중산계급의 부모와 달리 구체적이지 못하다.

우영이 해줄 수 있는 건 대학을 졸업할 수 있도록 경제적 지원을 해주는 일이고, 자녀들 곁에서 건강하게 있어 주는 일이다. 졸업 이후의 진로, 직업에 대해서는 자녀의 몫이다. 현실적으로 저소득층 부모가 자녀의 교육성취를 지원할 수 있는 일은 경제적 뒷받침이 가장 급선무일 것이다. 높은 대학등록금은 이들에게 큰 걱정거리였다.

애를 혼내본 적 없고, 때려본 적 없고. 어떻게 했느냐, 엄마가 대학 못 나온 사람이니까, 네가 알아서 해. (언젠가)엄마가 죽어, 여기 안 산다. 너 인생 잘 생각, 선택해. 네가 공부 잘하면, 나중에 네 인생도 잘살아. 그리고 남들보다 더 떳떳할 것 같아. 엄마는 해줄 수 있으면 다 해주는데, 엄마 얼마 안 돼 죽는데, 네 인생 오래 살아. 네가 알아서 해. 욕할 것 없어, 때릴 것 없어, 혼낼 거 없어. 아빠도 없어, 돈도 없어. 어려서 때릴 필요 없잖아. 그리고 우리 아들, 내 말 안 듣는 거 없어. 혼낼 거 없어. 일 다니면 다 알아서 했고, 큰애 키우면서는 여태까지 학교 다니나 학원 다니나 엄마(한테) 돈 달라고 한 적 없어요. (성적표 보여줌) 애 성적표 다 모아. 왜냐면 (아들이) 엄마, 왜 그러냐고? 너 장가가, 그럼 네 아들 갖다 보여줘. 웃어. ······(중략)······ 엄마도 한국말 많이 못해서 대화도 많이 없잖아. 우리 애가 속상 풀릴 수 없잖아. 내가 할 수 있으면 내가 해줘. 많이 못하지만, 마음(속으로) 걱정 해줘. 내가 항상 우리 아들, 존중해주고, 우리 아들이 말 못하지만, 우리 엄마 날 마음속으로 많이 사랑하고 있구나, 걱정하고 있구나 생각할 수 있잖아. ······(중략)······ 우리 아들, 뭐든 대학 졸업 때까지 4년 봐주고, 그 이후는 자기 알아서 하고, 그리고 우리 둘째도 잘 키워야 돼요. 엄마 늙어도 잘 키워야 돼요. (웃음) 엄마 건강해서 대학 졸업할 때까지 옆에 있어 줘야 하는데, 큰애가 엄마 걱정하지 말래. 엄마, 내가 있잖아 하고. 우리 남편도 회사 다니지만 약 먹고 있어요. 신장 나빠서 약 먹고 있어요. 의사 말이 조금 약하다고 약 미리 먹고 있어요. 나는 위가 좀

안 좋아요. <부부, 아-1, 우영>

차영은 한국 남성과 재혼하면서 베트남에 있는 딸을 한국으로 데려온다. 다행히 딸은 한국의 학교생활에 적응을 잘하는 편이다. 딸은 베트남에서 중학교를 졸업하고 고등학교를 다니다가 한국에 왔지만, 한국 교육청에서는 중학교에 편입해서 한국 문화를 배우는 것이 좋겠다고 해서 현재 중학교에 다니고 있다. 차영은 딸의 교육에 있어 대학진학을 목표로 생각하고 있다. 남편은 한국에서는 대학졸업장이 있어야 한다며 걱정하지 말고 공부를 열심히 하라고 하지만, 현실적으로 대학등록금이 비싸서 곧바로 대학에 진학할 수 있을지 걱정스럽다. 우영과 마찬가지로 차영도 대학에 들어갈 수 있게 지원해주는 것이 부모로서 해줄 수 있는 최대한의 것이라 생각하고 있었다.

남편이랑 자주 의논해봤는데, 부모로서 졸업 후에 한국에서 생활 잘할 수 있도록 도움 줘야 하는데, 우선은 대학부터 보내야죠. 선생님이 되면 좋겠어요. 한국어학과 들어가서 베트남에 가서 한국어 가르치는 선생님이 되면 좋겠다 생각해요. 한국에서 좋아하는 직장 잡다가 안 되면 베트남에 가서 직장 구해도 돼. 지금 공부도 열심히 해요. 좀 느리지만 열심히 해요. 혼자서 계속 공부해요. ……(중략)…… 대학 등록금이 상당히 비싸요. 알아요. 남편도 등록금 비싼 건 알고 있어요. 그런데 애한테 걱정하지 말고 아빠한테 방법이 있다고, '너는 열심히 공부해라'고 말해요. 제 입장에서는 현재 경제적인 것이 어려우니까, 고등학교 졸업하면 20살 넘으니까 회사 취직해서 돈 벌 수 있다고 말하니까 남편이 화내요. 한국에서 이거 아니다, 돈 없어도 대학 들어갈 수 있다고, 바로 가야지, 중단은 안 된다고 했어요. 왜 애가 그렇게 해야 하냐고, 공부하고 싶으면 보내줘야지, 못 배우면 엄마, 아빠처럼 고생한다고 했어요. 그래서 딸도 엄마랑 아빠랑 대화하면서, 내가 고등학교 졸업하고, 공부하면서 아르바이트하고 돈도 벌 수 있다고 했어요. <부부, 차-1, 차영>

한편 결혼이주가족은 한국 사교육에 대한 불안과 걱정을 가지고 있었다. 사교육이 교육성취와 직접 관련이 있는지, 어떤 사교육을 시켜야 하는지 등에 대한 확실한 정보나 판단을 갖고 있지는 않지만, 학원에 보내면 교육에 유리한 것으로 생각하고 있었다. 하지만 경제적 비용 때문에 사교육을 시키지 않거나 시킬 수 없을 것이라고 생각한다.

> [자녀가 어떻게 크면 좋겠어요?] 특별한 계획은 없구요. 본인이 일단 좋아야 하니까. 본인 의사를 70% 잡아야죠. 나머지는 내 생각을 말해줘야 되겠죠. 애들 나이 다 컸는데 이거 해라 저거 해라 한다고 들을 것도 아니고, 본인이 원하는 한도에서 해야죠. ……(중략)…… 학원은 못 보내죠. 아예 지금 생각은 사교육 절대(안 보내요). 안 보내는 게 아니라 보낼 돈이 없죠. 정부에서 공짜로 시켜준다고 하면 보낼까…… 사교육은 나뿐만 아니라 저소득층은 거의 부모 생각이 다 그럴 거예요. ……(중략)…… 아직까지는 걱정 없어요. 지금은 주사 맞히는데 신경 쓰고 있죠. 무슨 주사 3대 맞히는데 27만 원 들었어요. 의료보험도 안 되고. 뇌수막염하고 뭐 백신인데, 보건소에는 없고, 일반 병원에서 돈 내고 맞춰야 한다고(해서 맞췄어요). 아직까지는 애기 키우면서 걱정이나 뭐 없어요. 애기 보는 재미죠. 부모님도 제일 좋아하고. <부부, 나-2, 김진교>

베트남에서 교사를 하다가 한국에 산업연수생으로 와서 남편을 만나게 된 수정은 다른 아이들처럼 자녀를 학원에 보내고 싶지만 보낼 수 있는 경제적 형편이 아니다. 학년이 올라갈수록 집에서만 공부하는 데 한계를 느끼고 있던 참에 민간기관에서 운영하는 공부방에 보내는 것이 큰 도움이 되고 있다. 이주여성이 자녀교육에 직접적인 도움을 주지 못한다고 해서 이들이 자녀의 교육에 무관심하다고 할 수는 없다. 지식의 배경이 다른 문화적 맥락과 경제적 조건을 고려하면 결혼이주가족이 자녀교육에 있어서 어려움을 겪을 가능성이 있다. 따라서 그러한 틈새를 메꾸어주는 것이 이들 가족의 현실적인 요구임을 알 수 있다.

> 애기 키우면서 어려운 점 많아요. 가르치는 거 문제 많이 나왔어요. 내가 한국말 모르니까, 애기 숙제하는 거, 애기 교육하는 거, 어떻게 하는지 말하는 거 잘 안 되니까, 어떻게 가르치는지 문제 많이 나왔어요. 그리고 조금 생활이 어려우니까, 애들 학원 보내고 싶어, 다른 애들 똑같애, 피아노, 태권도 더 시키고 싶지만 돈 없어서 못 시켜서 마음이 조금 아팠어요. [애들 공부는 어떻게 봐주세요?] 우리 큰애 초등학교 갈 때 공부 잘하는 편 말고, 나쁘지도 않고, 그냥 중간이었어요. 평균 90, 80점 정도예요. 하지만 지금 중학교 가니까 점점 어렵고, 사춘기 때문에 공부하기 싫어해요. 성적 조금 내려갔어요. [학원 다니는 것 있어요?] 공부방 다녀요. 구청에서 한국 ○○재단에서 지원받아 거기 다녀요. 둘째는 수학 잘하고, 국어 조금 잘하는 편 같아요. 지금 먹고사는 거 힘드니까 애들 대학 가면 어떻게 할까, 돈 하나 없는데 어떻게 하나 생각해요. 애들 공부하는 거 끝까지 시키고 싶어요. 하지만 돈 없으니 어떻게 할지 좀…….
> <개별, A18, 수정>

부모가 사교육을 마음껏 해줄 수 있는 입장이 아니기 때문에 자식에 대한 기대도 내려놓는다. 부모의 입장에서 자식에게 사교육을 시키지 않아도 공부를 잘해주면 좋겠지만, 스스로 공부를 잘하는 아이들은 소수에 불과하다고 생각하기 때문에 억지로 공부를 강요할 생각은 없는 편이다. 오히려 아이들이 반발하고 어긋나면 더 큰일이라고 생각하기 때문이다. 김진석은 자녀들에 대해 별다른 기대를 갖지 않는다. 이러한 인식의 기저에는 한국 교육에서 사교육을 시키지 못하는 자신의 형편을 고려한 결과로 보인다.

[자식에 대한 기대는요?] 그런 거 없어요. 그런 거 전혀 없고, 그냥, 제가 해줄 수 있는 것도 남들처럼 과외 할 수 있는 능력도 안 되고, 그냥 억지로 시키고 싶은 생각 없어요. 일 다니다 보면, 애들이 시간 되서 차가 와서 데려가고, 좀 잘사는 데 가면 있잖아요. 벌써 그런 차이가…… 저는 못 하기도 하고, 애들이 어느 정도 지능이 따라가야 하는데 억지로 안 되잖아요. 머리도 어느 정도 따라주고 그래야 하죠. 부모가 하고 싶다고 해서 다 할 수 있는 것도 아니고. 사는 지역에 따라서 그런 것들도 있는 것 같아요. 제가 볼 때, 자식이 잘되면 좋죠. 안 되는 걸 억지로 할 수 있는 것도 아니고. <부부, 라-2, 김진석>

부모의 경제적 뒷받침이 제한될 수밖에 없는 현실적 조건을 고려하여 자녀의 교육에 있어서 다른 대안을 모색하게 된다. 신문배달일을 하는 김진철은 공부만이 인생에 전부가 아니라고 생각하고, 많이 경험하는 방식으로 사회를 알아가기를 희망하였다.

한국 사회가 각박해졌죠. 그냥 폐쇄적인 게 아니라 각박해진 거, 너무 나밖에 모르고, 그런 게 많죠. 그래서 걱정이, 애를 똑같이 공부만 하는 그런 쪽이 아니라, 공부는 그런 거 있잖아요. 가끔 TV에 나오는 세상은 넓다고 해서. 애를 학교에 안 보내고 검정고시 치르면서 세계여행 다니는 것 보니까 그것도 괜찮겠다 그런 생각이 들어요. 공부만 하고, 똑같이 키우는 것보다도. <부부, 사-2, 김진철>

김진혁은 사교육비가 높고, 경쟁적인 한국 교육체계를 비판적으로 인식하고 있었다. 사교육을 많이 한다고 해서 공부를 잘하는 게 아니라고 생각하여서 교육비를 저축해서 경제적으로 도움을 주는 전략을 세우고 있었다.

우리나라 교육이 상대방을 누르고 올라가야 되는 시스템이어가지고, 거기에 거부감이 있어서, 교육을 시키면, 아주 기본적인 교육, 굳이 남 위에 설 필요 없이, 기본적인 교육만 시키고, 경제적으로 교육비를 모아가지고, 나중에 경제적으로 뒷받침해줄려고 생각 중이에요. 지금 생각은 그렇습니다. 그게 잘 안 된다고 그러는데, 왜냐면 경쟁을 해야 되니까, 남보다 못하면 더 좋은 학원으로 보낼려고 노력을 한다는데, 기본 방침은 그렇습니다. 교육비, 사교육에 쏟느니, 그게 쏟는다 해서 그게 다 자기 지식으로 가느냐, 아니거든요. 기본적인 것은 가르치지만. <부부, 자-2, 김진혁>

아파트 관리실에 근무하는 김진배는 국제결혼 자녀들을 위해 정부가 일정 부분 할당제를 도입하는 식의 정책적인 지원이 필요하다고 생각한다. 국제결혼가족의 경제적 지위가 낮기 때문에 경쟁적인 한국 교육 시스템 안에서 자녀들이 공부를 잘하기는 어렵다고 생각하기 때문이다. 따라서 정부가 교육격차를 줄이기 위해서 자신들과 같은 처지에 있는 집단을 고려한 정책을 펼쳐 실질적인 혜택이 주어지도록 기대하고 있었다.

[아이를 어떻게 키우고 싶으세요?] 평범하게 크면 좋죠. 커다랗게 된다는 것도 그렇고. 사회에서 편견이나 그런 것만 없다면 평범하게 살아가는 게 좋죠. [사회에 바라는 거 있으세요?] 저희랑 똑같아요. 미국에서 흑인들이나 소수 사람들, 흑인도 그렇잖아요. 대학 가면 장학금도 주고, 흑인들을 일정 비율을 대학에서 받아주든지, 그런 개념이 있으면 훨씬 낫죠. 그럴 수밖에 없는 것이 다문화 가정들이 경제적으로 작다 보니까, 같이 경쟁하다 보면 서울대학교에 몇 명이나 들어가겠어요? 서울대학교에 몇 명이라도 들어가야지, 나중에 뭐 그래도 정책할 때 낫지 않을까 싶죠. <부부, 마-2, 김진배>

한편 초국가적 네트워크를 활용하여 자녀를 유학을 보냈거나 이를 계획하고 있는 사례들이 있었다. 초국가적 가족자원을 활용하는 것은 결혼이주가족의 계급적 배경에 따라 달라진다. 결혼이주가족들은 초국가적 가족 네트워크를 가진 이점을 활용해서 자녀들이 양 국가를 오가며 생활하면 좋겠다고 생각하지만, 이를 실천하는 방식은 다양했다. 라영, 우영, 소망, 진실, 초록, 수정, 혜수 등은 자녀들을 베트남에서 교육받기보다는 한국에서 배우기를 희망하였다. 한국에서 초등학교는 무상이지만 베트남은 비용이 많이 들어가고, 베트남보다 한국의 교육이 앞서 있다고 생각하기 때문이다. 즉, 한국이라는 사회적 공간을 선택하는 것도 가족전략의 차원에서 읽혀지는 지점이다.

> 베트남 가면 애들 베트남어 배워야 되고, 힘들어요. 한국을 더 좋아할 것 같아요. 한국이 베트남보다 좋은 나라잖아요. 기술도 많이 배우고, 교육도 많이 주잖아요. 베트남 가면 애들 공부할려면 힘들잖아요. 한국 아이들보다, 그래서 한국에서 계속 살고 싶어요. <개별, A9, 진실>

소영과 태영, 소정의 경우는 초국가적 네트워크를 활용하여 자녀를 베트남이나 필리핀에 유학을 보낼 생각이다. 신문기자인 남편을 베트남에서 만나 결혼하게 된 소영은 자녀들을 베트남 친정에 보내서 초등학교에 다니게 하고 있었고,[70] 태영은 앞으로 자녀들의 유학을 계획하고 있다. 초국가적 네트워크는 자녀교육에 있어 새로운 가능성을 열어주고 있는데, 이를 자원으로 활용하는가의 여부는 가족이 처한 사회경제적 조건, 삶의 전망 등의 측면에서 차이를 가져온다.

> 애들을 베트남에 데려가서 공부시키는 것도 많이 생각해요. 왜냐면

---

70) 소영은 인터뷰 당시 아이들이 취학 전이었지만, 최근 소식을 접한 결과 아이 셋을 베트남에 보내 교육하고 있었다.

베트남어 잘하면, 베트남어하고 영어만 잘하면, 한국에 다시 와서 한국말은 저절로 알아듣기 때문에 아마도 더 좋은 조건이라고 생각해요. 특히 또 요즘에 베트남에서 한국에 오는 일 많잖아요. 결혼도 있고, 일 때문에 한국에 오는 경우도 많구요. 한국 사람 베트남에 가서 투자하는 사람 많아요. 그렇게 되면 엄마 모국어 배워도 나쁘다고 생각 안 해요. 구체적으로 배우면 좋다고 생각해요. <개별, A15, 소영>

태영은 필리핀에서 이중 국적을 받을 수 있기 때문에 아이를 필리핀에 가서 출산하였다. 둘째 시누가 자녀 두 명의 사교육비로 삼백만 원씩 지출하는 것을 보고, 한국에서 자녀를 교육시켜 성공하기는 힘들 것으로 생각한다. 이러한 이유로 태영은 자녀를 필리핀으로 보내거나 미국으로 대학을 보낼 계획을 세운다. 이러한 계획을 세울 수 있는 것은 필리핀 친정이 자신을 도와줄 수 있는 사회적 자원을 가지고 있다는 점과 '영어'라는 언어 자원이 큰 몫을 차지한다.

한국 국적 받으려면 필리핀 국적 포기해야 하잖아. 그래서 기다렸어요. 생각했어요. 두얼(dual) 있잖아요. 이중 국적. 한국은 안 돼. 그런데 필리핀은 괜찮아요. 그래서 ○○○도 필리핀에서 낳았어요. 여기 초등학교만 나오고 필리핀 다시 보낼 생각이에요. 몰라. (남편)회사 언제까지 다닐지 모르겠어요. 우리 플랜 있잖아요. 10년 후에. [왜 필리핀에 가고 싶어요?] 여기는 학교 배우는 스타일 안 좋아해요. 돈이 비싸요. 대학 졸업하면 여기 일 없어요. 큰 회사는 가기 어려워요. 자리도 없어요. 그래서 우리만 우리 생각에, 필리핀에 가. 우리 아가씨네 (자녀 교육비로) 한 달에 삼백만 원 들어가요. 우리 돈 없어. 여보, 우리는 어떻게 해. ○○○한테 다 주고, 그러면 우리 돈 없잖아. 안 되지. 우리 준비해야지. 괜찮아요. 결혼했어요. 지난번에 오빠가 왔어요. 우리도 가고 싶으면 가. 되돌아가면 친정엄마 가족이 있는 ○○○로 가야지. ○○○는 생각해. 작은 아빠가 마닐라에 있어요. 미래를 잘 저기[설계]해야지. <보조, B-1, 태영>

건축일용직인 김진교는 한국의 교육체계가 베트남보다 앞서가고 있으니 자녀 교육은 한국에서 계획하고 있지만, 나중에 직업을 갖고 생활하는 것은 베트남이 더 유리할 거라고 생각한다. 이는 소영과 태영의 태도와는 반대된다. 김진교는 자신의 경제적 자원이 상대적으로 낮기 때문에 베트남이라는 생활공간을 선택하는 반면, 소영과 태영은 경제적 자원을 높이기 위해 베트남이나 다른 선진국으로 유학을 고려하는 것이다. 이와 같이 볼 때 경제적 자원이 항상 같은 의미로 해석되는 것도 아님을 알 수 있다.

> 내가 경제력이 없다면 아마 애기 데리고 아내가 애기 데리고 베트남에 가지 않을까 이렇게 생각하죠. [선생님이랑 같이요?] 저는 거기 못 살아요. 말이 안 통해서 한국 살아야죠. [아이는요?] 아이는 여기서 어쨌든 신문물을 배워야 하니까 여기서 한 20년, 25년은 학교도 나와야 되겠죠. 활동은 베트남에서 했으면 하는 바램이에요. <부부, 나-2, 김진교>

(3) 결혼이주가족의 삶의 전망

개인의 교육과 직업, 소득수준에 따른 열망의 차이가 계층화와 지위 획득을 설명하는 주요한 예측요인으로서 다루는 연구들이 있다. 포르테스 외(Poretes et al., 1978)는 이주자들의 열망과 지위획득에 대한 논의는 보다 복잡하다고 말한다. 현재의 열망은 미래의 성취를 예측하는 데 중요하지만, 현재의 열망은 또한 과거의 성취 경험에서 주요하게 영향을 받기 때문이다. 즉, 미래의 전망은 이제까지의 삶의 경험과 자신의 능력에 대한 평가들에 기반을 두어 예측되는 것이다. 미래를 낙관적으로 바라보고, 높은 기대수준이 나타나는 것이 곧바로 그러한 결과를 성취할 수 있는 것은 아니다. 여기에서 중요하게 고려되어야 하는 점은 개인의 전망은 자신이 가진 교육수준, 가족배경, 언어능력 등을 토대로 정착국에서의 기회구조에 대한 합리적인 평가를 통해 전망된다는 사실이다.

기대와 열망은 객관적으로 주어진 삶의 조건과 환경 속에서 상승이동의 가능성을 주관적으로 평가한 결과물이라고 할 수 있다. 이는 개개인이 합리적으로 계산하여 산출한 결과물이라기보다는 부르디외(Bourdieu, 1977)가 말하는 아비투스(habitus)의 산물이다. 기대와 열망과 같은 성향들은 "과거 경험의 산물이며, 매 순간 인식과 판단, 그리고 행동의 틀을 형성하는 역할을 담당한다(ibid., 82-83)." 누적된 과거 경험을 통해 체득하여 의식하지 않아도 습관적으로 몸에 밴 형태로 아비투스는 개인의 태도와 행위에 영향을 미친다.

부르디외(Bourdieu, 1977)가 지적한 바와 같이, 개인의 기대와 열망은 계급적 위치와 상황에 따라 다르게 나타난다. 예를 들면, 가난한 가족 환경에서 자란 아이들의 성취동기나 상승 이동에 대한 기대나 열망은 높지 않게 나타나는데, 그 이유는 어린 시절 사회화의 과정에서 부모가 자식의 교육에 신경을 쓰지 못하고, 주변에 본받을 만한 역할 모델을 찾을 수 없고, 학교에서 선생님들이 가난한 학생에게 별로 큰 기대를 하지 않기 때문이다. 즉, 주어진 구조적인 환경 속에서 개개인이 자신에게 주어진 기회를 고려해보고, 자신의 욕망을 조절하는 과정에서 기대와 열망의 수위가 조절된다. 낮은 기대와 열망은 결국 상승이동을 위해 노력하지 않고 스스로 포기하게 만들 수도 있다. 이것이 바로 계급 불평등이나 계급구조가 세대를 통해 재생산되는 사회적 메커니즘의 하나이다.

따라서 결혼이주가족이 미래를 어떻게 전망하는가의 문제는 이제까지의 삶의 경험과 자신의 능력에 대한 평가, 그리고 한국 사회의 기회구조가 결합되어 있는 영역이다. 이러한 전망은 개인의 행위에서 다양성을 설명해주는 요인이면서 동시에 구조적 강제를 드러내는 지표가 될 수 있기 때문이다. 즉, 전망은 구조와 행위를 연결해주는 개념이라 할 수 있다(MacLeod, 1995).[71]

이러한 이유에서 결혼이주여성들은 모두 '이주자'이고, 한국 사회에서 그들의 사회적 위치가 그리 높지는 않지만, 이들의 삶을 이러한 계급적인 요소만으로는 설명할 수 없게 된다. 부부간의 이해와 협력에 바탕을 두고 모험적인 계획을 실행에 옮기는 실천들도 엿보이기 때문이다. 적극적으로 삶을 설계하고 긍정적인 전망을 가지고 있는 이주가족이 있는 반면, 전망이 부재하기도 하다. 이러한 차이에 집중해서 다음 사례를 살펴보자.

건축일용직인 김진교는 "비 오면 우산 쓰고, 추우면 옷 입는" 생활 방식으로, 현재에 충실한 삶의 태도를 가지고 있다. 미래 삶의 전망은 구체적이지 않고, 불투명하다. 지금은 자신이 생활비를 벌 수 있지만, 앞으로 10년, 20년 후 경제적 능력이 없어질 때는 어떻게 살지 막연하다. 현재는 생계유지와 같은 현실적인 문제들에 둘러싸여 있는 시간들이다.

---

71) 맥레오드(MacLeod, 1995)는 부르디외의 아비투스 개념이 계급구조와 개인의 이해관계를 매개하는 문화적 요인으로 다루어지는 측면에서 학문적 업적을 인정하지만, 재생산에서 아비투스의 분석은 교육전망과 객관적 기회 사이의 관계를 지나치게 단순화하고 기계적으로 해석했다는 한계가 있다고 지적한다. 아비투스는 개인의 태도, 신념, 경험으로 구성된 성향체계로 교육전망은 개인의 아비투스 안에서 객관적인 기회구조를 내면화해서 일어나는 것으로 보고, 계급별 자녀들의 학업성취의 차이는 이러한 아비투스에 의해 설명된다. 하지만 맥레오드가 보기에 아비투스의 개념은 교육전망 이외에도 부모의 기대, 동료친구들의 지지, 학교의 성취이데올로기 등의 요소가 포함되는 보다 복잡한 과정으로 구성된다는 것이다.

[살면서 힘들 때가 있었나요?] 없는 것 같아요. 단순하게 사니까. 비 오면 우산 쓰고, 추우면 옷 입고. (웃음) 이렇게 사니까. 걱정이 없겠어요. 다 걱정은 많죠. 뭐가 생기면 걱정이 하나 생기더라구요. 걱정 하나 따른 거 생기면 잊어버려요. <부부, 나-2, 김진교>

아파트 관리실에 근무하는 김진배 역시 노후에 대한 구체적인 계획을 세워두지 않았다. 나이 차이를 염두에 두고 아내가 혼자 남게 될 시간까지 고려를 하고 있지만 저축이나 보험, 연금 등 구체적인 재정계획은 없다. 김진석 역시 페인트일로 불규칙적인 일을 하다 보니 미래를 위해 자신이 할 수 있는 일은 건강해서 일을 할 수 있을 때까지 최대한 많이 버는 것이다.

[노후에 생활은 어떻게 할 생각이세요?] 그니까 그게 걱정이에요. 젊었을 때 맨날 그렇게 생활하다 보니까 모아놓은 것도 없고, 힘들죠. 뭐. (아내가)인제 그런 거 염려돼서 직장도 다니고 그러니까. <부부, 라-2, 김진석>

남성들은 자신의 사회적 위치 속에서 터득한 현실 지향적 생활 방식에서 보면, 미래를 계획하는 일은 불필요한 일로 여기는 경향이 있었다. 한편 이주여성의 경우 대부분은 남편이 일을 못 하게 되면 자신이 돈을 벌어 생계를 유지할 계획을 갖고 있지만 어떤 직업을 갖고, 얼마의 소득을 벌지는 구체적이지 않다. 이러한 미래 전망은 그들이 가진 학력, 교육수준, 한국어 수준, 기혼 등을 고려해서 실제로 고임금의 안정적인 직업을 갖기 어려운 현실적인 제약을 반영한 결과이기도 하다. 앞에서도 살펴보았듯이 대부분의 이주여성이 일하는 곳은 소규모 영세업체이고, 베트남에서 취업한 곳도 이와 마찬가지였다.

이주여성의 경제활동은 공간만 바뀌었을 뿐 일을 해야 되는 가족적 배경과 일할 수 있는 사회경제적 배경은 비슷하다.

> [남편이 나이 드시면 생활 어떻게 해요?] 지금 나, 일 안 해요. 남편이 돈 벌어요. 맛있는 거 사줘요. 나중에 남편이 나이 많이 먹어, 일 못 하면 내가 일 가야지. 내가 일 가고, 남편 맛있게 사줘야지. 제가 진짜 그렇게 생각해요. 어떤 사람은, 남편 일 돈 많이 벌어요. 나중에 남편 일 못 하면 도망가요. 그런 사람 있어요. 제가 안 그래요. 남편, 참 불쌍해. 남편, 애랑 우리 위해 일 많이 해요. 미안하고 감사해요. <부부, 가-1, 가영>

한편 진취의 경우, 학력과 가족배경의 자원이 낮더라도 한국에서 검정고시를 보고, 대학에 입학해서 선생님이 되고자 미래를 설계하고 있었다. 남편의 나이를 고려하면 곧 앞으로 10년 후에는 자신이 가족의 생계를 책임져야 할 상황이 올 수도 있기 때문에 이를 대비해야 한다고 생각하였다. 진취의 경우, 삶의 전망은 적극적인 성 역할 협상으로 이어진다. 진취는 남편에게 자신이 돈을 벌 테니 집에서 살림을 하라고 이야기를 한다. 처음에는 남편이 반대를 했지만 점점 아내의 말에 귀를 기울이는 쪽으로 태도를 바꾼다.[72]

> 남편도 계속 저한테 '아, 걱정이야. 나이가 많아서 당신하고 애기한테 해주는 게 없어서 어떡하지?' 계속 이야기했어요. 걱정만 해서 뭐해요. 그래서 제가 남편한테 "당신 나이 많다고[많아서]좋은 직장 못 잡는다고 하니까, (당신이)애기 키우고, 집안일 하고, 내가 직장 다닐게" 이야기했어요. [남편은 뭐라고 해요?] 처음에는 반대 많

---

72) 진취의 남편은 IMF 이후 실직하고, 여러 회사를 옮겨 다니다가 결혼 당시 택시운전기사로 일하였다. 그러던 중 2011년 교통사고가 난다. 큰 사고는 아니었지만 오래 택시운전을 하는 것은 무리라고 생각해서 최근에 노래방을 열었다. 상가권리금과 보증금을 내기 위해 집을 팔고, 빌라로 전세한 상태다.

이 했는데, 지금도 조금씩 못마땅하다고 하지만, 어느 때는 그냥 이야기 들어요. …… 저는 예전에도 그랬어요. 남편한테 그랬어요. 당신이 집에서 살림해, 내가 돈 벌게. 남편은 이렇게 이야기해요. 직장 생활 힘들고, 한국 사회는 되게 복잡해. 당신도 여자인데 혼자 할 수 있는지 걱정이라고 해서 제가 걱정하지 말라고 했어요. 나는 할 수 있다고, 그동안 당신이 애들이랑 나한테 해주느라 힘들었으니까, 이제 주부생활 한 번 해보라고 했어요. (웃음) <개별, A21, 진취>

진취는 베트남에서 꿈꾸었던 선생님의 꿈을 한국에서 이루고자 한다. 남편은 진취가 검정고시를 준비할 수 있게 학원에 등록해주고, 학원비도 내어준다. 이렇게 남편의 지원을 받아 열심히 공부해서 고등학교 졸업학력 검정시험에 합격한다. 이제 진취는 대학에 진학해서 공부를 마치고, 전문적인 직업을 가질 목표를 세우고 있다. 이러한 진취의 인생 설계는 남편의 적극적인 지지가 있었기에 가능하다. 진취의 삶의 계획과 실천들은 가족전략 차원에서 나왔고, 전통적인 성 역할을 해체하여 재구성하는 것으로 해석된다.

저 베트남에서 공부 못 했기 때문에, 제 꿈이 학교 선생님이잖아요. ……(중략)…… [남편이 먼저 검정고시 학원 보내줬어요?] 네. 그때 남편이 이렇게 이야기하잖아요. 베트남에서 못 하면 한국에서 하면 되지, 그 말할 때 제가 어떻게 해, 지금 한국에서 지금, 나 한국말도 모르고, 또 학교에서도 이렇게 나이 많은 사람 어떻게 받아, 안 받아주지 그랬어요. 그랬더니 남편이 학교 안 다니고 학원 다닐 수 있다, 자기가 학원 알아봐서 보내줬어요. [학교 선생님 되기 위해서 다른 계획 있어요?] 지금 노래방 하고 있지만 (공부) 그만두는 거 아니에요. 남편 지금 직장 안 다니니까 남편 조금 도와주다가, 지금 손님도 제대로 관리해주면, 나중에 남편하고 아르바이트 쓰면 되니까, 지금은 손님 관리하기 위해 제가 하는 거예요. 내년 3월 달에 대학 갈려고 해요. [대학에 원서 냈어요?] 네. 남편이 접수했어요. 대학 나오면 학교 선생님도 할 수 있고, 공부 많이 해야 되는데, 할 수 있는[을]지 모르겠네요. (웃음). <개별, A21, 진취>

4. 친밀성의 위기와 갈등

신분이나 가문에 의한 전통적 결혼 양식에서 개인적인 사랑의 감정, 이끌림, 성적 매력 등 친밀성에 기반을 둔 근대적·낭만적 사랑의 등장은 개인관계의 극적인 변화를 포착한 개념이다(기든스, 2003; 벡·벡 게른샤임, 1995). 한국의 배우자 선택양식에서 전통적 요소와 근대적 요소가 공존하는 동시성의 비동시성(함인희, 2001)이 나타나는 것처럼, 이주결혼이라는 특수성에서도 이러한 모순된 공존이 나타난다. 이들의 결혼은 결혼중개 시스템 속에서 개인의 선택이 제한된다는 점에서 이들에게 낭만적 사랑은 성격이 다른 측면이 있다. 그리고 부부간의 낭만적 사랑, 친밀성보다는 "자녀"를 낳아 가족을 이루고자 하는 가족주의 욕구가 더 크다는 점에서 서구적 근대성과는 다른 측면도 보인다. 하지만 한국 드라마나 소문으로 들어 상상된 한국 남성과의 결혼에는 낭만적 사랑의 각본도 개입한다. 이러한 모순 속에서 이주여성은 전통적 성 역할에 부응하거나 부부애를 자원으로 하여 아내의 지위를 적극적으로 만들어나감으로써 협상력을 높이기도 한다. 다음은 친밀성의 위기를 중심으로 다양한 실천행위들을 살펴보기로 한다.

(1) 젠더 위계와 남성의 행위전략

운전기사인 김진수의 경우 자신과 아내의 의견이 충돌할 때 협상의 무기는 "이혼"이라고 말하는 것이다. 이 말은 이혼이라고 말할 정도로 갈등 상황이 힘들다는 점을 보여주기도 하지만, "이혼"이라는 말은 상대방의 주장을 꺾을 수 있는 전략임을 나타내고 있다. 이주여성 역시 남편이나 시댁 가족의 갈등 상황에서 이혼의 위협은 효과적으로 자신의 뜻을 실현할 수 있는 전략이다(홍기혜, 2000; Freeman, 2005; Nakamatsu, 2003).

> 이게 맞는데, 아니다 하면 "이혼. 베트남 보내야지. 빨리 베트남, 준비!" 해요. 정말 우습기도 하고. 정말 힘들어요. 제 아내가 얼마나 주장이 강한지 몰라요. ……(중략)…… 저도 정말 거친 사람인데, 아내한테는 쥐어 살아요. 이혼, 이혼이 농담이 됐어요. [무엇 때문에 힘들어요?] 사고방식이 틀리죠. 문화가 틀리니까. 벌써 음식이 틀리니까요. 이게 정말 맛있어서 맛있다고 하겠어요. ……(중략)…… 우리 아내는 당장 돈 벌어서 베트남 보내는 거. 그 문제가 제일 커요. 오히려 제가 약관 대출받아서 주고도 싶은데, 명의를 자기 앞으로 할려고 안 한다니까요. 그니까 그게 문제예요, 제일 문제가. <부부, 다-2, 김진수>

이삿짐일을 하는 김진중은 한국 남편들이 으레 그렇듯이 아내에게 무관심해지자 부부싸움을 하게 된다고 생각한다. 이혼을 생각할 정도로 힘든 고비를 겪었지만, 자녀를 낳고 키우는 과정에서 가족에 대한 책임감으로 견디게 되었다. 남편의 입장에서도 부부와 맞추어 사는 일은 힘들고 버거운 일이다.

지금 느껴보니까 처음과 같이 똑같이 관심을 지속적으로 표현해주는 게 관건인 것 같아요. 1, 2달 지나보니까 이제는 한국 스타일이다 이런 자세로 가다가는 변화가 빨리 오죠. 외국인이라는 생각을 안 하고서 그러면 갈등이 빨리 오는 거죠. 저 같은 경우 6개월이 좀 지나서 좀 심했어요. 그 당시 두 번 생각했어요. 두 번 포기할까 그런 생각 했어요. 그 당시가 가장 위험한 시기 같아요. 저 같은 사람도 그런 생각을 하는데 만의 하나, 만약 단순한 사람들이 그런 일을 겪었다 하면 영락없이 막바로 깨질 수밖에 없는 것 같아요. 제가 생각해도 막바로 깨질 수밖에 없는 상황이 올 수밖에 없어요. 그런 상황을 두세 번 느껴봤어요. ……(중략)…… 그 갈등을 이기는 방법이 사람마다 차이가 많을 거예요. 제가 느끼기에도 제가 많이 몰랐고, 많이 안 다녀봤으면 바로 이 자리에서 깨질 것 같다 그런 걸 많이 느꼈어요. 버겁다, 버겁다, 이런 거 있어요. 버겁다, 버겁다, 버겁다. <보조, 부부, B-4, 김진중>

김진중이 생각하기에 외국인 아내가 힘들어하는 부분은 언어에서 오는 의사소통의 어려움이 크다. 서로 다른 문화적 환경과 한국어의 사용이 능숙하지 않기 때문에 농담으로 던지는 말도 진심으로 받아들이거나 오해를 하게 되어서 농담을 해서도 안 된다고 말하였다.

[어떤 부분 때문에 힘든가요?] 외국 여성들은 배우자를 선택하는 데 있어서, 나이에 대해서는 관심이 없어요. 말씀하신 언어 문제, 언어 문제가 2, 3년 지나면 대충 안다고 하지만 실제 그 속뜻을 몰라요. 이런 거 있어요. 우리가 예를 들어서 농담식으로 던지는 것도, 진심으로 그대로 받아들이는…… 3, 4년 지났다고 해서 우리나라 말로 건너뛰는, 은유법이나 비유법을 써서는 절대 안 된다는 거예요. 이 사람들 사고방식으로는 그대로 받아들이기 때문에 한국말을 완전히 습득할 때까지는 곧이곧대로 표현해야 된다고, 우스갯소리라도 장난치는 소리라도 그대로 받아들이는 게 굉장히 강해요. 그게 아주 심각해요. 그래서 언어 문제에 있어서는 늘 조심해야 된다고 생각하고 있어요. 많이 조심해야 돼요. 깊숙한 이해를 못 해요. 그런 개념이 강해요. <보조, 부부, B4, 김진중>

한편 김진중의 아내 혜수는 남편과 부부싸움이 있을 때마다 남편
이 "나가"라고 말하는 것이 기분이 언짢다. 남편은 "돈 줄 테니 다시
되돌아가"라고 말하지만, 혜수는 자녀를 위해서라도 본국으로 돌아
갈 수 없다고 생각한다. 이주여성에게 본국으로 돌아가라는 말은 단
순히 집을 나가라는 차원이 아니다. 이주를 하게 된 맥락을 고려하면,
새로운 삶을 위해 떠나오고, 낯설고 힘든 환경 속에서 참고 견뎌온
삶을 한순간에 되돌려버리는 일이 되기 때문이다. 따라서 그 말의 심
리적 상처는 남성이 상상하는 것보다 훨씬 크게 느껴진다.

> 남편 술 먹고 싸울 때 그런 생각해요. 저는 우리 남편이 고집이 너
> 무 세다고 해요. 저는 고집이 안 센데…… 우리 남편이 고집이 너무
> 세요. 말하면 안 따라줘요. [싸울 때 나가라고 할 때 나가고 싶은
> 거예요?] 진짜 말했는데, 그다음 날 미안하다고 했어요. 진짜 힘들
> 었어요. 한 번 아니라 그때 5번 정도 크게 싸웠어요. 옷 정리해 내
> 일 비행기에 싸줄게. 돈 얼마 필요해. 얼마 줄게 그렇게 말했어요.
> 지금 생각하면 마음 너무 아파. (눈물) [남편과 다툴 때 캄보디아에
> 돌아가고 싶은 생각 있는 거예요?] 저는 싸울 때마다 저는 캄보디
> 아 가라고 하는데, 저는 캄보디아 가기 싫은데, 저는 한국에 살 건
> 데, 그런데 (만약 남편과 이혼하면) 같이 안 살아요. (그리고 한국에
> 있어요) 왜냐면 애기 키워야 하니까. 캄보디아는 돈 못 벌어요. 애
> 기도 못 키워요. 돈 못 벌면 어떻게 애기 키워. 여기 일도 많잖아.
> 조금씩 조금씩 벌면 돈 있으니까. <보조부부, B-3, 혜수>

앞서 김진중이 아내와의 갈등이 언어 문제에서 비롯된다고 말하였
는데, 아내와의 갈등은 외국인 아내가 한국말이 완전하지 않아서 오
해를 하기 때문이 아니라 갈등의 상황에 '나가라'고 말할 수 있는 부
부의 권력 관계에서 갈등이 증폭된다고 할 수 있다. 남편은 자기 집
에 아내가 들어왔으니, '나가라'고 말할 수 있는 것이고, 아내의 입장

에서는 '나가라'는 말은 본국으로 되돌아가라라는 것이다. 본국에 되돌아가는 일은 더 이상 한국에 미련이나 희망이 남지 않았을 때나 가능한 일이다.

(2) 전통적 가족주의와 낭만적 사랑의 갈등

가. '베트남 가족으로 돌아가기'

보람은 남편의 폭력으로 쉼터에 오게 된 경우이다. 보람은 5남 중 넷째로, 고등학교를 졸업하고 일본의 다국적 기업인 자동차 회사에서 월 18만 원 정도의 임금을 받으며 일하다가 2009년(당시 19세) 남편을 만나 결혼하였고, 현재 임신 4개월째다. 국제결혼을 한 이유는 친정 부모님이 '편하게 살아라'며 이를 권유했기 때문이다. 보람은 당시 결혼에 대한 구체적인 계획이나 정보 없이 개인적인 소개를 통해서 남편을 소개받게 되었다. 남편을 만나기 전에 두 번 맞선을 보았는데 마음에 들지 않았고, 남편은 다리가 불편했지만 "잘생겨서" 결혼하게 되었다. 남편은 20년 전 산업재해로 인해 회사를 그만두고, 어머니와 함께 연금으로 생활하고 있다.

보람과 남편이 싸우게 되는 이유는 시어머니와의 관계에서 비롯된다. 결혼 전에 시어머니를 모시고 산다는 것을 알지 못했고, 만약 결혼 전에 이 사실을 알았더라면 남편하고 결혼을 안 했을 것이라고 하였다. 남편에게 시어머니 모시는 일로 힘들다고 하면, 어머니가 원하는 대로 해주라는 식으로 말하고 보람이 힘들어하는 걸 개의치 않는다.

[무슨 일로 싸우시게 됐어요?] 시어머니 때문에요. 시어머니 목욕 안 시켜 드린다구요. 남편이 집에 있는데, 남편 안 하고 나보고 하라고 해요. 그래서 싸운 거예요. 시어머님은 어떻게 설명을…… 술 드세요. 하루 종일 집에 있으니까 낮잠을 많이 자요. 약도 드시고, 그래도 못 자요. 못 자면 술 자주 먹어요. 시어머니가 내 몸을 밀어서 내가 가방위에 넘어졌어요. 넘어져서 나(는) 울었어요. ……(중략)…… [어머니랑 같이 살면서 힘들었겠어요.] 어머니가 좀 밖에 나가고, 다른 사람들도 만나고 (하면 좋은데). 어머니는 계속 집에서 자요. 아침 먹고 점심 먹고 자요. 그게 어머니 생활이에요. 그래서 남편한테 물어봤어요. "나 사랑해요?" 남편이 사랑하고, 평생 같이 한다고 했어요. <개별, A2, 보람>

이제까지 살아오면서 몇 번의 크고 작은 다툼들이 있었지만, 이번에는 남편이 보람을 일방적으로 내쫓아서 집을 나오게 되었다. 나가지 않겠다는 보람의 말에 남편은 "네 집이 아니다"라고 말한다. 보람의 남편은 앞서 혜수의 남편 김진중이나 아름의 남편처럼 아내를 집밖으로 내쫓을 수 있다.

[남편과 힘들었던 점이 있었어요?] 있어요. 왜냐면 제가 성격이 강해요. 그래서 남편이 맨날 이야기해요. 같이 사는 사람 힘들다고 했어요. 남편이 왜 그런 말을 하는지 나도 모르겠어요. [많이 싸웠어요?] 네. 많이 싸웠고, (저는) 방에 있고, 남편이 이렇게 이야기했어요. 안 싸우면 안 행복해요라고(요). [남편이 때리기도 했어요?] 했어요. 지난번 왜 그랬을까. 부드럽게 이야기 안 돼요. 나도 소리도 컸어요. ……(중략)…… 지지난주 목요일, 남편하고 싸워서, 남편이 나보고 집에서 나가라고 했어요. 그런데 "왜 나 밖에 나가라고 해요. 당신 나가고 싶으면 나가요." 그랬어요. 남편이 니 집 아니라고 했어요. 나(는) 안 나갔어요. 그런데 남편이 밖으로 내보내고, 나(는) 밖에 나와서 경찰서에 왔어요. [이번이 처음 싸우신 거예요?] 그동안에 몇 번 있었는데, 괜찮아요. 그런데 이번에 남편이 많이 때렸어요. 그리고 밖에 현관문 잠갔어요. 집에 못 왔어요. 아, 잠잘 때 밖에 있었어요. <개별, A2, 보람>

보람은 남편과 갈등 상황에서 베트남에 가고 싶고, 친정 가족에게서 위안을 얻고자 한다. 한국에 베트남 친구나 친척 등 사적 네트워크가 없기 때문에 이런 고립감과 외로움은 더 크다. 그런데 보람의 남편은 보람이 베트남에 가면 안 돌아올까 봐 베트남에 보내주지 않는다.

> 여기 오면 나는 남편밖에 없잖아요. 남편만 믿고 살아요. 남편 나 싫으면 나 안 데리러 와도 돼요. [좋았을 때는 언제였어요?] 나한테 다 잘해줬을 때요. 베트남 음식을 먹고 싶으면 그거 사줘요. 어디 가고 싶어, 갈 수도 있어요. 다 할 수 있어요. 진짜 남편 다 잘해줬어요. 그때는 행복하고, 잘살 것 같았어요. 그런데 지금은 아니에요. 제 남편 화가 나면 말을 못 해요. 나(한테) 말하지 마, 저리 가 해요. 지금은 베트남 가고 싶어요. 그거만 안 돼요. ……(중략)…… 시어머니 때문에 나하고 시어머니하고 싸우면 나도 잘못했던 거 있거나 그럴 거예요. (그런데) 가만히 생각해보면[생각해봐도] 뭐가 잘못했는지 잘 몰라요. 시어머니 안 잘해주고, 아니면 남편 안 잘해주고, 무엇 때문인지 (잘 몰라요). 저도 시어머니한테 안 해 하고 말해요. 남편이 시어머니 잘 안 모신다고 해요. 그런데 어떻게 해야 하는지 잘 몰라요. 할 수 있는 것도 있고, 할 수 없는 것도 있어요. <개별, A2, 보람>

보람은 자신에게 기대된 전통적인 성 역할 영역인 시부모 부양을 소홀히 하자 남편과 갈등이 생기고, 남편은 아내를 내쫓는 방식으로 대응을 한다. 보람이 남편과 같이 살 건지 헤어질 것인지의 기준은 남편의 권위적인 태도가 바뀔지의 여부가 아니라, 베트남에 보내줄 건지의 여부에 달렸다. 자신을 대하는 남편의 태도가 일방적이고, 시부모를 모시고 사는 것을 당연시하고, 폭력을 사용하여 아내를 순종시키려는 가부장적 태도를 보인다는 점을 문제 삼기보다는 시어머니를 모시고 사는 것에서 갈등이 발생한다고 본다. 또한 보람이 남편과의 친밀성의 위기에서 오는 외로움을 남편과 직접 해결하려고 노력하지 않고, 본국의 가족으로 돌아가는 방식으로 문제를 해결한다는 점에서 소극적인 태도를 보인다.

> 만약에 남편이 나 베트남 한 번 보내주면 나 남편이랑 같이 살아요. 그런데 남편이 베트남 안 보내줘요. [꼭 베트남 가고 싶어요?] 네. 너무너무 보고 싶어요. 오늘 아침 빨래할 때 울어요. 부모님 보고 싶어요. [남편이랑 어떻게 될 것 같아요?] 마음이[에] 애기(가) 엄마 있고, 아빠 있고. 만약에 우리(가) 헤어지면 아마 (부모 중) 하나만 있고, 아니면 아빠만 하나 있고, 그거 조금…… 음…… 나(는) 애기 옆에 있으면 좋겠어요. (그런데) 나[내가]옆에 있으면 애기 힘들어요. 아빠(는) 돈 있고, 학교도 보내주고. (그러나) 나는 할 수 없을 것 같아요. 앞으로 우리 헤어지면 남편한테 애기 줘요. 나는 다시 베트남 가요. ……(중략)…… 나 다시 베트남 갈 수 있으면, 안 결혼해요. 결혼 무서워요. 또 여기 한국 사람과 다시 결혼하면 또 거짓말하면 할 수 없잖아요. 나(는) 지금 후회해요. 잘못 선택한 것 같아요. 음…… 한국 사람하고 결혼한 거. [차라리 베트남 사람과 결혼했으면 하고 후회하세요?] 베트남 사람과 결혼 생각 없어요. 그냥 혼자 살아요. [베트남 가면 어떻게 살 것 같아요?] 직장도 다니고, 내 생활 편안하게…… [앞으로 어떻게 될 것 같아요?] 나 미래 하나도 모르겠어요. [선택을 한다면요?] 나(는) 남편하고 애기하고 같이 살 수 있으면 그거 좋겠어요. 그런데 남편(은) 시어머니 죽을 때까지 (잘 모시라고 해요). 그런데 힘들 것 같아요. <개별, A2, 보람>

보람은 근대 핵가족의 가족구성을 중요하게 생각하지만, 남편과의 평등한 부부관계에 대한 인식은 낮은 것으로 보인다. 남편이 보이는 전통적인 가부장적 권력이 잘못된 것이라고 생각하거나, 남편의 이러한 태도가 사랑에 기반을 둔 부부관계를 위태롭게 하는 요소라고 생각하지 않는다. 보람의 행동은 남편의 가부장적 권력에 맞서 협상할 자원이 그리 많지 않기 때문으로도 보인다. 수지(Soucy, 2001)는 베트남 젊은 여성들이 과거의 삼종지도와 같은 유교 가부장제에 의한 여성의 종속은 사라지고 있지만, 낭만적 사랑이라는 이름으로 새로운 형태의 여성의 종속이 강화되고 있다고 지적한다. 이제는 더 은밀하게 사랑이라는 이름으로 남성에게 종속된다는 것이다. 보람도 역시 근대적 가족관계에서 부부의 사랑을 중요하게 생각하지만, 사랑이라는 이름 속에 숨은 가부장적인 성격은 보지 못하는 한계를 지니고 있다.

나. '같이 살지만 따로 살기'

초록은 고등학교를 졸업하고, 집에서 집안일을 돕다가 2001년, 당시 스무 살에 남편(결혼 당시 44세)을 만나 결혼하여 한국에 온 지 11년째다. 초록은 "어차피 한 번 결혼하는 거" 부모님 도와드리고 싶은 마음에 국제결혼을 하게 되었는데 한국에 와서 일주일 만에 남편과 갈등이 발생한다. 남편은 아내보다 친구들과 어울려 노는 것을 중요하게 여기고, 부인을 배려해주지 않는다.

> 처음 와서 한국말 모르잖아요. 문화도 틀려요. 베트남 문화하고 한국 문화 틀리니까 문제 많아요. 말도 안 통하니까 어디 힘들어하는지 (몰라요). 베트남 사람이면, 힘들어하면 같이 이야기하면 되잖아요. (남편과) 말도 안 통하고, 짜증나고, 뭐라고 하면 말 안 되니까 울어 밖에[울 수밖에]없죠. 울어 하면[울면] (남편이) 성질내고 화내고. 처음 왔을 때부터 남편이 돕지 않아요. 한국 온 지 일주일 만에 싸우기 시작했어요. ⋯⋯(중략)⋯⋯ 남편은 59년생이니까 나이도 많고, 생각이 틀리고 문제도 있어요. 세, 네 살 차이도[면]되는데[괜찮은데], 20살 넘으니까 생각이 틀려요. ⋯⋯(중략)⋯⋯ [남편 직업은 결혼 전에 알았어요?] 몰라요. 물어봐도 소개하는 사람도 대충대충 이야기하는 거죠. 정확하지 않고. 만약에 토마토 장사하는 사람이

[에게] "지금 뭐해요?" 하면 "과일 장사" 하는데, 그런데 우리나라에선 좋은 사람이에요. 아, 아마도 좋구나 하는데, 여긴 그런 거 아니잖아요. <개별, A10, 초록>

결혼 초기부터 남편은 생활비를 갖다 주지 않았다. 그래서 초록은 딸이 24개월이 지나자 어린이집에 보내고, 부품조립 일을 하는 공장에 취직해서 지금까지 생계를 유지하고 있다. 한 달에 80만 원에서 110만 원 정도 버는데, 주로 생활비로 지출되고, 가끔 베트남 친정에 돈을 송금하기도 한다. 남편이 버는 돈은 남편이 알아서 쓰고, 초록이 버는 돈으로 딸 양육비와 생활비를 지출한다. 초록이 남편과 살아가는 방식은 '같이 살지만 따로 살기'이다. 같은 집에 살지만 서로 보살펴주는 것은 없다. 이렇게 남편과 갈등의 골이 깊어진 데는 나이 차이에서 비롯된 것으로 생각한다.

[남편 수입은 얼마예요?] 잘 몰라요. 한국 온 처음부터 그랬어요. 아마 자기 생각에 제가 한국말 안 통하니까, 아마 생활 안 돼 하는지 모르는데, 뭐, 생활비도 안 주고, 자기 돈 얼마라 이야기도 안 해요. [그럼 어떻게 생활하세요?] 집에 돈이 있으면 쓰고, 없으면 말고. 그때 한국 와서 바로 임신하니까 직장 못 다녀요. 애기 낳고 24개월 돼서 회사 나갔어요. 제가 벌어(서) 뭐가 먹고 싶으면 사고, 집에 뭐 없으면 사고 (그렇게 생활했어요). ……(중략)…… [남편하고 어디에서 가장 차이가 나요?] 자기가[남편이] (나이) 많으면 제가 스무 살 때하고, 자기가[남편이] 45살이니까, 자기가 45살이면 자기가 나이 많은 거죠. 제가 스무 살이면 어떻게 45살처럼 생각하냐고, (남편은) 노인처럼 하면, (나는) 애기처럼…… [결혼 전에 나이 알았나요?] 결혼 전에 자기 나이 솔직하게 말 안 했어요. 그리고 그때 제가 생각 없어요. 나이 상관없으니까. 그런데 살아보면 문제 있어요. 우리나라 남편 나이 많으면 남편이 잘해줘요. 그런 것 생각하면 남편 나이 많으면 잘해주겠지(생각했어요), 그런데 같이 살으니까 (아니에요). <개별, A10, 초록>

초록은 남편과 갈등으로 이혼을 신청했다가 남편이 잘못을 빌어서 취소하고 지금까지 살고 있는데, 남편과의 이혼 문제는 국적 신청에도 걸림돌이 된다.[73] 국적을 먼저 신청한 후 이혼 소송을 냈는데, 이혼 소송을 하면서 자동적으로 국적 신청은 취소가 되었다. 그래서 국적을 얻고자 한다면 다시 국적 신청을 해야 되는 상황이다. 그런데 처음 국적 신청할 때는 남편이 와서 신청을 해주었지만, 지금은 남편과 사이가 좋지 않기 때문에 남편이 해주지 않는다. 남편이 도와주지 않는 한 국적 신청이 어렵기 때문에 지금은 국적 신청을 포기한 상태다. 따라서 초록은 한국 생활한 지 십여 년 시간이 지났고, 초등학생 자녀를 둔 어머니이지만 여태껏 국적이 없다.

> [국적 취득을 하실 생각이세요?] 지금 이혼 아니면 남편이랑 같이 (국적)신청해야 하는데, 남편이 국적(신청) 아니더라도, 영주 신청(을) 해줄 수 있는데, 남편이 안 해주니까, 처음에 국적 생각 있었는데, 요즘 마음 없어요. 여기 살아 되면[사는 것이 가능하면]살고, 안 되면 할 수 없죠. 처음에만 좀 가주면 되는데, 남편이 계속 안 해주니까 (못했어요). <개별, A10, 초록>

초록의 남편이 국적 신청을 안 해주는 이유는 초록이 국적을 얻게 되면 도망갈 것이라고 생각하기 때문이다. 남편이 아내를 붙들고 있을 수 있는 이유는 국적 취득에 남편의 동의가 필요하다는 점 때문이다. 남편은 자주 언어폭력을 사용하는데, 처음에는 무심코 흘려들었지만 점점 무섭다는 생각이 들어 불안한 생활을 보내고 있다.

---

73) "지난해(2010) 우리나라의 국제결혼은 3만 4,235건으로, 2000년 1만 1,605건에 비해 2.95배 증가했다. 국제이혼 역시 늘어났다. 통계청이 공식 집계를 시작한 2004년 3,300건이던 국제이혼은 지난해 1만 1,245건으로 3.41배 늘어났다. 지난 7년 동안 1만 8,715명의 한국 여성이 외국인 남편과 갈라섰고, 외국인 아내와 결별한 한국 남성은 3만 7,755명으로 집계됐다(국민일보, 2011. 5. 21일자 참고)."

[남편은 국적 신청을 왜 안 해 주실까요?] 아마 제가 국적 가지고 도망가, 그런 거죠. (웃음) 남편은 자기 죽을 때까지 이혼 안 해요. 안 해 줘요. 그런데 사람은 제대로 살아야죠. 살아도[잘사는 것도] 아니고, 이혼도 안 해주고, 계속 싸우고, 또 경찰서도 가고, 법원도 가고, 싸움 맨날 하니까 동네도 창피해요. 이혼도 안 해주고, 국적도 안 해줘요. 그래 살면 좋으면[좋을 땐] 괜찮고, 안 좋으면 잔소리도 하고, 또 죽여준다는 소리도 많이 해요. 술 안 먹을 때도 그래요. 나한테만 그런 소리 한 거 아니고, 우리 친구 남편이 여기 와서 친구 남편이랑 술 먹고, 나 죽여주고, 자기 죽고, 딸 혼자 살고, 계속 그런 거 이야기하고, 그래서 그 친구 남편이 무서우니까 저한테 이야기했어요. 조심하라고…… 그래서 집(에서) 잠자면 문 항상 잠가요. …… 며칠 전에 베트남 여자 죽었잖아요. 요즘 그런 사람 많아요. 자기 와이프 죽여주고, 자기 자살하고, 그런 소식 무서워요. 남편 다른 사람 보면 착한 사람이구나 생각하는데, 같이 살면 아니에요. <개별, A10, 초록>

초록은 앞으로 남편과 어떻게 할지 모른다. 당분간 애가 클 때까지 돈을 벌어야 하기 때문에 한국에서 일을 할 생각이지만, 때로는 이혼하고 베트남에 돌아가는 것도 생각해보기도 한다. 하지만 이혼하고 베트남에 돌아가는 일은 부모님께 걱정을 끼치고, 주변 사람들의 부정적인 평가가 두렵다. 베트남에 가서도 일자리를 구하고, 돈 버는 일도 쉽지 않다는 여러 가지 상황을 고려하면 베트남에 돌아가는 것보다 한국에 남아서 생활하는 것이 더 좋을 것으로 여긴다. 앞서 노영의 사례에서처럼 "이중의 준거틀"이 작동하는 것이다. 남편과 같이 사는게 더 힘들어지면, 그때 따로 집을 나가서 사는 것도 생각 중이다.

앞으로 당분간 돈 벌고 싶고, 만약에 남편이 계속 (폭력)하면 애가 조금 크면 뭐 어떻게, 애기 엄마 따로 살든지, 아빠 따로 살든지 그런 거 생각해요. [애가 어느 정도 클 때까지요?] 잘 모르겠어요. 애는 혼자 생활 못 해요. 지금 같이 살아도 위험해요. [베트남에 가서 살 생각 있어요?] 그런 계획 없어요. 여기(서) 돈 벌고 애랑 같이 살면 좋겠어요. ……(중략)…… 처음에 제가 남편이랑 싸우면 (친정)엄마가 제가 잘못했다고 생각했어요. 그런데 엄마 막상 여기 와 보니까, 눈물이 나는 거죠. "우리 딸 이렇게 고생 많구나", 무거운 마음으로 베트남 가는 거죠. 엄마가 그때 제가 이혼한다고 할 때, "너 만약에 한국에 살면 살고, 못 살면 베트남 돌아와라" 했어요. 그래서 제가 베트남 가면 엄마 걱정하니까, 그래서 제가 베트남 가서 엄마(랑) 같이 살아 생각 없어요. [걱정하실까 봐서요?] 네. 왜냐면 제가 한국에 오래 살았고, 어차피 결혼했잖아요. 지금 만약 베트남 가서 무슨 일할 건지, 어떻게 돈 벌어 살아 하든지[살지], 지금 결혼한 사람, 이혼해가지고 거기 가서, 좀 그래요. 결혼하면[해서]잘 살면 좋잖아요. 이혼(하고) 돌아와, 뭐라고 생각할지…… <개별, A10, 초록>

초록의 한 가지 기대는 돈을 모아서 따로 살 집을 구하는 일이다. 이혼하게 되면 딸의 양육권이나 딸의 미래가 더 나빠질 수도 있기 때문에, 이혼을 하지 않고 딸이 클 때까지 돈을 벌면서 생활을 하는 것이 낫겠다고 생각한다. 한편 초록의 남편은 전통적인 생계부양자의 역할은 하지 않으면서도, 배우자의 국적 신청에 보증을 서주는 한국 남성이라는 사회적 지위로 인해 초록을 붙잡고 있다. 이주여성은 남편의 동의 없이는 국적 취득이 어렵고, 체류 기간이 오래되어도 언제까지나 외국인으로 남게 된다.

한편 초록은 남편과의 갈등의 원인이 남편과의 나이 차이에서 오는 세대 차이로 인식하고 있다. 남편이 폭력적이고 가부장적이면서 가족생활을 방치하는 무책임한 태도는 남성이 가진 가부장적 권력에서 기인한다는 인식에는 도달하지 못하고 있는 것이다. 비록 초록이 취업해서 돈을 벌고 있지만, 언제 그만두게 될지 모르고, 월급 또한 저축을 할 수 없을 만큼 적은 돈이다. 따라서 초록이 가진 경제력은 현실적인 권력자원으로 전환하지 못한다. 초록은 자신이 처한 현실적 조건을 감안하면, 이혼해서 집을 얻고, 양육권을 가진다는 확신이 없기 때문에 "각자 따로"의 전략으로 삶을 실천하고 있다고 할 수 있다.

다. 불가능한 결혼과 '끊어내기'

진주는 고등학교를 졸업하고 집에서 집안일을 돕다가 이웃 사람들이 외국 남성과 결혼해서 잘사는 모습을 보고 결혼하기로 마음먹었다. 2007년(결혼 당시 26세) 공무원인 남편을 만나 한국에 와서 곧 임신을 하게 되었는데 임신이 잘못되어 유산이 되었다. 남편은 이를 빌미로 이혼을 요구하여 결혼 생활 2년여 만에 첫 남편에게 이혼을 당한다. 이혼 후 진주는 이혼한 사실은 베트남 가족에게는 알리지 않고, 한국에 미등록 상태로 지내면서 돈을 벌기로 한다. 그래서 서울에서 일하고 있는 친척 오빠의 소개로 옷 공장에 취직한다. 그러던 중, 교회에서 아는 한국인의 소개로 현재의 남편을 소개받았다. 결혼 당시 시골에서 조용하게 가정을 이루고 살면 좋겠다는 생각에서 농촌 총각인 남편과 재혼을 결심하였다. 남편은 다리가 불편하다는 것은 알고 있었지만, 결혼 후 생활하는 과정에서 남편이 정신적으로 문제가 있다는 사실을 알게 된다.

진주가 이혼을 한 후, 1년도 채 안 되어 재혼을 결심한 가장 큰 이유는 외로움이었다. 첫 결혼이 실패하고 나니 남편의 직업이나 도시에 사는 것은 중요한 것 같지 않고, 부부간의 정서적 애정이 중요하다고 생각했다. 하지만 남편은 정신지체를 앓고 있어 부부간의 정서적 교류를 나눌 수가 없고, 아내로서 위치를 확인할 수도 없고 가족이란 느낌을 가질 수 없었다. 이렇게 사는 결혼생활은 의미가 없다고 생각해서 현재 이혼을 신청하고 소송 중에 있다.

[남편 인상은 어땠어요?] 처음 만났을 때는 착하고 뭐가 좀 불쌍해 보였어요.[74] 건강하지 않고, 몸이 약해요. [결혼하기로 마음먹은 이유는요?] 결혼하려고 한 이유는 외로움이에요. 결혼하기 전에 혼자 사니까 외롭고, 시골이라도 아기 낳고, 농사짓고 살면 좋겠다고 생각했어요. 첫 번째 결혼 실패하고 두 번째 결혼은 따뜻한 감정 필요하다 싶어 시골에 결혼 생각했지만 생각하고 맞지 않았어요. 남편은 착하지만 건강하지 않고, 머리가 좀…… 장애 4급인데, 정신지체 같아요. 교통사고 났대요. [결혼 전에 남편의 상태 알았어요?] 결혼 전에 소개한 아줌마가 말하기를, 보통(으로) 일할 수 있다고 했어요. 보통이라고 했어요. 눈으로 봐서는 다리를 절었는데, 다리가 불편한 거라고 생각했어요. 지능이 떨어진다는 말은 안 했어요. 남편은 남자로서 아내를 지켜주는 거 없어요. 시어머니가 하라는 대로 해요. <개별, A20, 진주>

가족생활에 정서적 교류가 없는 진주는 시골이라는 삶의 공간이 외부와 단절되어 더 고립감을 느끼고 있었다. 한국어를 배우러 한 달에 2번 읍내에 가는 것 빼놓고는 집에서 농사일을 거들며 생활하는데, 이러한 결혼 생활은 "몸만 있고 마음은 없는" 생활로 느껴진다. 진주는 불안정한 미등록 체류자격을 전환하고, 새로운 삶의 기대로 결혼을 선택했지만, 진주에게 주어진 것은 정신지체 남편을 돌보고, 농사일을 거두는 불합리한 결혼생활이었다.

두 번째 남편하고 결혼 결정이 너무 급했고, 시골에 살으니까 너무 조용하고 심심해서 못 살겠어요. 남편은 아무런 능력이 없어요. 남편은 시어머니하고 시아주버니의 말대로 해요. 남편은 능력이 없어

---

74) 진주와는 인터뷰는 베트남 결혼이주여성이 통역을 해주었는데, 통역이 전문가 수준은 아니었다. 문맥상 "불쌍하다"는 말은 남자들의 남성다움, 자신감 등이 없어 보였다는 말로 해석된다.

요. 능력이 없어서 (같이 살아가기에는) 방법이 없어요. 시댁 식구들이 어떻게 하라고 하면 따르기만 해요. 나는 몸만 있고 마음은 없어요. 미래도 안 보여요. 생활에 재미가 없어요. [심심하다고 했는데 그 말을 자세히 풀어서 이야기해주세요.] 아프고, 짜증나고 살고 싶지 않았어요. 우울했어요. ……(중략)…… 두 번째 결혼은 진짜 후회 많이 했어요. 급하게 결정했어요. 부모님이랑 형제들과 (재혼) 상의했는데, 상황 잘 모르니까 혼자 결정했어요. 두 번째 남편하고 베트남에 갔을 때 사람들이 다른 사람 없냐, 왜 이런 사람하고 결혼했냐고 했어요. <개별, A20, 진주>

시댁 식구의 입장에서는 외국인 며느리가 이혼녀이고, 불법 체류자의 신분이니 아들이 정신적인 문제가 있어도 결혼생활이 가능할 것이라고 생각한 것으로 보인다. 진주가 이혼을 제기하자 시댁 쪽에서는 결혼 비용으로 들어간 돈을 변상해주면 이혼에 합의하겠다고 하지만, 진주에게 그만한 돈이 없다.[75] 이러한 시댁 식구의 태도는 진주와의 결혼이 매매적 성격의 결혼임을 자인하는 셈이고, 이를 계기로 진주는 시댁 식구들이 자신을 어떻게 바라보는지 깨닫게 된다.

[이혼한다고 할 때 시댁의 반응은요?] 집 나오기 전에 시댁 식구들한테 이야기했어요. 시아주버님이 결혼 준비하면서 700만 원 들어갔으니까 700만 원 주면 이혼해주겠다고 했어요. 그래서 이런 이야기 듣고, 일주일 후에 무서워서 집 나왔어요. 시집에서 여권, 외국인등록증을 다 시어머니가 가지고 계시기 때문에 무서워서 집을 나오지 못했어요. 내가 열심히 살면 시집에서 알아줘서 더 잘살 수

---

75) 연구자는 2011년 9월, 진주가 제기한 이혼소송의 2차 조정에 동반하였는데, 남편은 판사의 질문을 이해하지 못할 정도로 지적 장애가 있었고, 남편의 형이 판사가 질문하는 말에 대신 대답하였다. 부모님과 형이 주축이 되어 진주와 결혼시켰고, 결혼 생활을 유지해가는 것도 형이나 부모의 말을 들어서 잠자리도 하고, 부부 생활을 한다. 남편은 아내의 외국인 등록증이나 여권이 어머니가 가지고 있는 것도 모를 정도로 가정생활에 무지하다. 판사는 시댁 쪽에서 내건 합의금 700만 원이 진주가 부담할 여력이 있겠는지 현실적으로 생각해보고, 이런 식으로 가정생활을 유지하는 것이 서로에게 어떤 의미가 있는지 생각해보라고 하고, 양쪽 모두 전문가의 상담을 거친 후 재조정하는 것으로 2차 조정이 마무리되었다.

도 있을 거라 생각했는데 아무도 이해를 해주지 않았어요. 모든 사람이 내가 열심히 사는 것을 알아주면 나도 열심히 살았을 거예요.
<개별, A20, 진주>

결국 이러한 불가능한 결혼이 가능한 배경에는 진주가 "이주자"이면서 "(이혼)여성"이라는 점이다. 진주의 입장에서는 합법적으로 체류할 수 있는 자격을 받길 원했고, 시댁 쪽에서는 불리한 사회적 지위를 가진 진주가 이를 수용할 것이라는 기대들이 서로 맞물려 있다. 한국에서 '여성'이면서 '이주자'의 사회적 위치는 이중의 불평등한 지위를 차지한다. 여성이면서 동시에 이주자인 '여성 이주자'는 인간의 최소한의 인간적 권리도 부여되지 않고 억압받는 위치에 있음을 보여준다.[76]

5. 요약

이상은 결혼이주가족이 초국가적 가족을 형성하고, 가족관계 안에서 일어나는 가족행위를 협상과 가족전략, 그리고 친밀성의 위기 측면에서 살펴보았다. 국제결혼 혹은 초국가적 결혼행위로 인해 형성된 초국가적 가족은 이주여성이 본국과의 관계에서뿐만 아니라 남편과 자녀와의 관계에서도 나타난다. 이주여성의 민족성, 문화, 언어, 초국

---

76) 서울신문 2011. 9. 14일자 사회란을 보면, 정신지체 한국인 여성과 결혼한 파키스탄 남성은 3살짜리 딸이 있지만, 아내를 수시로 구타하고, 현지에 결혼을 하고 있는 상태로 두 집 살림을 하여, 현재 한국 여성이 이혼을 준비하고 있다는 사연이 실려 있다. 파키스탄 남성이 한국인 장애 여성과 결혼한 이유는 국적 취득이 용이하기 때문이다. 위의 기사를 볼 때 한국 정신지체 여성과 파키스탄 남성의 결혼은 '이주자'라는 신분이 성별 위계관계에서 역전될 수 있음을 보여준다.

가적 관계망 등 국가의 경계를 벗어나는 초국가적 가족자원이 가족 관계 속에서 협상되고 활용되는 측면에서 그렇게 볼 수 있다. 이주여성이 남편과 협상할 수 있는 자원은 자녀 출산능력, 젊음, 어머니로서의 존재, 계급적 배경, 언어 능력, 문화, 초국가적 가족자원 등이다. 이주여성은 임신과 출산, 어머니로서 전통적인 성 역할을 수행하지만, 이러한 역할 수행은 협상의 자원으로 확보되고, 가족 내 자신의 위치를 공고히 하는 계기가 된다. 이주여성은 언제든지 부업과 취업으로 경제활동에 뛰어들 자세를 가지고 있었고, 자신의 수입을 자유롭게 처분할 수 있는 권한을 가지고 있지만, 자녀양육과 교육에 대한 여성의 일차적인 책임은 그대로 유지하고 있었다. 한편 가족에서 자신의 위치를 설정해가는 과정에서 베트남 가족과의 거리 두기를 하고, 가족경계를 재설정하는 등 다양한 삶의 모습을 보여주었다. 결국 초국가적 가족관계 속에서 젠더, 계급, 민족의 세 가지 범주는 서로 교차하면서 다양한 삶의 실천들을 만들고, 이를 변형하는 등 가족의 역동성을 만들고 있었다.

친밀성의 위기를 통해 드러내고자 한 점은 친밀성의 기반이 단순히 남녀의 사랑이라는 감정, 성적 이끌림만으로 설명되기보다는 젠더 규범, 사회경제적 자원, 이주자의 신분 등 다양한 요인에 의해서 형성되고, 가족관계 속에서 협상되고 변형되는 것이라는 점이다. 이주여성은 "이주자"와 "여성"이라는 사회적 위치는 이중으로 불리해질 수 있는 사회적 조건 속에 위치하게 된다. 여성이 처하는 사회적 조건은 사회경제적 배경에서부터 이주자를 차별하는 사회적 인식과 관행, 그리고 국가에서 합법적으로 부여하는 남편에 대한 법적 권한까지 다양한 스펙트럼 속에 위치한다. 이러한 사회적 조건을 개선하기 위해

서는 개인적 차원의 노력뿐만 아니라 제도적 차원에서 함께 풀어야
할 과제임을 시사해준다.

04

초국가적 가족 네트
워크와 가족유대

이 장은 결혼이주여성이 본국의 가족과 맺는 초국가주의 현상에 초점을 맞추고 있다. 초국가주의라는 개념은 앞 장의 이론적 논의에서 살펴본 바와 같이 이민자들이 본국과 정착국 사이에서 사회적·정치적·경제적 사회관계를 형성하고 유지하는 것을 의미한다. 이주자들의 초국가적 가족유대(transnational family ties)가 최근의 현상은 아니지만, 이전의 이주와 비교하면 통신과 교통의 발달로 이전 이주자들은 보다 자주, 비용을 덜 들이고, 보다 친밀한 유대를 가진다는 점에서 차이가 있다고 할 수 있다(Levitt et al., 2003).

이 책에서는 초국가적 가족 네트워크 현상을 본국 가족과의 유대와 송금 행위, 연쇄 이주에 한정한다. 그리고 초국가적 가족 네트워크의 도구적 측면이 가족관계에서 갈등으로 작용하는 사례도 함께 살펴보았다. 결혼이주여성이 본국과 유대를 맺고 있는 방식은 일상적인 안부에서부터 정서적 지지, 경제적 도움 등 다양하다. 이주여성이 친정 가족과 맺는 유대는 일방적으로 한국에서 본국으로 흘러가는 형태가 아니다. 오히려 친정 가족으로부터 경제적 지원을 받아 자립을 해나가거나 육아를 지원받아 재취업을 하는 사례가 발견되었다. 그리고 초국가적 네트워크가 항상 유지되는 것은 아니었다. 이런 사례들을 통해 알 수 있는 것은 이주여성에게 친정 가족과의 유대는 생존전략 차원에서 행해지는 행위성의 한 측면이라는 점이다.

1. 초국가적 가족유대

이주여성이 본국 가족과 맺는 유대는 안부 전화나 인터넷 화상통화, 상호 방문, 자녀를 본국으로 보내기, 땅이나 집을 사는 투자행위, 송금 행위 등 정서적·문화적·경제적 차원에 걸쳐 다양하게 나타났다. 전화는 주로 저렴한 전화카드나 인터넷을 이용하고 있었고, 매일 하는 경우(주영)에서부터 일주일에 3, 4회 정도(수영) 통화를 하거나, 한국 생활이 길어질수록 연락이 뜸해지는 경우(라영)가 있었다. 수영의 말처럼 전화를 걸어 쉽게 안부를 묻고 통화할 수 있다는 점은 "멀리 떨어져 있지만 가깝게" 느껴지고, 외롭거나 혼자일 때 정서적 위안을 얻는 것으로 나타난다.

안부 전화 이외에도 상호 방문, 송금, 친정엄마의 산후조리, 부모님이나 형제를 초청해서 일자리를 제공하는 등 다양한 형태의 유대관계를 맺고 있었다. 초국가적 네트워크 유대 유형은 그릭 쉴러 외(Glick-Schiller et al., 1992)와 바쉬 외(Basch et al., 1994) 등이 논의한 초국가주의 개념과는 달리, 네트워크를 단절하고 살아가는 유형도 발견되었다. 다음은 가족 네트워크와 유대의 단절 유형과 적극적인 네트워크 유지와 강한 유대 유형을 비교하면서, 가족유대가 이주여성에게 갖는 의미와 가족유대가 유지되는 조건 그리고 유대의 성격 측면 등을 살펴보기로 한다.

(1) '기억 지우기'와 삶의 전략

결혼이주여성이 모두 베트남 본국 가족과 네트워크를 유지하는 것은 아니다. 오랜 시간 동안 연락두절 상태로 지내는 경우도 있다. 이러한 네트워크 단절의 가족유대는 본국 가족을 염려하는 마음에서 비롯되었다. 우영의 사례는 가족 네트워크를 사회적 자원으로 전환하지 않은 대표적인 경우를 보여주는데, 과거의 힘든 삶을 '기억 지우기' 방식으로 잊어버리고 현재에 집중하면서 힘든 생활을 이겨나가고 있었다.

우영은 7남매 중 맏딸로 베트남 남부가 고향으로, 부모님은 농사를 짓는다. 중학교를 졸업한 후 기술도 배우고, 봉제일도 하고, 약국에서 장사도 하는 등 돈벌이가 되는 일이라면 서슴지 않고 일을 하다가 베트남에 가구 공장을 차린 남편을 만나게 되었다. 처음에는 직원으로 일하다가 94년 결혼하게 되었다. 처음에는 그럭저럭 형편이 괜찮았지만, 점차 생활이 어려워져서 베트남 공장을 처분하고, 96년 임신 6개월 상태로 한국에 들어온다. 한국에 와서 경제 사정이 점점 어려워져 밥도 못 먹을 정도로 힘들어졌다.

[그동안 한국 생활을 이야기해주세요.] 너무 오래돼서 어떻게 기억

하는지 모르겠어요. 맨날 세월 흐르는 게…… 제가 다 지워버렸어요. (웃음) 편하게 살고 싶어. 한국 여기 와서부터 연락 끊었어요. 친정엄마가 우리 딸 죽었어(생각했어요.) 점쟁이(한테) 갔어. 우리 딸 죽었어, 살았어(알려고). 어렵게 살기 때문에 힘들어. 힘들고 어려웠기 때문에 잠깐도 쉬지 못하고, 공장 다녔어. 연락 끊고, 엄마가 점쟁이하고 다닐 정도요. <부부, 아-1, 우영>

한국으로 온 후, 남편은 일정한 직장이 없이 하루 벌어 하루 먹고 사는 생활을 하고, 점점 술에 빠져들어 생계를 내팽개친다. 그래서 우영은 애를 업고 식당에 아르바이트를 하고, 공장에서 일을 하면서 생계를 책임진다. 생활에 지친 우영은 어느 날, 무작정 동사무소를 찾아가 "베트남에 돌아갈 비행기 표를 끊을 수 있게" 돈을 빌려달라고 억지를 부리기도 한다. 이런 힘든 생활 속에서 우영은 현실을 살아가는 방식은 힘들고 나쁜 기억, 상처 등을 기억에서 지우고, 적당히 기억할 것만 기억하는 것으로 나타난다.

계속 힘들게 살았어요. (남편은)직장 안 다녀, (나) 혼자만 다녀. 하루 벌어 하루 먹어 살아요. 그거요. 그런데 점점 더 일 없어요. 그래서 혼자 식당 다녀, 공장 다녀. 처음에 애기 업고 식당 알바 가요. 그런데 또, 어느 날[지난날]세월 다 기억 못 해요. [왜요?] 아는 언니들 말이, 모든 건 나쁜 건 다 지워버리래. 기억하지 말래, 인생(이) 안 좋아(져). 좋은 것만 기억하래. 그래(서) 아예 지워 버려요. 기억 안 해요. 처음에 베트남 사람[친구]진짜로 안 만들었어요. 십년 동안 살면서 혼자예요. 베트남 친구도 없고, 혼자예요. 아무도 없어요. 국적도 없구요, 외국인등록증도 없구요. 우리 남편 진짜 답답한 사람이에요. 아무것도 안 해줘요. 십 년 동안 경찰(서)도 가고, 막 싸우고 해도 안 잡아요. "경찰 아저씨, 나 베트남 가(고 싶어요), 빨리 빨리 보내줘." (웃음) 동사무소도 갔어요. "나, 돈 50만 원만 빌려주세요." "없어요" 해요. 창피한 것도 없구요. 너무 힘들어서. 솔직히 나, 50만 원만 빌려주면 우리 아들이랑 비행기 티켓 사고,

베트남 가면 우리 (친정)아버지, 당장 돈 갚아 드릴게. 돈 없으면 땅도 팔고 갚아드릴게. ……(중략)…… 애도 못 버리고, 베트남도 못 가고, 그냥 세월 흐르고, 진짜로 십 년 동안 눈물로 밥 비벼 먹었어요. 매일 울었어요. 아팠어요. 위도 아팠어요. 의사 선생님이, "신경 쓰지 마세요. 있으면 먹고, 없으면 말고, 편히 사세요. 그냥 아무 걱정하지 말고 편히 사세요." 그래서 점점 모든 것, 나쁜 것 다 지워버렸어요. 말도 못해요. 어떻게 말로 다해요. 못해요. 말도 못해요. 내 세월, 진짜로. 다 지워버렸어요. 적당히 기억할 것만, 다른 거 잊어버렸죠. 너무 많으니까. <부부, 아-1, 우영>

우영은 베트남 부모님과 고향이 많이 그립지만 베트남으로 돌아가서 사는 건 경제적으로도 더 어려울 것이라고 생각하고, 한국에서 살아가기로 한다. 우영의 결혼이 처음에는 지위상승처럼 보였고 베트남 부모의 지지를 받았던 터라 경제적으로 어려움을 겪는 현실을 부모님께 알릴 수 없었던 것으로 여겨진다. 우영은 베트남 가족과 연락하게 되면 자신이 힘들게 살아가고 있다는 사실을 알게 될 수도 있다는 생각에서 걱정을 끼치는 않으려고 연락을 두절했을 수도 있고, 그런 생각조차 허영일 수 있을 정도로 숨 가쁘게 살아왔을 수도 있다. 단지 우영의 행위를 통해 알 수 있는 것은, 지난 힘든 세월을 지내온 방식이 '기억 지우기'와 '친족 네트워크를 단절'이라는 점이다.

한편 우영은 한국 와서 교회에 다녔다. 우영은 한국 생활의 어려움을 종교에 의지해서 풀어나간다. 베트남 친정 가족과 네트워크도 단절하고, 한국에서 베트남 친구도 없는 상태에서 종교는 삶의 큰 힘이된다. 교회에서 남편을 만나 재혼하게 되면서, 지금의 생활은 더없이 행복하다고 느낀다.

지금 후회 없어. 이제 그냥 전 남편도 감사해요. 나한테 예쁜 아들,

착한 아들 줘서. 원망 없고, 감사해요. 지금 남편도 감사해요. 전 남
편 원망 다 지워버렸구요, 후회 없고, 하늘나라에서 편히 살으라고.
애가 초등학교 3학년 때 돌아갔어요. 그리고 6학년 때 재혼했어요.
그냥, 내 인생 알 수 없어(요). 끝까지 재혼 안 했어요. 여러 사람 진
짜 많이 만났어요. 소개해주고, 일(하러) 다니고, 여러 사람 많이 만
났고, '나 재혼 안 해. 우리 아들하고 행복하게 살 거야' 했는데, 인
생 알 수 없어(요). ……(중략)…… [교회는 언제부터 다녔어요?] 한국
와서, 힘들 때부터, 교회 다닌 지 10년 넘을까, (그 정도) 됐어요. 힘
든데, 누구랑 대화 없구요, 누구랑 내 마음 알 수 없구요. 말 못하
니까 한국 사람 들어줄 수 없잖아요. 그리고 베트남 동생이나 언니
들, 친구들 없고, 누구랑 대화 없고, 그래서 하나님이랑. 그래서 예
배 다니고, 속상하면 하나님이랑 말하면 돼요. 하나님 모든 말 다
알아듣기 때문에, (한국말) 몰라도 말해요. <부부, 아-1, 우영>

우영이 신혼여행으로 베트남에 다녀오면서 다시 베트남 가족과 연
락을 하고 만나게 된다. 십여 년 만에 처음으로 베트남에 다녀왔는데,
그동안 친정어머니가 돌아가시고, 형제들은 결혼해서 독립하고, 이제
는 아버지가 홀로 남아 계신다. 늙으신 아버지가 혼자 사니 맏딸로서
늘 걱정이 되지만 한국으로 모셔올 능력이 없고 마음만 아프다. 그렇
지만 예전처럼 부모님이 크게 힘들지 않을 것 같아서 부모님을 많이
걱정하지 않아도 된다고 생각한다. "한참 울고 끝나요. 울어도 엄마,
다시 살지 않아." 독백처럼 우영은 주저앉지 않고, 다시 일어선다.

엄마 돌아갔어요. (그런데도 동생들은) 걱정도 마, 누나 혼자 사니
까 힘들게 사니까 엄마 알아서 뭐해. 동생들, 연락도 못 하고, 아무
소식 없기 때문에 누나 힘든가 봐 (생각했어요). 그런데 (내가) 엄마
어디 아파, 많이 아팠지? 물어보니 셋째가 누나, 마음 잘 챙겨 먹고
울지 마라, 하면서 엄마 갔어, 하는 거예요. 그때부터 많이 울었어.
(동생이) 누나 울지 말고, 엄마, 좋은 데 보내줬어. (눈물) 누나, 힘들
지 말고, 밥 잘 먹고, 울지 마래. 건강하래. 잠깐 울고, 한참 동안 울

고 끝나요. 그리고 세월 흘러버려. 아, 엄마 돌아갔구나. 울어도 엄마, 다시 살지 않아. 지금은 아버지, 혼자 계시고, 동생들 다 장가가고, 여동생 시집가고, 먹고살 것 같아요. 그 정도면 많이 힘들지 않을 거예요. 내[나]만 잘 살면 돼. ……(중략)…… 아버지 혼자 계시니 마음 걱정 있어요. 형제들이 다 멀리 살아요. 둘째, 넷째가 좀 가깝게 사는데 아버지 신경 별로 안 쓰고, 아버지 외로워요. (가족 사진첩 보여줌) 엄마 하늘나라로 떠나는데 마지막 가지 못했고, 사랑한다 말 못 했어요. 마음 많이 아파요. 엄마 돌아가시고 베트남에서 사진 왔어요. 아버지 모시고 싶지만 능력 없어요. 모시고 싶었죠. 아버지 모시고 올 능력도 없고, 마음만 아파요. 아버지 항상 그래요. 돈 좀 주라 그런 말 없고, 항상 거기서 애들 잘 키워라 해요. 많이 그리워요. 방법 없잖아. 내가 가서 살 수 없고, 아버지 모셔올 수 없고, 자식 많지만 불쌍해요. 외로워요. 다 멀리 있어요. <부부, 아-1, 우영>

우영은 베트남 가족에게 걱정이나 부담을 주지 않으려고 연락을 단절하고 살았는데, 이제는 동생들이 자립해 나가면서 베트남 가족에 대한 걱정은 덜고, 우영의 삶에만 전념할 수 있다. 이러한 사실로 미루어볼 때 우영이 베트남 친정 가족과 유대를 단절하고 살아가는 방식은 한국에서 혼자 생계를 책임지고 힘들게 살아가는 상황에서, 그리고 베트남 가족을 도와줄 수 없는 맏딸로서의 위치에서 선택한 생존전략임을 보여준다. 즉, 현재를 살아가는 방편으로 초국가적 네트워크의 단절이라는 전략을 선택한 것으로 해석할 수 있다.

마지막으로 우영은 가족 네트워크를 사회적 자원으로 활용하지 않았는데, 이는 가족을 위해서이다. 친족 집단과의 유대를 유지하는 원리가 상호 호혜성이라는 점을 상기하면 우영의 입장에서 자신이 줄게 없다고 판단되었을 때, 유대관계가 끊어지게 됨을 잘 보여준다. 그러나 우영이 늘 가슴속에 부모님을 그리워하는 마음을 갖고 있음을 볼 때, 네트워크의 단절이 곧 정서적 유대의 단절을 의미하지는 않는다. 우영은 친정 가족과의 정서적 유대보다는 자신의 경제적 궁핍으로 인한 현실적 조건이 더 컸다고 할 수 있고, 경제적 조건이 나아지자 가족 네트워크는 재결합되었다.

(2) 적극적 가족 네트워크와 강한 유대

희망의 사례는 우영과는 달리, 적극적인 가족 네트워크를 통해 한국에서 삶의 기반을 다진 경우이다. 희망은 고등학교를 졸업하고 국가에서 학비를 보조하는 전문대학에서 행정학을 전공하고 취직 준비를 하던 중, 베트남에 일하러 온 남편을 만나게 되었다(각주 58 참조). 한국에서 결혼생활은 시댁 식구와 함께 반지하 집에서 시작하였다. 남편은 형과 함께 식당을 개업하였는데 빚을 지고 문을 닫게 되었다. 점점 생활이 어려워졌고, 남편은 그 일을 계기로 술을 먹기 시작하면서 가족관계도 악화되었다.

희망이 둘째 아이를 출산 후, 친정엄마가 산후조리를 해주는데 희망이 어렵게 사는 형편을 보고 친정엄마는 희망에게 목돈을 빌려준다. 희망이 한국에 오기 전에는 친정이 경제적 여력이 없었지만, 정부로부터 토지보상금을 받아 여유가 있던 상황이었다. 친정엄마가 빌려준 돈과 은행 융자 그리고 반지하 보증금을 합쳐 희망은 오피스텔로 이사를 하게 된다.

제가 둘째 낳을 때 친정엄마 오셨어요. 엄마(가) 오셨는데, 반지하
실에서 곰팡이 냄새도 나고, 반지하실에서 십 년 동안 사니까 얼마

나 냄새나게 됐(겠)어요. ……(중략)…… 그래서 저희 보고 이혼하라고 하고, 베트남 가서 살라고 할 수도 없고, 양심이 애들도 아빠 있는데, 그래서 엄마가 돈을 처음에 2천만 원 빌려줬어요. ……(중략)…… 은행 융자 2천 만 원, 엄마한테 2천만 원, 보증금 8백만 원, 아무튼 그렇게 해서 살게 되고, 이사 가야 돼요. <개별, A16, 희망>

그때 마침 남동생 두 명이 한국에 일하러 오게 된다. 한국에서 동생들과 같이 살게 되면서 동생들이 방세를 주기 때문에 그 돈으로 은행 이자를 갚았다. 희망은 자녀들이 커감에 따라 넓은 집이 필요하다고 생각했다. 그래서 오피스텔을 전세로 놓고, 분양받은 아파트로 들어가기로 결정한다. 아파트로 옮기는 데 필요한 돈은 동생들이 한국에서 3년 동안 일하면서 저축한 돈과 은행에서 대출받아서 충당했다. 남편이 실질적으로 생활비를 주지 않는 상황에서 자녀 둘을 혼자 키우고, 아파트에 이사하게 된 것은 지금 생각해도 믿겨지지 않는 일이다.

제가 은행에 가서 상담하니까 4천만 원 빌릴 수 있다고 해요. 4천만 원 빌려 오니까, (지금) 아파트(로) 이사 왔지만 은행 빚이 1억으로 늘어났고, 이자만 40만 원 내야 되는 입장이에요. (그때) 오피스텔 살아도 이자 돈이 20만 원 내야 되고, 지하방에 살아도 20만 원 내야 되고, 또 애들이 크고, 공간이 좁으니까, 또 마침 동생 둘이 오는 거야. 동생들이 10만 원씩 방세 내주니까 그 돈이 그 돈이잖아요. 그래서 아파트 이사 왔어요. 남동생 한국에서 3년 동안 탈 없이 일하면서 돈 벌었어요. 그래서 남동생 돈이[을]몇천만 원 또 빌려오면서, ……(중략)…… 그래서 그 돈으로 아파트 이자 내는 거예요. 제가 생각해도 밑바닥으로 떨어진 상황에서 정말 감사하게, 눈물 많이 흘리고 고통스러웠는데도, 물론 남동생(들) 돈을 갚아야 되는 상황이지만, 복잡한 상황이지만 하나씩 하나씩 해결해나가고(있고), 먹고살아야 하고, 애들 키워야 하고, 그때는 정부 보조도 없이 아이는 한 달에 26만 원씩 유치원비도 냈어요. 얼마나 힘들게 살았는데, 제가 생각해도 제 인생이 엄청 신기해요. <개별, A16, 희망>

희망이 자신의 명의로 오피스텔과 아파트를 소유하게 된 것은 남편이 신용불량자가 되어서 남편 명의로 이름을 올릴 수 없기 때문이었다. 희망이 아파트를 분양받을 수 있게 된 데는 동네 아줌마들이 청약부금에 가입해서 아파트 분양을 받으라고 정보를 알려주어서 가능했다. 마침 부업을 하면서 모아둔 돈이 있어서 계약금을 마련할 수 있었다. 남편은 자주 아파트를 팔자고 말하지만, 희망의 명의로 되어 있기 때문에 남편이 마음대로 처분하지 못하고, 자신과 자녀들이 안정적으로 살 수 있는 터전을 마련하게 되었다.

> 동네 아줌마들이 청약부금 내면 아파트 분양받아서, (나중에) 분양권 팔면 돈이 천만 원이든 오백만 원이든 생기니 전세 올려서 살아라 알려주는 거예요. 그래서 집에서 부업하면서, 한 달에 십만 원(씩) 저축하면서[저축했어요]. 제 생각은 이거 하면서 베트남 갈 때 비행기 표라도 살 수 있겠구나 생각하면서 시작한 거예요. 마침내 분양이 시작하면서 (아파트를) 분양받게 되고, ……(중략)…… 그런데 남편은 신용불량이니까 계약금 100만 원만 내니까 오피스텔이 제 것이 되었어요. 아파트도 그래요. 제가 부업하면서 베트남 갈려고 비행기 표 (살 돈을)저축하는 방향으로, (청약부금 넣고) 제 이름으로 하니까, 자동적으로 제 이름(으로) 하게 되는 거예요. 돈 있는 상황에서 사게 된 것 아니고, (제 이름으로 하게 되니까)그렇게 하니까 다행이지만, 남편은 팔도 싫어도 못 파는 거예요. 안 그러면 부동산에서 (집 팔자고 하죠). 술 먹으면서[먹고]월급도 안 갖다 주면서 집도, 매일같이 집 팔아야 된다고(하고), 제가 정신적으로 힘든 거예요. 얼굴 볼 때마다 집 팔아서 남는 돈 쓰겠다는 거예요.
> <개별, A16, 희망>

희망은 초국가적 가족 네트워크를 유지하면서 동생들이 한국으로 이주하도록 도와주었고, 동생들은 한국에 있는 누나가 있어서 안전하고, 비용이 적게 드는 이주를 하게 되었다. 희망이 친정 가족에게 직접적인 경제적 도움을 주지는 못하지만, 가족을 불러들임으로써 경제적 기회를 제공한 것이다. 즉, 가족 네트워크는 이주의 통로가 되었고, 서로 돕는 관계를 통해 한국 생활을 적극적으로 펼쳐간다.

제가 가족 초청(했어요). (남동생은) 방문비자로 왔어요. 얼마나 가슴 조마조마해서[했는지 몰라요], 동생도 마찬가지고, 떳떳하게 일 못 하잖아요. 3개월만 와서 노는데, 그거 불법인 상태에서 일하고, 저도 겁나고, 동생도 항상 불안한 상태에서 일하면서 누나 위해서 일하는 거지. 지금은 동생이 베트남 갔는데, 그 돈은 돌려줘야 돼요. 오피스텔(를) 팔든, 아파트를 팔든 동생 돈 돌려줘야 되는데, 머리가 복잡해요. 안 돌려줄 수도 없고, 동생도 힘들게 돈 벌었는데, 아무리 누나 위해서 한국에 와서 돈 벌 수 있지만, 본인이 땀 흘려서 일한 돈이고, 동생도 결혼해야 될 입장이니까, 한국 정부에서도, 이런 면을 좀, 저는 (베트남)가족 도와주지 못하고, 누구든 가족 도와줘야 되는 상황이 되는데, 도와주지 못하면서 오히려 도움 받으면서[받았어요], (남동생은) 떳떳하게 돈을 벌지 못하고, (그래서 한국 정부가) 법을 바꿔서(일할 수 있게 해주었으면 해요). 저는 동생이 오니까 마음이 편해요. 왜냐면 일단 저는 동생들 어려우니 (내가)도와줘, 안 해도 되잖아요. 동생도 어려운데, 누나로서 도와주지 못하니까 더 괴롭고 힘들고[힘들었는데], 그런데 동생이 돈(을) 벌 수 있으니까, 이제는 니가 사는 길 알아서 했으니까, 이제는 내 앞 길만 생각하면 된다(고) 생각하면 마음이 얼마나 편한지 몰라요.
<개별, A16, 희망>

희망은 베트남 친정이 내 일처럼 도와줄 마음이 있었기에 자신에게 도움을 주었다고 생각한다. 반면, 시댁은 시어머니에게 용돈을 드려야 되는 상황으로 희망을 도와줄 경제적 형편이 안 된다. 이런 시댁과의 관계는 남편과의 관계처럼 소원해졌다. 희망은 시댁과 친정의 차이를 한국 사람과 베트남 사람이라는 문화적 차이로 인식하고, "정이 깊이 있는" 베트남 사람과 그렇지 못한 한국 사람으로 해석한다.

이와 같이 자신의 정체성을 정의하는 방식을 통해 자신을 긍정하고, 현실을 살아가는 전략으로 활용한다.

> [친정에서 도움을 많이 받으셨네요?] 오히려 저희 엄마도 저를 도와주지만, 남동생들이 여기 와서 일할 수 있는 기회도[를 통해](도움을 받았어요), 어쨌든 서로 돕고 사니까, 어떻게 아이들이 있는데 (친정엄마가) 이혼하라 할 수도 없고, 그냥 죽겠든[죽든]살든 남 보듯 할 수 없고, 그래서 베트남 사람이 정(이) 깊이 있는 게 그거예요. 한국 사람이랑 틀린 게 그거예요. 한국 사람은 그렇게는 아마 힘들 거예요. 하여튼 저는 시댁에서…… 저보고[한테] 잘하는 편도 아니고, 저한테 잘못하는 편도 아니지만, 저 이해해요. 뭐 있어야 도와주잖아요. 있는 것도 없는데, 뭘로 도와주냐(구요), 남편만 얄밉지, 차라리 술 먹지 말고, 그 돈이라도 어머니(에게) 용돈 드리면 저는 두말없는데, 어머니 용돈도 못 주고, 지금도 맨날 어머니 전화하셔서 나 생활비도 없고, 아파 죽어도 약 살 돈도 없다고, 생활비 좀 부쳐주라고 하는데…… 내가 무슨 돈이 있어 돈 드리냐고 해요. <개별, A16, 희망>

희망이 한국 사회에 안정적으로 자리를 잡게 된 배경에는 친정의 도움 이외에도 동네 사람들의 정보와 지원이 컸다. 희망이 2000년부터 어린이집에서 조리사로 일하고 있었는데, 조리사 자격증이 없어 실직의 위기가 오자 야간에 학원에 다니면서 조리사 자격증 시험을 준비하였다. 이 과정에서 옆집 할머니가 밤늦게까지 혼자 있는 아이를 돌봐주기도 하는 등 이웃의 도움을 받았다. 희망에게 지역사회와의 유대와 지지는 한국 생활 정착에 많은 힘이 되었다. 희망 역시 혼자 생계를 책임지고 살아오는 과정에서 힘든 고비들이 많았지만, 오히려 강해지고 혼자 힘으로 삶을 대처하려는 자세를 갖게 되었다. 현재의 안정적인 삶이 기반이 된 것은 친정의 경제적 지원과 유대, 이

웃의 유대와 지지, 그리고 희망의 적극적인 삶의 태도, 신앙심 등이
복합적으로 결합되어 이루어진 것이다.

하루아침에 일어난 일이 아니고, 15년 동안 세월 흐르면서 꿈꾸지
못한 일이 이루어지는 거죠. ……(중략)…… 원래 가톨릭 신자이거든
요. 내게 십자가의 길이 이렇게 정해져 있는가 보다, 정말로 제가
옥상에 올라가서 극단적인 생각을 한 적이 있고, 여러 번 이렇게
인생 마감하는 게 좋은 방법인가, 부모가 힘들게 길러줬는데 이렇
게 막을 내리면 얼마나 가슴 아플 것인가, 애들은 어떻게 할 것인
가…… 이런 생각하면서 신앙심 갖고 생활하면서 (이제까지) 산 것
같아요. 그리고 좀 운이 좋은 거지. ……(중략)…… 하여튼 어려움 속
에서 그냥 계속 뭔가 희망 볼려고, 주변 사람들이 도와주고, 저도
그때그때 잘 견디면서 이날이 온 것 같아요. 저는 주변에 좋은 사
람 많이 만났어요. ……(중략)…… 아이 여섯 살짜리 데리고 (요리학
원에) 다니다가, 아이가 힘드니까 지쳐서 혼자 집에 있겠다는 거예
요. 엄마 입장에서 아이는 혼자 집에 놓고, 밥 못 먹여주고, 혼자
있으니까 (마음에) 걸리는 때도 있고…… 아이 혼자 집에 있으니까
마음이 얼마나 불안한지, 옆집 할머니한테 부탁해서 친손주처럼 돌
봐줬어요. 동네 사람들이 많이 도와주면서 살아온 것 같아요. 조금
씩 조금씩 동네 사람들이 한 말이 힘이 되고, 동네 사람들이 격려
해주고 위로해주면서 살아온 것 같아요. <개별, A16, 희망>

희망이 베트남 가족과 유대를 맺는 방식은 적극적인 상부상조 관
계라 볼 수 있다. 앞서 우영은 베트남 가족과 네트워크 단절이라는
방식으로 현실을 대처하는 반면, 희망은 이웃과의 관계도 적극적으로
맺어가고, 친정 가족과의 유대를 통해 한국에서 안정적으로 생활할
수 있는 기반을 마련하고 있었다. 희망의 사례는 사회적 관계망이라
는 자원이 생존전략으로 활용되고 있음을 보여준다.

2. 베트남 송금의 의미와 갈등

(1) 젠더화된 송금

이주자들의 초국가적 현상이 가장 극명하게 나타나는 것은 이주자들이 그들의 가족이나 본국 사회에 보내는 송금 행위이다. 송금은 모든 형태의 이주자들에게서 나타나는데, 성별이나 체류자격, 체류 형태, 숙련 여부 등과 상관없이 본국에 송금을 한다(Vertovec, 2004). 베트남 결혼이주여성이 송금하는 금액은 매달 50달러에서 100달러 정도로, 연 600달러에서 1,200달러 수준이고, 이는 노동이주여성과 비교해서 거의 비슷한 금액을 송금하는 것으로 나타난다(Belanger et al., 2011; Dang, 2005)

이민자들의 송금에 대한 연구는 다양한 방면으로 연구되고 있다. 송금 행위의 경제적 차원에서, 송금을 받는 본국의 경제에 긍정적인 역할을 한다는 주장과 오히려 경제적 종속이나 불평등을 심화시킨다는 논의가 있다. 전자의 입장에서 테일러(Taylor, 1999)는 송금이 가구에 도움이 될 뿐만 아니라 국가 경제에도 투자를 촉진하면서 도움이 된다고 주장하는 반면, 워커(Wucker, 2004)는 중심국은 주변국의 값싼 노동력을 얼마든지 공급받음으로써 중심국 경제에 도움이 되고 이민자들의 송금을 통해 끊임없이 이주 욕구를 창출함으로써 경제 불평등을 심화시킨다고 본다. 그는 송금을 보내는 이들은 대부분 저임금 노동자들이고, 미국 이민자 중 연 5만 달러 이상 버는 이민자들의 19%가 본국의 가족에게 송금을 하는 반면, 연 3만 달러 미만을 버는 이민자들의 46%가 송금을 하고 있다고 조사하였다. 코헨(Cohen, 2001)은 송금 행위를 송금을 주는 쪽 혹은 받는 쪽의 어느 한쪽 측면에서만 분석이 되어서 의존과 개발이라는 모순된 연구결과를 가져왔다고 비판하면서, 국경의 경계를 넘어서 송금의 다양한 측면들이 상호 의존하는 측면을 살펴보아야 한다고 주장한다.

한편 송금 행위가 이민자들이 본국 가족과 맺고 있는 감정적 차원에서 분석하는 연구들이 있다. 루카스와 스타크(Lucas & Stark, 1985)는 송금 행위를 본국에 남아 있는 가족을 위한 이타적 행동이거나 자신의 이익을 실현하기 위한 이기적 행동으로 개념화한다. 타이(Thai, 2006)는 송금 행위를 경제적·물질적 차원과 감정적 유대 모두를 고려해야 한다고 하면서 베트남 남성 이민자들의 송금 행위를 3가지 유형으로 구분하고 있다.[77] 송금 행위에 대해 페미니스트 입장에서는 이주여성들의 송금하는 행위를 이타주의로 해석하는 논의를 위험하게 보고, 본국 가족과의 감정적 유대, 딸로서 기대되는 규범들, 본국의 정책 등 다양한 요인이 송금 행위에 영향을 미친다고 본다. 이주여성들이 가족을 돕고자 하는 마음에서 이주를 선택하기도 하는데, 이러한 동기는 이주의 중요한 요인이지만 이를 이타적인 행위로 해석하게 되면, '딸'에게 기대되는 규범적 측면을 간과하게 된다는 것이다.

송금 행위는 단순히 이타적이거나 자기 이익을 위해서가 아니라 이제까지 자신을 길러준 부모님에 대한 존경과 감사를 규범적으로

---

[77] 타이(Thai, 2006)는 베트남 정치적 난민이었던 남성이민자들을 대상으로 심층면접하여 그들의 국가에 송금하는 행위를 물질적인 측면과 감정적인 유대의 측면을 모두 고려해야 된다고 하면서 송금문화와 디아스포라 남성성의 개념으로 분석하였다. 이들이 가족의 비현실적인 송금기대에 대해 대처하는 전략을 3가지 유형으로 구분하면 ① 지위형 송금가, ② 글로벌 가족의 영웅으로서 이타적 송금가, ③ 미래 귀환을 대비한 계약형 송금가 등이다.

표현한 것이다(Osaki, 2003). 베트남에서는 특히 딸들에게 사회화 과정을 통해 부모에게 은혜를 빚지고 있다는 것과 물질적·감정적 지원을 통해 딸로서의 의무를 수행할 것을 가르친다(Curran and Saguy, 2001). 따라서 이주여성들은 친정 가족에게 딸로서 기대되는 정체성과 가족에 대한 신뢰, 의무의 표현으로 송금을 한다고 볼 수 있다. 한편 쿤즈(Kunz, 2008)는 송금 연구가 성맹(gender-blind)적이라고 비판하는데, 여성에게 강요된 이주라는 점과 번 돈을 모두 내어주는 행위가 갖는 부정적인 측면을 볼 때 위계적인 젠더 관계를 고려해야 한다고 주장한다.

이런 맥락에서 이주여성과 이주남성의 송금 행위를 비교한 연구들은 '딸'이 '아들'보다 더 많이 송금한다고 주장한다. 라만과 리안(Rahman & Lian, 2009)의 송금 행위의 성별 비교에 있어서, 홍콩, 싱가포르, 말레이시아에서 주로 가사노동자로 일하는 인도네시아 여성 이주노동자들은 건설이나 공장에서 일하는 남성 이주노동자들보다 송금을 더 많이 한다고 조사되었다. 쿠란 외(Curran et al., 2005)의 연구도 태국에서 일하는 이민자 연구에서 딸이 아들보다 더 송금을 많이 하는 것으로 조사되었다. 벨랑거 외(Belanger et al., 2011)의 연구는 송금 행위를 젠더 관계에서 살펴보았는데, 송금을 받는 베트남 남부 3개 지역을 조사한 결과 딸들의 송금 행위는 집안에서 권력과 지위를 향상시키고, 결혼이주여성과 그들의 가족은 마을에서 보다 유리한 위치를 차지하게 된다고 주장한다.[78]

---

78) 벨랑거 외(Belanger et al., 2011)는 베트남 컨터 시의 3개 마을을 선정하여 그 마을에서 타이완과 한국 남성과 결혼한 딸을 둔 가구와 그렇지 않은 가구를 구분하여 총 400가구를 면접조사하고, 타이완과 한국의 남성 배우자를 대상으로 송금 행위를 심층면접으로 조사하였다. 인터뷰 질문에는 이주자의 특성과 생활조건을 알기 위한 항목들(공급의 측면에서)과 베트남 원가족의

결혼이주여성이 송금을 할 때는 자신이 취업해서 돈을 보내는 경우와 남편과 시댁에서 돈을 받아 보내는 경우로 나눌 수 있고, 송금 행위는 남편이나 시댁가족과 언제, 얼마를, 어떻게 보낼 것인가 등을 놓고 협상이 일어나는 영역이다. 결혼이민자들에게 주어지는 편견 중 하나는 한국에서 돈을 벌어 본국에 송금하거나 남편이 얼마의 돈을 정기적·비정기적으로 송금하는 경제적 측면만을 부각해서 이들이 본국 가족과 맺는 관계를 금전적·도구적인 관계로만 파악하는 데 있다.

그러나 결혼이주여성들이 본국 가족과 맺는 방식은 매우 다양하고, 그 의미 또한 다양하다. 송금의 의미는 단순히 경제적 행위만이 아니라 정서적 요인도 포함된다. 키비스토와 파이스트(Kivisto and Faist, 2010)는 가족 구성원에게 송금하는 상호 호혜성 규범은 도구적 관계만이 아니라 본국 가족과의 정서적 결속에 기반을 둔다고 본다. 감정적 유대는 가족과 연결되고 싶은 욕망과 관계된 행위이다. 이 책에서는 이들이 송금 행위를 놓고 가족관계 내에서 어떻게 협상을 하고, 어떤 행위전략을 갖는가에 초점을 맞추었다.

(2) 송금 행위의 갈등과 이중적 위치성

베트남에서 결혼 전 부모와 같이 사는 성인 자녀들은 자신이 번 돈으로 공동 생계비로 쓰고, 실질적으로 나이 든 부모님을 돌봐드린다. 나이 든 부모와 같이 사는 성인 남녀의 비율은 아들인 경우가 딸보다

소득수준, 유대의 강도 등으로 구성되었다.

4배가 더 높고, 비동거의 경우 아들이 딸보다 더 많이 돈을 부쳐드리는 것으로 나타난다(Friedman, 2003). 노령인구의 70% 정도는 일상 생활유지에 필요한 돈을 성인 자녀들에게서 얻는다. 자녀들이 나이 든 부모를 경제적으로 돕는 부양의식은 가족 안에서 구성원에게 상호 호혜성과 의무에 기반을 둔 집단적 신념체계로 존재한다(Johnson, 2000). 나이 든 부모를 부양하고 돌보는 일은 자식의 중요한 일이 되고, 부모는 이를 자식들에게서 기대한다. 이와 같이 돌봄의 '사적 전가(private transfer)'가 베트남 사회의 중요한 부양의 형태라고 지적한다(Cox et al., 1998).

심층면접 한 결혼이주가족의 경우 대부분 송금액은 1회 20만 원에서 50만 원 사이로, 많게는 1년에 2회, 3회 정도 하고 있었다. 정기적으로 매달 돈을 송금하기보다는 설날이나 추석 명절 때, 동생들이 결혼할 때, 부모님이 아프거나 급히 돈이 필요할 때 등 비주기적으로 보냈다.

이주여성들은 모두 가난한 부모님을 도와드려야 한다고 생각하고 있었지만, 그들 모두가 자신의 남편이 당연히 본국에 송금해야 된다고 여기지는 않았다. 자신이 처한 상황에서 남편의 수입이 많지 않으면 송금이 불가능하다는 것을 점차 알게 되고, 자신이 일을 해서 돈을 벌어 베트남 가족을 도와야겠다고 생각한다. 가영, 다영, 주영, 노영, 진취는 이 경우에 해당한다. 그러나 앞서 지적한 대로 취업을 하기 위해서는 남편과 협상이 필요하기도 하다. 가영과 다영은 일하지 말라고 말리는 남편과 몇 차례 실랑이 끝에 허락을 받아내 일을 시작한 경우다. 노영은 시어머니한테 허락을 받아 일을 하고 있었고, 진취는 자영업을 시작하기 전 베트남 통·번역일을 하는 사무실에서 일을 하였다. 이들 여성은 모두 자신이 번 돈은 자신이 관리하면서, 월급의 대부분을 베트남에 송금하였다. 때에 따라서는 남편이 보내준 것처럼 꾸미기도 한다.

> 그냥 옛날에 엄마, 아빠 너무 어렵고, 아빠 일 많이 하고, 보는 거 (보면) 가슴 아파요. 친구가 한국 사람과 결혼해요. 한국 남편이 아빠 많이 도와줘요. 내가 한국 사람(과) 결혼해서 엄마, 아빠 좀 도와주면 좋겠다고 마음먹었어요. 결혼하고 와서 남편이 우리 엄마, 아빠 잘 도와주고, 지금은 잘 살아요. <부부, 가-1, 가영>

한편 베트남 가족을 경제적으로 도와주고자 하는 마음이 있지만 현실적인 가족상황을 보고 이를 포기한 채 자신의 가족이 먼저라고 생각하는 경우도 있다. 나영, 소망과 진실은 자신이 먼저 남편에게 송금하지 말자고 말한다. 진실은 친정 부모님을 도와드리고 싶지만, 남편이 한국에서 힘들게 일하는 걸 알고 있기 때문에 베트남 친정을 돕는 것을 그만두자고 한 것이다. 자신의 가족이 먼저라고 생각하기 때문이다.

> 일하면 돈 벌어서 은행에 저축해서 나중에 애들 학교에 보낼 때 쓸 거예요. 만약에 남편 일 없어 힘들고, 필요할 때 같이 써요. [일해서 친정에 돈 보낼 생각도 있어요?] 남편이 전에 집에 많이 도와줬어요. 이제부터 더 못 도와줘요. 제가 남편한테 말했어요. 남편도 힘들고, 한국에서 베트남보다 더 열심히 일한 것 같아요. 또 (베트남) 도와주니 너무 힘든 것 같아요. 그래서 제가 이제부터 내 친정엄마 도와주지 말자고 했어요. 두 번, 세 번, 한 번에 2천 불, 3천 불 정도 도왔어요. 그런데 우리 남편 너무 좋은 사람 같아요. 우리 엄마 아프면 우리 엄마 지금 돈 좀 부족하고 병원도 못 가고 그러면 돈 보내줘야지, 먼저 이야기해요. 그래서 너무 미안하고, 노력도 많이 하고 회사도 다니고 싶어요. 남편이 친정엄마 많이 도와줘서 지금

더 안 도와줘도 될 것 같아요. 지금은 남편만 생각해요. <개별, A9, 진실>

나영 역시 건설일용직인 남편이 혼자 벌어서 가족생계를 유지하는 데 돈이 많이 들 것으로 예상해서 베트남 친정에 돈을 보내는 일을 그만두기로 한다. 베트남 사람끼리 결혼한 자식들이 부모님께 돈 드리지 않는 것처럼, 자신도 똑같다고 생각한다. 이주여성에게 딸로서 기대되는 친정 가족의 기대를 나영은 "이주한 딸"이 아니라 "베트남 딸"로 환원시킴으로써 자신의 행위를 정당화하고 있다.

> 베트남 돈 많이 보내요. 안 돼요. 애기 태어나서 돈 많이 들어. 학교 다니면 돈 많이 들어요. 남편 힘들어요. 베트남 사람 엄마, 아빠 돈 안 줘. 똑같아요. <부부, 나-1, 나영>

소망 역시 남편이 준 용돈을 베트남에 보내지 않고 아이 이름의 통장에 저축한다. 소망에게는 아이와 남편이 먼저라고 생각하고, 베트남 부모님께 송금은 자신의 형편이 될 때 가능한 것으로 여긴다. 소망의 이러한 태도는 앞 장의 '가족의 경계'에서 주영의 태도와 비슷하다. 주영이 가족 내 엄마와 아내로서 역할을 인식하면서 가족의 경계를 다시 세우는 것처럼 소망도 송금 행위를 두고 가족의 경계를 '여기'라고 재설정함으로써 송금을 유보하고 있다.

> [친정 부모님께 용돈 보내드리세요?] 설날, 추석에 2백, 3백 달러 보내드려요. 1년에 4, 5번 정도요. 그런데 지금은 앞으로는 안 보내요. [왜요?] 힘들어요. 지금 여기 생활이 힘들어요. 우리 남편(이) 안 보내(하는 거) 아니에요. 저도 안 보내요. 제가 안 보내요. 우리 남편이 "지금 돈 있어, (그리고)돈 없어 해도[없다고 해도] 그냥 보내

야지, (베트남)엄마, 아빠잖아" 하는데, 지금 애기 두 명이니까 너무 힘들어, 나 때문에. 나중에 어떻게 해. (그래서 돈)보내지 마 (해요). 남편 마음이 도와주고 싶지만 한국 가족 힘들잖아요. 그래서 제 마음이 먼저 애들 먼저, 남편 먼저 생각해요. 남편이 용돈 주며 베트남 보내라고 했는데, 제가 베트남 안 보내고 애 통장에 넣었어요.
<개별, A8, 소망>

이와 같이 베트남 이주여성이 본국 가족과 현실 가족 사이에 놓인 위치에서, 한국 생활에 적응하는 전략으로 가족의 경계를 재설정하는 행위성을 보여준다. 한편 타이(Thai, 2012)는 이를 이중의 역할에서 오는 딜레마로 해석한다. 베트남 사회에서 전통적으로 부모가 딸보다는 아들에게서 재정적 지원을 받는 것이 더 일반적이지만, 딸이 국제결혼을 한 경우는 '딸'의 의미보다는 '이주'에 초점이 옮겨지면서 부모들은 딸에게서 경제적으로 지원받기를 기대한다는 것이다. 따라서 결혼을 한 이주여성은 '초국가적 딸(daughter)'과 '초국가적 아내(wife)'라는 이중적 역할에서 오는 딜레마에 빠지게 된다. 즉, 친정 가족은 딸이 국제결혼을 했다는 이유에서 경제적 송금이나 지원을 기대하지만, 남편의 입장에서는 아내가 '딸'이기 때문에 송금을 안 해도 된다고 생각한다는 것이다.[79] 타이의 연구가 베트남 여성과 베트남 이주남성을 심층면접 한 것이어서 본 연구처럼 외국 남성과 결혼한 베트남 여성의 입장과는 다른 측면이 있을 것이다. 한국으로 이주한 여성에게는 '가족'의 개념 자체가 모호해지며 갈등적인 상황에 놓일 수 있고, 이러한 상황에서 이주여성은 적극적으로 남편과 자녀를 '가족'으

---

79) 타이(Thai, 2005)는 미국에 이주한 베트남 남성 중 자국 여성과 결혼을 준비하는 남성과 베트남에서 결혼에 필요한 서류를 준비하고 있는 베트남 여성을 심층면접하였다. 이 데이터는 1999년 베트남 Department of Justice에서 사이공(Saigon)지역에서 등재된 200명의 결혼 쌍과 메콩 델타 주에 등재된 120명의 결혼 쌍을 제공받았고, 베트남과 미국에서 각각 심층면접을 사용하여 질적 연구방법으로 연구하였다.

로 정의내림으로써 베트남 가족과의 경계를 명확히 하는 것으로 해석해볼 수 있다.

한편 남편들은 베트남 처가에 보내는 송금 행위는 잘 드러내놓지 않으려 하는 경향이 있었다. 남편들의 이러한 태도는 베트남에 송금을 하는 행위가 아내를 돈 주고 사왔다는 세간의 통념대로 자신의 가족을 물질적·금전적 관계로 바라보는 시선에 대한 거부감 때문이라고 생각되었다. 그렇지만 모든 남편이 민감하게 받아들이지는 않았다. 김진교, 김진석, 김진혁, 김진훈, 김진수, 김진영은 베트남에 송금하는 것에 대한 느낌과 송금액 등을 솔직히 말해주었다. 가영은 남편에게 송금을 명시적으로 말하지는 않았지만,[80] 아마도 남편이 베트남 친정집을 직접 눈으로 보고 경제적 상황을 알았을 거라고 생각한다. 가영의 남편 김진기는 베트남에 송금하면서 땅을 사거나 오토바이를 사라고 말하는 등 쓰임새를 언급하기도 하였다.

> [처가댁에 송금도 하나요?] (망설이며) 몇 개월에 한 번 백만 원 보내줬어요. 그 돈으로 땅 사라고 했어요. 너무 가난하니까, 번듯하게 집 짓는 것보다는 당장 먹고살 수 있게 해주는 게 낫다고 생각했어요. 거기 너무 가난해요. 집사람도 거기에서 (베트남에서) 새우잡이 배에 있는 어망 손질하고 있었어요. 땅이 있으면 삼모작도 하는데, 땅이 없는 사람들은 배(를) 타서 새우 잡아오고, 어린애들이랑 여자들이 어망 손질해요. 처형은 결혼해서 딸이 둘 있는데, 오토바이가 없어요. 그래서 오토바이 사라고 했어요. <부부, 가-2, 김진기>

남편의 입장에서 베트남 처가 가족에게 송금하는 행위는 가족을

---

80) "[남편한테 부모님 도와달라고 말했어요?] 아니요. 남편, 베트남 가서 우리 집 봐서 알아요. 제가 한 번도 도와주세요, 말 안 해요. 남편이 알아서 해요. 남편한테 도와주세요 말하면 싫어해요. 자기가 혼자 알아서 해요. 도와주고 싶으면 도와주고……." <부부, 가1, 가영>

안정적으로 유지하기 위한 전략이기도 하다. 자신이 처가댁에 잘하면 부인도 가족생활에 안정을 느낄 것이라고 생각하기 때문이다. 이때 자신의 행위는 사위로서 부모에 대한 도리라고 정당화한다.

> 그렇게 뭐, 지금까지 2년 동안 있으면서 돈 좀 보내드렸어요. 아내는 안 보내도 된다고 하는데, 말은 안 보내도 된다고 하는데[하지만] 속마음은 안 그렇겠어요 그죠. (내가)이렇게 말했어요. 남편이 돈 많이 못 버니까 추석 때, 구정 때 200불 보내드리도록 하자. 고맙다고 장모님이 말씀했다는데, 앞으로 그렇게 해야죠. 그것도 결혼생활 유지하기 위한 거라고 생각하는데, 한국에서도 결혼하면 처갓집에 돈 좀 안 보내주나요? 그러니까 그런 개념으로 고기나 사 드시라고. 많은 돈은 아니지만 사위가 돼 가지고 성의는 보여야. [혹시 그런 부분에 대해서 부담은 없으세요?] 당연한 도리라고 생각하죠. 내가 먼저 제의를 했으니까, 많이는 못 보내주니까. 일 년에 두 번 정도 보내면 되지 않겠나, 그러면 사위로서 도리는 하지 않겠나, 이렇게 생각해서 내가 아내한테 말했죠. <부부, 나-2, 김진교>

남편들은 베트남에 송금하는 일을 경제적 형편이 어려운 처가를 돕는 일로 여긴다. 송금 행위는 다달이 돈을 보내드리기보다는 돈을 모아서 목돈으로 보내고, 비정기적이고 특별한 경우에 돈을 부쳐드리는 것으로 나타난다. 이는 설날이나 명절, 혹은 동생들 결혼식이나 부모님 생신 등 특별한 날, 가족행사에 참여한다는 의미가 있다. 어느 정도 돈을 모았다가 일 년에 한두 번 목돈으로 보내는 것은 정기적인 것보다는 송금 행위의 효과를 극대화하기 위한 것으로 보인다. 목돈을 보냄으로써 집을 짓는다든지, 논을 사든지, 결혼준비 등 비용이 많이 들어가는 것에 지출할 수 있기 때문이다.

두 번 보내봤는데, 결혼하고 나서 7월에 보내고, 9월에 한 번 보내고. 제가 보내는 건 몰랐고, 동서한테 이야기해서 보내달라고 했죠. 복잡한가 봐요. ……(중략)…… 한 번 모아서 백만 원씩 보냈는데, 다 달이 모아서 한꺼번에 얼마 보냈으면 해요. 많이는 못 보내고, 매 년 조금씩 보내려고 해요. <개별, A5, 김상진>

김진혁은 송금을 해야 된다고 생각하지 않지만, 부인이 돈을 벌고 싶다고 말을 해서 몇 번 송금한 적이 있다. 김진혁은 송금을 당연하 게 여기지 않기에 생활비를 쪼개가며 송금하지는 않는다. 그렇지만 부인이 일을 해서 번 돈을 송금하는 것까지 가로막지는 않는 '방관적 협조자'의 모습을 보인다.

[처가댁에 송금하나요?] 지금은 안 해요. 초창기엔 좀 한 것 같아요. 왜냐면 돈 벌고 싶다고 하도 그래서. 애가 어린데 돈 벌고 싶다고 그래서 제가 몇 달간 대준 적 있어요. 애 크고, 애 보육시설에 맡기 고, 직장생활 했으니까, 아르바이트 형식으로, 그래서 그 돈을 보내 주는 걸로 알고 있어요. 지금은 아르바이트 어제부터 시작했습니 다. 애가 있으니까, 직장 다니다가, 아르바이트 형식이니까, 일 있 으면 가고, 일 없으면 안 가고 그러다 보니까, 임신했으니까 당분 간 애 낳을 때까지는 좀 쉬고, 1년 정도 크면, 일하고 싶다면 제 가 족 경제에도 도움이 되지만은, 그 돈을 쓸 생각은 없어요. 제가 버 는 돈으로 모든 걸 쓰고, 이 친구가 버는 돈은 자기가 쓰는 걸로, 지금까지도 그렇게 해왔구요. 자기가 버는 돈은 제가 한 번도 터치 를 안 해봤어요. <부부, 자-2, 김진혁>

(3) 투자의 개념으로서 송금과 젠더 규범으로서의 송금

이주여성은 본국 가족을 경제적으로 도와주는 행위는 자식 된 도 리나 의무라고 여긴다. 이주여성은 자신의 지원을 부모로부터 되돌려 받을 것을 기대하지 않는다. 반면, 남편의 입장에서는 경제적 가치 등을 고려해서 아내의 나라에 투자하는 개념으로 송금한다. 투자의 목적으로 땅을 사거나, 가축을 사거나, 집을 사는 등의 행위 등이다. 이때 명의를 누구의 이름으로 올리느냐를 놓고 아내와 남편은 갈등을 빚기도 한다. 본 연구에서는 김진수와 다영 부부와 혜수와 김진중 부부에서 이러한 갈등의 요소가 나타났다.

먼저 김진수는 아내와 베트남에 갔을 때 일을 생각하면 기분이 좋지 않다. 아내는 부모 앞에서 자신에게 논을 살 돈을 줄 건지 물어보는데, 이것은 장인과 사위 관계에서 있을 수 없는 일이라고 생각하기 때문이다. 국내혼의 경우에도 처가 가족과 금전적인 거래들이 있을 수 있지만, 김진수는 이러한 금전적인 요구가 국제결혼 때문에 비롯되었다고 생각한다. 그리고 설령 돈을 준다고 해도 그것의 명의를 아내 앞으로 하지 않으면 의미가 없다고 생각한다. 누구의 소유인지를 명확하게 해야 나중에 그것으로 인해 형제들 간에 싸움이 안 일어나게 된다고 생각한다. 하지만 아내는 누구의 명의인지는 중요하지 않고 단지 친정에 땅을 사주는 것이 중요한 것으로 받아들인다.

작년에 베트남에 갔을 때, 나는 투자한다고 갔는데, 백 원짜리 모은 거, 통장 열어가지고, 저금통 있잖아요, 그거, 아내가 그러는 거예요. 자기 아버지하고 나를 앉혀 놓고, 3천 달러를 줄 수 있냐, 없냐 그걸 물어보는 거예요. 저는 정말, 진짜 기분 나빴어요. 지금 아내가, 몰라요. 베트남이 좀 그런가, 아내(의) 엄마, 아버지 있잖아요. 제 장인, 장모, 제 엄마, 아버지잖아요. 나이야 차이가 있고, 없고를 떠나서. 그러면 자기 딸이 만약에 3천 달러 줄래, 안 줄래 하면 못하게 해야죠. 그 이야기를 한다면 못 하게 해야죠. 나는 (아내의)엄마, 아버지가 속이 없다고 봐요. 철이 없다고 봐요. 과연 자기네 (사람과 결혼해서)살면 형제간에 줄래, 안 줄래 할 수 있겠어요? 제가 돈은 걱정하지 말아라. 베트남 돈은 큰돈이지만, 한국 돈은 아무것도 아니다, 그러나 3천 달러를 주면 아내 앞으로, 땅을 사면 되는데, 아내는 엄마, 아버지 앞으로 살려고 해요. 차후에 엄마, 아버지 돌아가시잖아요. 그러면 누구하고 싸움 나죠? ……(중략)…… 제가 아내한테 이런 이야기(를) 했어요. 한 달에 1백 달러씩 보내드리자. 저는 항상 그럽니다. 언니들, 오빠들 조금씩 해라. 내가 전적으로 주면 그 사람들 기분 나쁘죠. 형제간들 입장이니까. 조금씩만 내라 이거예요. 드리고, 나중에 어차피 그리로 가겠잖아요. 엄마, 아버지가 누구 주겠어요? 잘하는 사람 같이 주겠지. 아내 장모님은 건강하시더라구요. 1월 달에 가니까 추수하더라구요. 일 년에 세 번 해요. 그니까 재미있어요. 아내가 (3천 달러를) 줄 수 있냐, 없냐 그래요. 그래서 NO 했죠. 장인 되시는 분이 한숨을 푹 쉬시더라구요. 눈으로 보면 다 알아요. 말은 안 통해도. 그런데 제 마음은 어떻겠어요. 저는 돈은[이] 항상 말썽 부립니다[말썽 부린다고 생각합니다]. 그렇죠? 고부간에, 형제간에 뭣 가지고 싸웁니까? 다 돈 때문에 그래요. 제 이야기만 들으면 우리 아내가 최고 행복한 사람이 될 수 있는데, 아내는 저를 더 이상 인정을 않습니다. 그게 가장 힘들어요. <부부, 라-2, 김진수>

김진수는 베트남에서 아내와 결혼할 때 처가에 송아지를 사준다. 베트남에서 물소는 농사지을 때 많은 도움이 된다. 한국에서는 소 값이 비싸지만 베트남에서는 35만 원 정도다. 김진수의 생각에 가축을 키우는 일도 수익이 날 것 같다. 돼지 100kg 한 마리가 100달러 정도이니, 매달 100달러씩 투자하면 몇 년 안에 농장을 할 수 있을 것이라고 생각해서 투자할 생각이다. 하지만 어디까지나 베트남 처가에 송금을 하는 것은 투자 명목이지, 그냥 주는 것이 아니라고 "선을 긋고" 싶다. 아내가 이런 자신의 생각을 따라주면 이런 투자계획이 실현될 수 있을 텐데, 아쉽게도 아내는 자신의 것으로 만들 생각이 없다.

솔직히 베트남(아내와) 결혼해가지고, 송아지 사라고 돈 준 사람 드물어요. 제가 한 마리만 해줄려고 한 거 아니에요. 지금 만나서 만

4년 되었으니까 지금 몇 마리겠습니까? 제가 기분 나면 열 마리도 사줄 수 있어요. 한 5년. 투자하면 ……(중략)…… [언제 사주신 거예요?] 결혼했을 때, 거기는 농업 국가니까, 호텔에서 영어(로) (말을) 막 해서 하니까 되더라구요. 그쪽으로 전화했죠. 그때 송아지 한 마리가 500만 동 되더라구요. (계산기) 때려보니까 35만 원 정도 되더라구요. 그 나라서는 비싸죠. 그 나라에서는 가축 키우고 하는 것은 괜찮습니다. 돼지 새끼가요 우리나라 돈으로 3만 5천 원 정도 가더라구요. 100kg짜리가 100달러 가요. 백 달러면 12, 3만 원 잡으면 돼요. 싼 거예요. 그니까, 100kg 5마리만 키우면, 그리고 매달 100만 원 투자해도, 1년이면 백 마리, 이백 마리 금방 만들거든요. 저는 혼자 그림을 엄청 그립니다. 빨간색 그림도, 파란색 그림도, 저는 돈을 주고 싶지는 않아요. 그 대신 선을 긋고 싶어요. 왜? 나 태해지지 않도록. 내 것이라는 생각 갖고, 자기는 벌어먹는다는 생 각가지면 열심히 하겠잖아요. 결국 누구한테 가겠습니까? 제가 가져오겠습니까? 형제간한테 가요. 우리 아내가 어디 순수합니까? 굉장히 어떻게 보면 계산적이에요. <부부, 라-2, 김진수>

　　김진수는 처제 결혼식 겸 베트남을 방문했는데, 방문길에 베트남에 조금씩 투자를 해나가면서 가축농장을 만들 생각이었다. 그런데 아내는 처가에 필요한 자전거나 냉장고를 사자고 한다. 김진수는 자신의 투자계획과는 달리 가전제품을 사고, 처제 결혼식에 돈을 지출하게 되는데, 이것은 아내 가족을 위한 일이니 어쩔 수 없다고 받아들이면서도 아쉬운 마음도 든다. 즉, 김진수는 베트남 처가의 사는 형편을 보고, 아내가 친정을 위해 경제적으로 도움을 주고 싶은 마음을 이해를 하면서도 한편으로는 국제결혼 한 이유가 돈을 보내기 위한 수단이 되었다고 생각하고 섭섭한 마음이 드는 것이다. 이주여성이 '딸'과 '아내'의 이중의 역할 사이에서 갈등하게 되는 것처럼, 김진수 역시 '사위'로서 처가를 돕고 싶은 마음과 '가장'으로서 가족 경제를 생각해야 하는 입장 사이에 갈등을 겪고 있다.

지금 아내는 저를 위해서, 물론 자기를 위해 (한국에)왔긴 왔지만, 지금 제가 생각하는 관점에서 아내가 한국에 온 이유는 엄마, 아빠 편하게 좀 살릴려고, 넓게는 형제간 살릴려고 왔어요. …… 돈만 좀 되면 보내는 모양이에요. 저는 베트남에 돈 보내는 게 목적이 아닙니다. 살 수 있는 것을 좀 만들어 줄려고 그래요. 작년 1월 말에 베트남에 갔다 왔습니다. 베트남에 투자하러요. 또 처제 결혼식에…… 제가 가서 보니까 돼지 키우는 게 참 좋을 것 같아요. 투자하러 갔는데, 아내는 한국에서 갈 때는 투자라고 해놓고는 가서는 돈을 요구하는 거예요. 천 달러 넘게 가지고 가서, 나쁘게 말하면 돈을 다 뺏기고 왔습니다. (웃음) 눈으로 보니까요. ……(중략)…… 그래서 자전거 한 대 사주겠다(고) 이야기하니까, 생각보다 자전거가 (품질이) 떨어지고, 자전거가 비싸요. 한국 자전거라고 생각하면 싼데, 제가 눈으로 본 것은 비싼 거예요. 한 번 사주기로 했으니까 정말 좋은 걸 사줄려고, 이 가게 저 가게 다 돌아봐도, 다 똑같은 거예요. 바퀴 쪽에 림이란 게 있어요. 그게 약해요. 한 번 부딪치면 널부러질 것 같애. 그래서 넓은 것 좀 사줄려고 하는데, 다 똑같대요. 그런데 아내 생각, 안 사줄려고 그런다고 생각해요. 제가 여러 군데 다니다가, 그 집에는 부부간에 가게를 하는데, 아내는 이쪽에, 남편은 이쪽에, 가구부터 시작해서 가전 다 하더라구요. 그래서 냉장고까지 하나 사주고 왔습니다. 제가 볼 때는 그 나라는 냉장고가 필요치 않아요. ……(중략)…… 그런데 아내는 어떻게든지 당장 마음먹고 사주길 바라고, 저는 이왕에 해줄 거 좋은 거 해줄려고 그러고. 그래서 자전거 사주고, 냉장고 사주고, 또 동생 결혼식 하는데, 돈 빌려주라고 해서 빌려주니까, 제 돈으로 결혼식 하네요. 그러니까 다 돈이 없어졌어요. <부부, 라-2, 김진수>

한편 김진수의 입장에서 보면 아내가 남편의 형편을 먼저 생각하기보다는, 베트남 가족을 도와주는 것을 먼저 생각하는 모습이 걱정스럽다. 미래를 생각하면 앞날이 어둡게 느껴진다. 이렇게 불안한 마음이 드는 이유는 조만간 은퇴하고 아내의 경제활동으로 생활을 유지하게 될 상황 자체가 두려운 것이고, 둘째는 아내가 남편과 자식보다는 베트남 친정 가족을 더 중요하게 여기고 자신과 자녀를 소홀히

여길 가능성이 있다는 점에서 비롯된 것으로 해석된다.

> 아내랑 결혼했으니까, 아내 형제간들 위해 썼으니까 가정에 썼으니까 상관없는데, 한국말(이) '아' 다르고 '어' 다르잖아요. 아내는 정말로, 아내는 자기네 쪽 위해서 써주면 기분 좋은가 봐요. 남편을 망각해버려. 지금도 좀 그런 거 생각하면…… [섭섭하시겠네요?] 섭섭한 게 아니라, 제가 미래를 생각하는 거예요. 과연 아내가 10년 후에, 20년 후에 바뀔까? 제 미래는 어둡잖아요. 지금까지는 제 맘대로 했는데, 10년 하니까 낼모레 80, 90이에요. 그때는 내 맘대로 못 해요. 아내는 한참 때예요. 가면 갈수록. 그런데 저는 모르겠습니다. 급여 같은 거 받아가지고, 미래 준비를 하고 있어요. 근데 아내는 굉장히 불만이 많죠. <부부, 라-2, 김진수>

한편 혜수는 남편이 캄보디아에 땅을 사놓았는데, 거기에서 수익이 나오는지 자꾸 물어보는 것이 부담이 된다. 땅을 사 놓은 것은 좋지만, 그렇다고 당장 돈이 나오는 것이 아니기 때문이다. 남편 김진중의 입장에서는 지금 당장 수익을 생각해서 캄보디아에 땅을 사놓은 것은 아니지만, 그 땅의 명의를 아내 이름으로 해놓지 않은 것이 걱정스럽다.

> 남편이 캄보디아에 땅을 사놓았어요. 지금은 다 팔고 싶은데, 저는 자주 싸우잖아. 이렇게 투자해서 거기(서) 돈(이) 안 나와. 땅 사, 거기서 어떻게 돈(이) 나와. 내가 (말해요) 그거 돈 안 나와. 팔아야 돈 나와. 그런데 자꾸자꾸 투자해서 돈 안 나와(남편이 물어요). 저는 땅은 뭐할려고 (사서) 돈 나와? (땅에)투자해서 돈 안 나와. 남편이 왜 자꾸 돈 안 나와 하니까, 맨날 말하니까 답답하고 힘들어. [언제 샀어요?] 결혼하고 캄보디아 한번 갔다 와, 6개월 있다. 그때 샀어요. [땅 사놓은 거 마음에 안 드세요?] 아뇨, 마음에 들어요. 그런데 남편이 왜 돈 안 나와? 그러는데, 투자해서 왜 돈 안 나와 해요. 정말 땅 사면 돈 나와. 캄보디아도 오르는데…… 맨날 말해. 너무 귀찮아. <보조, B-3, 혜수>

위의 사례에서 남편들은 미래를 대비한 투자의 목적이 강한 반면에 아내는 그러한 투자의 개념보다는 부모를 위해 도와드리는 정서적 유대와 지원으로 이해한다. 이주여성이 '아내'로서의 입장보다는 본국 가족과의 관계에서 '딸'로서의 지위를 더 중요하게 여기는 행동은 갈등을 불러올 가능성이 크다. 김진중의 말처럼 앞으로의 10년 후면 남편과 아내의 경제적 지위가 역전될 상황이 올 텐데, 이런 의미에서 미래가 어둡다고 인식한다.

3. 초국가적 가족의 연쇄 이주(chain migration)

(1) 이주의 단위로서 '가족'

가족은 이주의 단위이다. 이주를 결정할 때, 누가(성별, 나이) 이주할 것인지, 언제 이주할 것인지, 가족의 크기와 가족의 생활주기 단계, 친족 네트워크 등에 따라 결정이 이뤄진다는 의미에서다. 혼자서 이주할 수도 있지만 다른 가족구성원들을 불러들일 것을 요구받고 이주하기도 한다. 이주는 가난한 사람들이 우연히 이주하는 것이 아니라 계산된 이동이고, 생활주기의 다양한 단계마다 경제적 압력에서 벗어나기 위해 고안된 행위이다(Massey et al., 1987). 이주 형태는 임시이주, 영구이주, 재이주 등 다양하고, 생활주기 단계에 따라 이주 형태도 달라진다(ibid., 1987). 이주에 있어서 이주패턴뿐만 아니라 이주의 동기, 이주를 할 수 있는 능력 등은 가구가 가진 자원의 수준, 가족의 연령과 성별구조, 가족의 생활주기 등에 의해 영향을 받는다 (Harbison, 1981).

이주자들은 이주 전에 친족 네트워크를 활용하여 이주에 대한 정보를 얻고, 이주하는 과정에서 이주경로나 이주방법, 구직정보 등 실질적인 도움을 받는다. 이주한 후에도 본국의 가족이나 친족과 네트워크로 연결되어 다양한 경제적·정서적·물질적 교류를 나누고, 다른 가족구성원을 적극적으로 불러들이기도 한다.

이렇듯 가족은 이주의 단위이지만, 그렇다고 가족의 구성원이 모두 같은 이해관계를 가지고, 평등한 관계로 유지되는 곳이 아니다. 따라서 이를 하나의 통일된 단위로 취급하는 것은 위험하다. 가족은 항상 조화롭게 의사결정이 행해지는 것이 아니고, 집단의 전략이 개인과 일치하는 것이 아니기 때문에 가족전략이라는 개념을 사용할 때는 누구의 전략인가를 주의해야 한다는 것이다(Hareven, 1987).

결혼이주는 '초국가적' 결혼을 통해 새로운 가족관계를 만든다는 점에서 다른 이주방식과 차이가 있다. 이주방식에 따라 '딸'이 본국 가족에게 실제로 행할 수 있는 헌신이나 의무는 다를 수 있다. 결혼이주한 '딸'은 완전히 본국 가족에게만 속해 있는 것이 아니기 때문이다. 또한 결혼이주는 정착을 염두에 두기 때문에 보다 안정적이고 장기적으로 초국가적 가족 네트워크를 형성할 수 있다. 이러한 이유로 결혼이주여성은 자매나 사촌 등에게 한국 배우자를 소개하여 이들의 결혼이주를 돕고, 친정 부모의 산후조리나 형제자매를 초청해서 취업기회를 제공하는 등 적극적인 연쇄 이주를 불러일으키고 있다.

(2) 연쇄 이주

결혼이주여성은 자기 혼자 한국에 떨어져 이주한 것이 아니라, 자신의 사적 네트워크를 통해 이주 공동체와 연결되어 있다. 연쇄 이주라는 개념은 이주자가 혼자서 이주를 선택하고 결정하는 것이 아니라 사회적 관계를 통해 이주를 선택하고 결정한다는 점과 이주자가 수동적 존재가 아니라 여러 가지 가용한 자원을 활용하여 능동적으로 이주 행위를 실천한다는 점, 그리고 이주라는 것은 멈춰 있는 것이 아니라 끊임없는 유동의 과정이라는 점에서 의미 있게 파악된다.

여성의 결혼이주는 이전의 이주자와의 연결망 속에 위치해 있고, 또 다른 이주를 불러들이는 지속적인 이주의 과정으로 이해할 수 있다. 즉, 자신의 형제자매나 친척, 친구들이 이미 한국에 와 있거나 이주해 있어서 정보와 지지를 받고, 자신이 친척이나 친구의 이주를 도와 적극적으로 네트워크를 연결한다. 결혼이주여성은 자신의 형제자매, 부모 등을 초청하여 한국에서 일할 수 있도록 일자리를 알선해주는데, 남편들도 대부분 이에 동조한다.

이주여성의 친족집단의 연쇄 이주는 개인적 차원의 이주동기만으로는 설명이 부족하다. 이러한 이주가 가능하게 된 베트남 사회의 배출요인, 한국 사회의 제도나 정책,[81] 노동시장의 기회구조, 베트남 이주공동체의 자원 및 네트워크 등 여러 요인의 복합적인 결과로 이해

---

81) 보통 결혼이주여성의 형제자매나 부모는 단기종합비자(C-3)로 입국한다. 이 비자는 90일간 체류할 수 있고, 1회에 한하여 90일 연장할 수 있다. 초청할 수 있는 범위는 부모와 형제자매이지만 현재로서는 부모만 초청할 수 있고, 출산, 양육, 간병 등의 목적으로 입국한다. 단 출산, 간병, 양육 등이나 질병 등으로 비자 연장이 불가피할 경우 F-1 비자로 전환하여 1년간 체류를 연장할 수 있다. 단기종합이나 방문동거(F-1)의 비자는 원칙적으로 취업이 제한되어 있다.

해야 한다. 이주를 희망한다고 해서 이주가 가능한 것이 아니기 때문이다. 한국의 이주정책은 가족방문의 경우 이들의 취업을 제한하고 단기비자를 발급하고 있으나, 저임금 노동자에 대한 노동시장의 요구는 불법으로 취업할 수 있는 상황을 만든다. 이주자들은 이미 이주해서 취업하고 있는 공동체와의 정보교류 등을 통해 취업정보를 얻고, 같이 방을 얻어 생활하면서 생활비를 절약하기도 한다.

이주여성은 친족집단과의 유대에 기반을 두어 이들을 이주국에 연결해주는 가교 역할을 한다. 친족집단에게는 한국에 있는 이주여성이 사회적 자원인 셈이다. 이주여성 또한 친족집단과의 소속감과 유대를 통해 본국과 연결된다. 친족집단과의 상호 호혜성은 이러한 의미에서 비용-편익이 명백한 도구적 성격이라기보다는 가족이라는 규범적 유대가 갖는 상호 호혜성이라 할 수 있다. 물론 가족이라는 일차 집단 안에서 도덕적 의무를 바탕으로 한 유대가 완전히 도구적 성격이 없는 것은 아니다. 소정의 경우, 친정엄마가 한국에 와서 아이들을 돌봐주었기 때문에 직장생활을 유지할 수 있었던 사례는 가족유대의 물질적 측면도 보여주고 있다.

다음으로 이주여성이 정보제공자의 적극적 위치에서 실천하는 연쇄 이주의 네트워크에는 다음과 같은 네 가지 형태가 나타난다. 첫째, 형제자매, 부모님을 초청하여 취업기회를 제공하는 경우, 둘째, 여동생이나 사촌 동생, 친구 등을 한국인 배우자와 연결시켜 주는 경우, 셋째, 이주여성의 임신, 출산 등으로 친정엄마가 산후조리 겸 한국에 방문한 경우, 넷째, 형제자매가 이주를 거부하는 경우 등이다.

첫째 유형은 주영, 노영, 희망, 진실, 김형철의 사례에서 나타나는데, 주영, 노영과 진실의 경우 친정 부모님이 수도권에 있는 농장에서 일하고 있었고, 노영, 희망의 경우는 남동생이 취업하였고, 김형철의 경우는 처남이 한국에서 취업하고 있었다. 두 번째 형태는 결혼이주 여성이 자신의 사적 네트워크를 동원하여 또 다른 결혼이주를 연결하는 경우로 가영과 주영, 초록, 노영의 사례이다. 가영은 친구를 남편의 선배에게 소개하였고, 주영과 노영은 사촌 동생을, 초록은 자신의 여동생을 한국인 남성에게 소개시켜 주었다. 세 번째 형태는 가영과 주영, 희망, 해림, 소정의 경우에서 친정엄마가 이주여성의 산후조리를 봐줄 겸 한국에 방문한 경우이다. 네 번째 형태는 나영과 진취 사례에서 보이는데, 오빠나 동생들에게 한국으로 와서 취업할 의사를 물어보지만 가족들이 거절한 경우이다. 이 중에서 친정 부모가 한국에 취업한 경우로 노영과 진실의 사례를 자세히 살펴보기로 한다.

노영은 자신의 언니가 먼저 한국인 남성과 결혼하여 정착한 후, 노영에게 한국 남성을 소개해주어서 결혼하게 되었다. 노영은 언니와 연결되어 있고, 이후 자신의 사촌 동생에게 한국 남성을 소개하여 결혼이주를 돕는다. 노영의 언니가 베트남 친정 부모를 초청하였고, 친정 부모는 수도권 인근의 농장에 취직해서 먼저 한국에 온 베트남 사람들과 같이 생활하고 있다. 부모님이 한국에 오기 전까지는 친정에 송금해야 된다는 생각에서 자유롭지 못했는데, 부모님이 직접 한국에 와서 일을 하고 돈을 벌게 되자 그런 부담은 없어졌다. 노영은 부모의 연쇄 이주를 통해 일자리를 제공함으로써 경제적 지원이라는 부양의무를 실현한다.

[친정 부모님께 돈 보내드리는 거 있어요?] 회사 나가기 전에는 그런 거 생각했어요. 지금까지 엄마, 아빠랑 여기 왔잖아요. 막내

동생도 여기 왔었어요. 엄마, 아빠 돈 벌고, 엄마, 아빠가 알아서 해요. 지금 그런 생각 없어요. 1년 전에는 많았는데, 지금은 부모님이 오셔서 돈 버니까 지금은 없어요. [방문비자로 오셨어요?] 방문비자는 1년이에요. 언니가 1년 연장했어요. [부모님은 한국에서 어떻게 지내세요?] 사는 건 괜찮은데, 일하는 건 힘들어요. 돈 버니까 어쩔 수 없어요. 9월에 아빠는 베트남 돌아가요. 돈 조금 벌고, 거기 가서는 농사 계속해요. 우리 딸 있으니까 그냥 있어요. [한국에서 부모님은 어디에 계세요?] 언니 친구 엄마, 아빠도 같이 왔었어요. 그래서 방을 합쳐 엄마, 아빠도 같이 살아요. 그리고 어쨌든 같이 돈 버는 사람이잖아요. 서로 좋게 방 사용하고, 매달 월세를 적게 내면 좋잖아요. 방에 6명 있어요. 방이 한 달 30만 원이에요. 그래서 아침에 나갔다가 저녁 와서 자요. [자주 만나세요?] 네. 제가 옛날에 회사 다닐 때 2주에 한 번 만났어요. 요새 제가 집에 있으니 필요한 거 있으면 엄마, 아빠 갖다 주고 와요. 요즘 날씨가 더워서 하우스에서 일하는 거 많아요. 엄마, 아빠 쉬는 시간 없어요. 계속 일 나가요. 일요일도. 그래서 요즘은 자주 못 봐요. <개별, A14, 노영>

진실은 베트남 친정아버지가 한국에 와서 일하고 있는 경우로, 방문의 목적은 '딸이 보고 싶어서'이다. 남편이 일자리를 알아봐주어서 수도권 인근 농장에서 일을 하고 있다. 진실은 친정 부모가 돈 때문에 한국에 온 것이 아니라고 말한다. 진실이 이렇게 해석하는 것은 한국에서 일하는 것이 법적으로 허가받지 않아 단속에 대한 불안감이 내재해 있고, 취업한 곳이 저임금의 고된 노동이고, 딸을 보러 왔지만 막상은 딸과 떨어져서 지내게 되는 여러 가지 복합적인 상황을 받아들인 결과로 해석된다.

친정아버지 저 보고 싶어서 6개월 정도 왔어요. 엄마는 아파서 못 오구요. (여기 같이 살았어요?) 아니요. 시골에 농사일해서 한 달에 80, 90만 원 벌었어요. 힘들어요. [남편이 먼저 일자리 알아보고 오시라고 했어요?] 먼저 처음에 안 알아봤는데, 한국 오면 일 많아요. 아버지가 오시고, 남편이 일자리 소개해줬어요. 왜냐면 딸이 보고 싶잖아요. 와서 만나고 싶어요. 그런데 몇 개월 동안 가만히 앉아서 놀아, 아까워 그래서 돈 조금 벌지만 (일했어요), 미리 돈 때문에 한국 와, 이렇게 생각 없어요. 딸 보고 싶어서 왔는데, 집에만 있으면 답답하니까 일도 하고…… 우리 아빠, 베트남 가서 남편한테, 우리 딸 걱정하지 말고, 우리 딸 착한 사람 아니야. (웃음) 우리 엄마, 아빠가 우리 남편 참 좋아해요. 너무 착해요. <개별, A9, 진실>

보조 사례인 김형철은 고려인인 처남을 우즈베키스탄에서 한국으로 이주하게 도와준다. 재외동포에게는 방문취업이 가능하기 때문에 지금 3년 넘게 일하고 있다. 우즈베키스탄에서는 일하고 싶어도 일자리가 없어 일하지 못하기 때문에 한국에서 취업은 처남에게 경제적으로 많은 도움이 된다. 이번 여름에는 처남과 함께 비용을 부담해서 장인, 장모를 초청할 계획이다.

(아내의) 남동생이 지금 초청해서 한국에 일하러 와 있어요. 남동생도 열심히 살고, 등치 크고 얼굴은 우락부락하게 생겼는데, 착해요. 그 친구도 요리사예요. 그쪽에서 ○○○호텔에서 근무했어요. 어떻게 나오게 됐고, 내가 초청해서 H-2 비자면 5년 일할 수 있어요. 3년 있다가 다시 나왔어요. 고려인이면 그런 혜택이 있더라구요. 비자도. 다른 나라는 시험보고 해야 된다는데…… 이번에 8월 달에 초청해서 장인, 장모 처음으로 한국 오세요. 물론 그전부터 초청하고 싶었지만 비용이 만만치 않으니까. 남동생이 벌고 있으니까 반 내고, 내가 반 내서 부담하는 걸로. 원래 7월 달에 오시기로 했는데, 비용이 그래가지고, 8월 초에 오기로 했어요. 남동생은 ○○시 그쪽에서, 외국인들 많잖아요. 같은 고려인이랑 월세로 살고 있어요. 놀란 게, 우즈베키스탄에 일자리가 없어요. 아무리 일하고 싶어도 일자리가 없어요. 대책이 없어요. 그 나라가 가스나 석유는 많은데, 아직 개발은 전혀 안 하고(있어요). <보조, B7, 김형철>

세 번째 유형으로 친정 부모님이 산후조리를 위해 한국에 온 경우로, 해림은 친정엄마 얼굴만 봐도 좋을 정도로 심리적 안정과 만족을 주고 있다. 해림이 먼저 남편에게 친정엄마를 모시자고 말하고, 남편이 초청해서 방문한 경우다.

> 아이는 올해 5월 4일 태어났어요. 자연분만 했는데, 1개월 일찍 낳았어요. 그래서 작아요, 2.4kg. 12시간 동안 진통했어요. 엄마는 아기 낳기 1개월 전 한국에 왔어요. 제가 오라고 해서 남편이 초대했어요. 양수를 터졌을 때 엄마하고 형님(이) 같이 병원에 데려다 주었어요. [친정어머니가 오시니까 뭐가 제일 좋아요?] 그냥 엄마 얼굴만 봐도 좋아요. 엄마는 올해 12월에 베트남에 가요. [남편도 친정어머니 오신 거 좋아해요?] 네. 처음에는 제가 아침밥을 챙겨주었는데 지금 엄마가 챙겨줘요. 남편 밥은 제가 해요. <개별, A4, 해림>

해림의 경우처럼 친정 부모를 산후조리를 이유로 초청하는 경우는 초청할 수 있는 경제적 여력이 가능해야 한다. 그리고 시부모와 동거하고 있는 경우보다는 비동거일 때 초청이 용이한 것으로 보인다. 친정엄마의 산후조리는 단순히 보면 부모가 돌봄 노동을 제공하는 형태이지만, 가족의 경제적 상황과 남편과의 관계, 시댁과의 관계 등 다양한 맥락 속에 위치해 있다. 현재 둘째 아이를 임신 중인 주영은 산후조리를 첫째 아이 출산 때처럼 친정엄마한테 부탁할지 여부를 놓고 고민 중이었다. 친정엄마가 오시게 되면 비행기표와 선물 등 많은 비용이 들기 때문이다. 한편 남편이 가정생활을 방치하고 혼자서 생계를 책임지던 희망에게 친정엄마가 오셔서 산후조리를 해주시는 것은 경제적으로 큰 도움이 되었고, 친정엄마가 돈을 빌려주어 이사할 수 있었다. 소정은 정규직에 취업되자 여섯 살이었던 둘째 아이를 보살피기 위해 친정엄마가 오신 경우다. 친정엄마가 아이들을 돌봐줄 수 있었기 때문에 소정은 취업을 하고 안정적으로 직장생활을 할 수 있었다. 가영은 남편의 경제적 여건이 좋은 편은 아니었지만, 남편이 장남이고 아들 손주에 대한 시어머니의 바람 등이 얽힌 상황에서 아들을 낳자 남편이 친정엄마를 초청해주는 등 의미가 다양하다.

이주여성에게 연쇄 이주가 갖는 의미는 자신이 가진 사회적 네트워크를 통해 친정 가족에게 경제적 기회를 제공하는 측면에서 잘 확인된다. 한편으로 결혼이주여성과 본국 가족과의 관계는 이주여성이 부모에게 일방적으로 경제적 지원을 제공하는 것이 아니라는 점을 보여준다. 본국 부모의 사회적 네트워크가 이주여성에게 경제적으로 도움 되기도 한다.

(3) 한국에서의 삶 혹은 또 다른 이주

심층면접 한 결혼이주가족 중 부부가 합의하여 아내의 나라에 땅을 사거나 상가에 투자하여 재산을 늘리고, 노후의 삶을 계획하는 사례들이 있다. 이렇게 초국가적 연계망을 통해 삶을 기획하는 것은 계급적 기반에 따라 다르게 나타나고, 이를 적극적으로 실천할 수 있는 의지의 여부도 중요한 관건이다. 한국을 떠나 아내의 나라에 제2의 인생을 계획할 때, 그것은 어쩔 수 없는 선택일 수도 있고, 남들이 선망하는 부러운 삶일 수도 있다. 분명한 것은 초국적 네트워크는 삶의 자원이 될 수 있다는 점이다.

대부분 결혼이주가족은 한국과 베트남을 오가는 교류를 원했지만 베트남에 가서 살기보다는 한국에서 살 계획을 갖고 있었다. 한국에서 계속 머무르고 싶다는 것은 한국으로 영구 정착을 의미할 수도 있지만, 그렇다고 하여 이들이 가진 사회적 네트워크가 정지되는 것은 아니다. 자녀들을 베트남으로 보내 자녀들에게 유리하게 문화적 자원을 획득하게 하려는 경우(소영, 소정, 진취)나 김진수나 김진만의 경우처럼 '투자' 계획은 초국가적 네트워크의 지속적인 유지를 의미한다.

이주여성들은 베트남의 경제적 여건 때문에 베트남을 떠났기 때문에, 귀환은 경제적 여건이 나아지거나 그럴 희망이 있을 때 가능한 일이다. 특히 귀환이나 재이주의 경우 가족의 이주를 동반하는 일이라 결정은 더 신중해진다. 수정의 말처럼 베트남에 되돌아가는 귀환이주를 생각해보지 않은 것은 아니지만, 베트남에서 무슨 일을 해서 돈을 벌 수 있을지 낙관적이지 않기 때문에 한국에서 사는 것이 더 낫다고 선택한다. 이주여성이 귀환이주나 제3의 이주를 선택하지 않고, 한국을 선택하는 이유 또한 더 나은 삶을 위한 전략이다.

> [베트남에 가서 살 생각도 있으세요?] 음…… 만약 돈 많이 있으면 거기 가서 사는 거 괜찮은데, 하지만 돈 없으면 거기 가서 살기 더 힘들어요. [왜요?] 만약 돈 없으면, 거기 어떻게 돈 버는지, 어떻게 사는지 문제 있어요. 거기 물가 싸지만 월급도 많이 적어요. <개별, A18, 수정>

한편 남편의 입장에서 베트남으로의 이주는 두 가지 의미로 해석된다. 첫 번째는 김진수의 경우처럼 베트남으로의 이주는 성공적인 투자처럼 한국에서보다 더 나은 삶을 위해 선택하는 것이다. 두 번째는 베트남으로 이주는 한국에서의 경제적 여건이 힘들 때, 최후의 방편으로 베트남에서 삶을 모색해보는 것이다. 먼저 김진수는 베트남과 한국의 물가 차이가 있으니, 이를 활용하면 돈을 벌 수 있을 것이라고 생각하고 적극적으로 사업가적 수완을 발휘하여 베트남에 투자를 할 계획을 갖고 있다.

> 지금 노후를 위해서 베트남에 살 생각도 있으니까 베트남 투자 같은 걸 생각하죠. 가서 오래 산다기보다는 왔다 갔다 하는 거 생각해요. 제가 아내한테 귀화를 못 하게 많이 종용을 했죠. 제가 아내를 불리하게 할려고 하는 것이 아니라, 귀화를 하면 아내도 (베트남에서) 비자를 받아야 해요. 아내도 베트남 사람이니까 그것 때문에 서로 많이 되게 다퉈요. 저도 정확한 내용은 모르겠는데, 이중국적이 된다고 하네요. 아내는 그런 부분을 이해를 못 하는 것 같아요. 저는 베트남 왔다 갔다 하면서 베트남에 바나나가 많으니까 자연산 아이스크림을 만들면 좋겠다는 생각을 해봤어요. 그런데 대구에서 사업하는 친구한테 이야기했더니, 냉동사업은 설비 자체가 돈이 엄청 들어간다고, 그것 하지 말고 조립식 판넬 공장 한번 해보라고 하더라구요. 판넬 공장이 돈이 별로 안 들어간다고 (권하네요). 한국 사람들은 돈을 어떻게 버는가 그거 많이 생각해요. 한국에서는 돈을 벌기 힘드니까, 베트남하고 열 배 정도 차이나니까. 백 달러 환전하면 우리나라 돈으로 따지면 이백만 원 값어치가 있어요. 그래요. <부부, 라-2, 김진수>

건축일용직인 김진교와 페일트일을 하는 김진석은 앞으로 베트남에서 살까도 생각해보지만 실현 가능성이 없어 보인다. 무작정 베트남에 가서 땅 사고, 집을 지어 월세를 받아서 생활한다고 막연히 계획해서는 위험하다고 여긴다. 그렇지만 한국에서 경제형편이 나빠지면 베트남에 아내와 자녀를 보낼 생각도 하고 있다. 이러한 남편의 태도는 앞 장에서 부인이 베트남으로 돌아가거나, 도망갈까 봐 두려움을 갖는 것과는 다르다. 자녀교육과 가족 생계를 위해 아내가 본국으로 귀환하는 것도 삶의 전략이 될 수 있을 것이라고 생각한다.

[노후에 계획 있으세요?] 그 부분은 아직, 생각을 못 했어요. 20년 지나면 답이 나오겠죠. 내가 경제력이 없다면 아마 애기 데리고 아내가 베트남에 가지 않을까 이렇게 생각하죠. [선생님이랑 같이요?] 저는 거기 못 살아요. 말이 안 통해서 한국 살아야죠. ……(중략)…… 글쎄요, 아직, 그렇게 한다는 게 아니고, 그렇게 되지 않을까 제가 생각을 하고 있거든요. 보고 싶으면 한 번 넘어가든가 아내가 오든가 해야겠죠. [베트남에서 노후 설계를 하신 적 있나요?] 생각은 해 봤는데, 실현 가능성이 없겠더라구요. 일단 베트남 돈의 가치도 자세히 잘 모르고, 베트남에 대해서 아는 게 없잖아요. 그냥 막연하게 한국처럼 생각해서 땅 100평 사가지고 집 지어서 세받아 가지고 살면 되겠지 하는데, 거기서는 될지 안 될지 몰라요. 시장 조사도 해봐야 되고, 달러, 환율도…… 생각은 해보는데, 실현 가능성 없을 거 같아요. 돈이 일단 있어야 되니까. 근데 자식을 위해서 거기다 땅을 좀 사두고 싶은 생각이 있어요. <부부, 나-2, 김진교>

김진혁 역시 한국에서 사는 것이 제일 좋다고 생각한다. 미래를 위해 연금에 가입하였지만, 앞으로 노후에 연금으로 생활하는 것이 부족하다면 생활비가 적게 드니까 베트남에 가서 살 생각을 하고 있었다.

생각은 여러 가지로 많이 해보니까, 그럴(베트남에서 살) 생각도 해봤지요. 저는 기본적으로 한국에서 생활할 수 있으면 한국에서 사는 게 제일 좋다고 생각합니다. 자기 나라에서 사는 게 제일 좋죠. 부득이하게 자기 나라에서 살기 힘들면 베트남에 가서, 왜냐하면 저 같은 경우는 지금부터 준비는 하고 있는데, 개인연금을 들어났기 때문에 65세 이상 되면 연금이 나올 테니까, 그 연금으로 우리나라에서 살 수 있으면 사는 거고, 아무래도 물가가 더, 환율이 다르니까, 그걸로 살기 힘들면 우리나라에서 연금받아 가지고, 베트남에서 편하게 살 수 있으면, 그 방법도 생각 중입니다. <부부, 자-2, 김진혁>

결혼이주가족이 이주를 선택하는 이유는 다양하다. 태영, 소정의 경우는 자녀의 미래를 위해서 유학을 보내기 위해 초국적 네트워크를 활용하고, 김진교와 김진석, 김진혁의 경우 '한국에서 생활이 어렵다면' 베트남으로의 이주를 고려한다. 반면, 대부분의 이주여성은 베트남보다 '한국이 낫다'고 생각하기 때문에 정착하고자 한다. 결국 이주라는 것은 자신의 상황에서 삶의 선택 사항이라는 점이다. 그 선택이 반드시 부와 행복을 가져다주는 것은 아니지만, 이주라는 선택을 통해 자신이 처한 상황을 개선해보려는 시도라는 점에서 생존전략이라 할 수 있다.

4. 초국가적 가족 네트워크의 도구화와 갈등

예인의 사례는 초국가적 가족 네트워크가 부부관계에서 갈등을 불러오는 경우다. 예인은 필리핀 마닐라에서 대학을 졸업하고 1997년 한국에 왔다. 한국에서 영어 강사 등으로 생활하다가, 2002년(결혼 당시 32세) 필리핀 친구의 소개로 첫 남편을 만났다. 남편은 시부모와 같이 살면서 농사일을 하는데, 간질을 앓고 있었다. 첫 남편은 예인을 존중해주고 잘해줬지만 하루에도 열 번씩 일어나는 간질 발작은 신혼 초부터 두렵고 무서운 일이 되었다. 결국 예인은 남편의 병이 무서워 결혼 1년 만에 이혼을 하게 된다. 이후 아는 필리핀 친구가 자신의 시동생을 소개해주어서 2004년 재혼을 하였다. 결혼 당시 남편은 한국인 여자와 동거 경험이 있었고 신용불량자였지만, 크게 문제 될 것이 없다고 생각했다. 예인도 "아가씨"가 아니라고 생각했기 때문이다.

예인은 남편이 고졸에 생산직 노동자이고, 돈을 많이 벌지 못해도 괜찮다고 생각한다. 돈이 없어도 상대방을 배려해주는 마음이 중요하다고 생각하고, 좋은 가족, 행복한 가족을 꿈꾸었다. 하지만 남편과는 여러 가지로 생활 방식의 차이가 있어 갈등이 생겨났다.

지금 남편과는 34살 결혼했어요. 옛날(예) 여자 있잖아요[있었어요]. 신용불량자도 괜찮아요. 나(는) 정말 아가씨 아니잖아요. ……(중략)…… 남편 나한테 책임 있잖아. 나는 좋은 가족 만들고 싶어. 행복한 가족. 그런데 그게 아니잖아. 거짓말 많고. 7년 동안 거짓말 했어요. 남편(은) 애기 안 돼요[낳을 수 없어요]. 똑바로 이야기해야 돼. 왜 거짓말 했어요. ……(중략)…… 돈 없어도 괜찮아요. 먹고살 수 있어요. care, 괜찮아? 힘들어? 이런 말들. 그런데 남편 이런 말 몰라요. …… 돈 필요 없어. 난 장난감 아니야. 난 자존감 낮아졌어요. ……(중략)…… 왜 자꾸 비싼 것 좋아해요. 자꾸 (물건 사서) 배달 시키고 싶어 해요. 한 번 요리하면 다시 먹기 싫어요. 우리 부자 아니잖아요. 걸어도 싫어해요. 택시 타요. "가난한 나라", "가난한 스타일", 남편(은) 자꾸만 "너 때문에" 필리핀 가난하니까 자꾸만 나 때문이라고 해요. 남편 친구가 전화하면 새벽에도 나가요. …… (중략)…… 남편 말, "나 돈 없는데 왜 같이 살려고 해? 당뇨 있고, 머리카락도 없어." 그런데 같이 살려고 한다고, (나보고) 또라이라고 해요. 돈 많은 남자 만나라고 해요. <보조, 부부, B-5, 예인>

예인은 장녀로서 필리핀 가족에 대한 책임감을 강하게 느끼고 있었다. 현재 필리핀 친정엄마와 대학을 갓 졸업한 여동생, 조카를 한국으로 초청하여 함께 살고 있었다. 친정엄마는 다리 관절이 안 좋아서 병원에서 약을 먹고 있고, 대학을 갓 졸업한 여동생은 한국에서 영어 과외로 돈을 벌고 있다.[82] 이렇게 예인으로 인해 필리핀 가족이 한국에 와 있는 만큼, 필리핀 가족에게 예인의 위치는 절대적이다. 예인은

---

82) 친정엄마는 몸이 아파서 한국 민간기관에서 무료로 제공하는 외국인 의료서비스를 받고 있으며, 가사도우미로 취업한 상태였다. 최근 한국에 입국한 여동생은 아르바이트를 하고 있었고, 조카는 무료로 지역 NGO의 지원을 받아 방과 후 프로그램을 받고 있었다.

큰딸로서 자신의 가족에 대한 책임이 있다고 말하고, 지속적으로 자신의 가족에 송금을 하고 있으며, 적극적으로 부모 형제를 한국으로 불러들였다. 이러한 필리핀 가족의 초청과 동거는 남편과의 갈등을 야기하였다.

> 조카 지금 한국 사람 하고 싶어. 필리핀 안 가고 싶어. 나랑 같이 살고 싶어. (친)엄마보다 나를 좋아해요. 남편(은) 입양하지 마, 해요. 남편 말(을) 존중해줘서 가만히 있어요. 어제 남편 와서 말했어요. 남편 말, 기다려. (나는) "왜? 지금 (조카가) 한국 왔잖아. 우리 사람[입양]해야 돼. 남편 말, "나 힘들어." 남편 말이 "우리 어차피 이혼해야 돼." 이혼, 기분 많이 안 좋아요. "왜 이혼해야 돼? 무슨 이유 있어?" 남편 말, 자꾸 돈 많은 남자 만나, 미국 남자 만나 해요. <보조, 부부, B-5, 예인>

한편 예인의 남편 김한수의 입장에서는 아내가 가정생활에는 관심이 없고, 자신의 친정 식구들 먹여 살리는 데 급급한 이기적인 모습으로 비쳐진다. 아내가 친정엄마와 여동생, 심지어 조카까지 데려와서 같이 살고 있는데, 조카를 입양까지 한다고 나서니 더는 못 참겠다고 생각한다. 남편의 입장에서 필리핀 조카를 입양하려는 아내의 태도는 친정 식구를 먹여 살리려는 목적을 갖고 자신을 이용하려는 행동으로 이해된다.

> 밥이라고 한번 챙겨준 적이 없어요. 필리핀 가족 먹여 살리려고 열심히 했겠지⋯⋯ 이혼하고 싶어요. 국적도 따고, 해줄건 다 해준 거 아녜요. 사람이[내가] 자기한테 그렇게 해줬으면 배려를 해줘야지, 나만 억울한 거 아니에요. 법원에서 소송을 걸어서라도 이혼할 거예요. 와이프의 역할이 아무것도 없잖아요. 어차피 합의 이혼하면 간단하니까 깨끗하게 헤어지고, ⋯⋯(중략)⋯⋯ 여동생, 조카 데려오

지, 장모 데려오지, 내가 꾸역꾸역 먹이고 했어요. 내 자식 잘못하면 내 자식 욕해. 한국 여자랑도 8년 살았어요. 그 여자보다 더 심해. 나하고 관계도 개선 못 하면서 입양까지 한대요. 그런데 내가 왜 그것을 해줘요. 내 인생도 복잡해 죽겠는데. 내가 해주고 싶지 않아요. (와이프) 가족들 하면 이가 갈려. 어차피 이혼 소송하면 돈이 드니까 깨끗이 해주면 끝이 나. 어떤 목적을 갖고 입양을 하려는지…… 합의 이혼하면 깨끗이 끝나는 거 아니에요. 월세 생활하는 놈이 무슨 돈이 있어 변호사님 하겠습니까. 그럴 바에는 돈 많은 미국 놈 만나야지. 합의 이혼 안 해주면 소송이라도 걸어서 끝을 보고 싶은 거예요. <보조, 부부, B-5, 김한수>

한편 예인은 남편과의 갈등이 오래되었고, 현재 별거 중이지만 이혼할 생각은 없다. 이혼하면 "내 얼굴이 없어요"처럼 창피한 일이고, 필리핀 가족에 대한 책임감 때문이다.[83] 친정 가족이 한국에 이주한 이유는 경제적 이유뿐만 아니라 복지서비스를 이용할 수 있기 때문이다. 조카를 입양하려는 이유도 조카의 장래를 위해서 한국이라는 교육복지 시스템을 이용하려는 생각에서다. 이러한 점으로 인해 예인은 남편이 '돈 많은 미국 남자'[84] 만나고 이혼하자고 하지만 이혼만은 피하려고 한다. 예인의 초국가적 결혼으로 인해 친정 부모, 여동생, 조카까지 모두 한집에 살고 있다. 한 가지 주목할 사실은 예인이 조카를 입양해서 한국에서 교육하려는 모습은 앞서 소영이나 태영이 자녀를 베트남이나 필리핀에 유학시킬 계획과는 상반된다는 점이다.

---

83) 필리핀 사람들에게 가족은 "가장 중요하고, 가장 축복받고, 가장 영원한 제도(Asis, 1994; Suzuki, 2005 재인용)"로 가족과의 강한 유대는 어느 한쪽이 기생하는 것으로 이해되기보다는 상호성의 측면으로 해석된다(Acstillo, 1977; Suzuki, 2005 재인용).

84) 한 가지 재미있는 사실은 남편이 예인에게 자기보다 더 좋은 남자 만나서 살라고 하는데, 이때 좋은 남자는 '미국 남자'로 상정하고 있다는 사실이다. 이는 예인이 한국 국적을 취득하였지만 국적 취득과는 상관없이 여전히 외국 여성으로 각인되고 있는 것이고, 아내의 본국 남성이 아니라 미국이라는 제3의 국가가 국가의 위계에 의해 선택된다. 이러한 고려하에서 미국 남성은 최상의 결혼 상대자가 되는 것이다.

이를 통해 알 수 있는 것은 초국가적 네트워크라는 사회적 자원은 어느 한 방향으로 정해진 것이 아니라 자신이 처한 상황에서 선택되는 것임을 알 수 있다.

> 나는 큰딸이잖아요. 책임 많아요. 부모님께 고마워했어요. 그런데 남편은 생각 달라요. 문화가 달라요. ……(중략)…… 착한 사람이면 [이라면] 와이프 (처지) 이해해야 해요. 여동생(이) 지금 한국 왔어요. 필리핀 일자리 있어도 돈 조금 받아요. 여동생 머리 좋으니까 한국 오면 좋아요. 남편 마음, 엄마, 여동생 (우리 집) 오는 것 괜찮아했어요. 내 잘못 안 해도 (남편에게) "미안해, 미안해" 했어요. …… 엄마, 관절 수술해야 돼요. 다리가 아파요. 그런데 하느님 믿어서 수술 안 해도 돼 했어요[많이 좋아졌어요]. 고혈압 있어요. 여기서(는) 약 공짜로 먹어요. 외국인 병원요. 다 공짜예요. 필리핀에는 없어요. 필리핀에 가면 건강 안 좋아요. 남편도 알아요. 어머니 병원 때문에 여기 있는거. <보조, 부부, B-5, 예인>

예인은 현재 한국 국적이 있는 시민권자이다. 혼자의 힘으로도 조카를 입양할 수 있는 법적 지위를 가지고 있다는 의미다. 부부관계는 단지 서류상에만 존재함에도 불구하고 가족관계를 유지하고 싶은 이유는 결혼에 실패한 이주여성으로 비추어지는 것에 대한 거부감 때문이다. 그리고 이혼을 하게 되면, 필리핀 친정 가족을 초청하고, 한국에 체류하는 데 어려움을 겪을 수 있다는 이유로 한국 남편이라는 배후가 필요하다고 여기는 것이다.

5. 요약

본국과 정착국의 두 사회에 위치하면서 이주여성은 적극적으로 초국가적 네트워크를 형성해나가고, 가족유대를 경험하고 있었다. 이주여성과 베트남 친정 가족과의 유대는 경제적 행위, 즉 송금 행위에서 가장 선명하게 나타나는데, 대부분 이주여성이 친정 가족에게 경제적 지원을 하고 있었다. 송금 행위는 딸로서 기대되는 젠더규범의 측면이 강하지만, 남편의 입장에서는 자신의 가족보다 친정 가족을 먼저 생각하는 아내의 행동이 불안하기도 하고, 경제적으로 넉넉지 못한 상황에서 갈등을 일으키는 요인이 되기도 한다. 이주여성은 본국 가족과 한국 가족 사이에 낀 이중적 위치로 인해 갈등을 겪고 있고, 자신의 가족의 경계를 설정하는 과정을 통해 적극적으로 삶에 대처하는 행위성을 보여주었다.

초국가적 네트워크의 한 측면으로 연쇄 이주는 친정 부모나 형제자매 방문초청, 산후조리나 취업, 친척이나 친구의 결혼이주 등 다양하게 나타났다. 친정 가족의 방문초청은 취업으로 전환되기도 하는데, 이렇게 초국가적 네트워크는 친정 가족에게 사회적 자원이라고 할 수 있다. 한편 초국가적 네트워크는 이주여성이 친정 가족에게 경제적 지원을 하는 것이라는 사회적 편견과는 달리, 상호 호혜성이라는 측면에서 상호 간의 주고받음의 형식이고, 쌍방향적임을 논의하였다.

이주여성과 남성은 노후의 삶을 위한 방편으로서, 자녀교육을 위한 삶의 기획으로서 혹은 삶의 대안으로서 이주를 고려하였다. 한국에 머물거나, 귀환하거나 혹은 제3의 국가로 이주를 하는 등 이주의 동기는 다양하지만, 이주가 선택되는 방식은 삶의 전략으로 기획된다는 점은 동일하다고 하겠다. 이러한 점에서 이주는 정착했다고 해서 정지된 것이 아니라, 계속되는 삶의 과정 속에 놓여 있다고 할 수 있을 것이다.

마지막으로 초국가적 가족 네트워크의 도구적 성격이 가족관계에서 갈등을 불러오는 측면을 살펴보았다. 초국가적 가족 네트워크는 이주자의 삶에 긍정적인 측면뿐만 아니라 이로 인한 갈등적 요소도 함께 내포하고 있음을 보여준다.

결론

1. 논의 요약

오늘날의 국제이주는 과거보다 다양한 형태로 빈번하게 일어나고 있으며, 이러한 이주의 흐름은 세계화의 맥락 속에서 더욱 확산되고 있다. 특히 한국을 비롯한 아시아 지역에서 증가하고 있는 국제결혼 이주는 이주경로 및 적응과정이 전통적인 노동이주와는 상이하다. 이주를 발생시키는 가장 주된 요인은 국가 간 경제발달의 차이라고 할 수 있을 것이다. 국가 간 경제수준의 차이는 더 높은 임금과 안정된 직장을 얻으려는 이주자들의 마음을 사로잡는 강력한 요인이다. 하지만 결혼이주 경우, 이주의 동기와 이주과정은 훨씬 설명이 복잡하다. 가부장제라는 독특한 사회구조적 조건이나 관념체계, 국가와 결혼중개업자의 매개적 요소, 그리고 행위자가 처한 조건들과 행위전략 등을 동시에 고려해야 하기 때문이다.

한국 사회에서 국제결혼이 급증하게 된 이유 중 하나는 국제결혼을 상업적으로 확대시키고 있는 결혼중개업소와 이주자들의 네트워크가 결혼이주를 촉진하는 매개적 요인으로 작용하고 있는 점이다. 심층면접 한 이주여성들은 베트남에서 친구나 친척, 이웃으로부터 직접적 혹은 간접적으로 결혼이주에 대한 정보를 얻고 있었다. 이러한 네트워크에 기반을 두어 의사결정을 하고, 이주의 경험을 구성한다는 점에서 네트워크 이주의 특성을 살펴보았다.

한편 결혼이주여성은 다양한 이유로 결혼이주를 선택한다. 결혼할 나이가 되어서, 가난을 벗어나기 위해서, 부모를 돕기 위해서, 남자친구와 헤어져서, 보다 나은 삶을 위해서 등등이다. 이러한 점은 이주여성이 단순히 경제적 동기에서 이주를 선택한 것이 아님을 보여주고 있다. 이주를 선택한 이유와 배우자를 선택한 이유 사이에는 일종의 긴장이 존재한다. '보다 좋은 삶'을 위해 이주를 선택하지만, 실제 배우자를 고르는 기준은 '좋은 사람' 혹은 '착한 사람'으로 표현된다. 이러한 긴장을 구조적 제약 속에 나타나는 행위성의 양가적인 측면으로 해석하였다. 남성 역시 나이가 들도록 결혼을 하지 못한 열악한 사회경제적 지위를 가지고 있지만, 한편으로는 이를 역전시키는 이중적인 태도를 보여주고 있다. 결혼중개 시스템 속에서 이주여성과 마찬가지로 남성도 소외되는 경험을 하고 이를 비판적으로 인식하기도 하지만, 남성은 여성보다 우월적인 위치에서 배우자를 고를 수 있는 제한된 권력을 가지고 있고, 자신의 열악한 사회적 위치를 '젊은 아내'와 결혼하는 남성성으로 전환하거나 '한 수 위'라고 차별화시킨다. 그렇지만 이러한 남편의 우월적인 위치는 한편으로 아내가 도망갈까 봐 두려운 모순적인 위치이기도 하다.

다음으로 결혼이주가족이 초국가적 가족(transnational family)을 형성하는 측면을 살펴보았다. 초국가적 가족이란 국가의 경계를 넘어 가족들이 떨어져 살면서도 가족이라는 가족감정(familyhood)을 지니는 것으로 정의할 수 있다. 특히 결혼이주와 관련해서 초국가적 가족은 국경을 넘어 혼인관계를 맺고, 이주여성은 본국 가족과 지리적인 분리를 경험하고, 이주 후 삶과 경험에서 본국의 가족과 초국가적 가족 유대를 맺어가고 있는 현상에서 잘 드러난다. 그리고 이주여성은 자신의 초국가성에 기반을 둔 특성들, 예를 들면, 언어, 문화, 정체성, 사회적 네트워크 등을 한국 가족관계 속에서 협상의 자원으로 활용하고 있었다.

구체적인 가족관계 속에서 일어나는 가족경험을 협상과 전략의 측면에서 분석하였는데, 이주여성의 협상자원으로는 임신과 출산능력, 자녀의 의미와 엄마 역할, 정체성, 언어, 문화 차이, 사회경제적 배경, 일과 가족의 경계 등으로 살펴보았다. 결혼이주여성의 경우 초국가적 가족관계는 현실적인 가족 사이에 놓인 이중적인 위치에 놓여 있다. 베트남 가족에게서는 '딸'로서 기대되지만 남편에게서는 '아내'로서 기대되고, 이 둘 사이의 역할 사이에서 종종 긴장과 갈등을 가져온다. 이에 대해서 이주여성은 가족 경계를 설정하는 행위를 통해서 적극적으로 대처하고 모습을 보여주었다. 이주여성은 모국을 떠나온 이주자라는 맥락에서 본국과의 연결 속에 위치하는데, 가족 경계를 설정하는 전략은 현실적으로 경제적 자원이 넉넉지 못한 상황에서 친정 가족에 대한 경제적 부담을 벗어나는 행위이자 이를 통해 현실 가족의 생활에 충실하려는 행위성으로 읽혀진다. 또한 이주여성은 취업이나 부업의 형태로 부단하게 경제활동을 참여하고 있었고, 이를 통해 남편의 소득을 보완하기도 하였다. 따라서 이주여성이 국제결혼에서 남성의 경제력과 자신의 성을 교환한다는 시각은 부적절함을 지적하였다.

이주여성과 남성의 젠더 역할 수행 측면에 있어서, 여성은 자녀를 낳고 양육하는 어머니로서의 역할이 기대되고, 이주여성 또한 이를 자연스럽게 받아들이는 태도를 보였다. 이러한 전통적인 성 역할 수행은 한편으로는 이주여성이 가족 내에서 어머니로서, 아내로서의 지위를 확고하게 하는 자원이 되기도 한다. 가족관계는 가족구성원들의 역할을 끊임없이 협상하고 변형시키면서 자신의 위치를 정하게 된다. 이주여성은 아내로서 남편에게 "술 먹지 마라, 일찍 들어와라" 등의 요구를 함으로써 아내로서 자신의 위치를 확인시키고 있지만, 남편은 이를 잔소리나, 아내의 문화 차이에 의한 오해 등으로 오인하기도 한다.

한편 어머니로서 이주여성은 자녀교육에 대해 한국어로 소통하기 어렵고, 자녀에게 한국 문화를 알려주기 어려운 이주 어머니로서 한계를 느끼고 있었다. 어머니와 자녀 사이에 놓은 민족적 요인은 자녀를 온전히 한국인이 되도록 양육하지 못하는 조건이 되기도 하지만, 엄마 나라를 이해하고 엄마와 소통하게 되는 가능성이기도 하다. 이주여성과 남편은 성별, 세대 차이보다 문화적 차이를 가장 크게 인식하고 있었고, 가족생활의 갈등의 주된 요인은 문화적 차이에서 비롯된 것으로 해석하였다. 의사소통의 어려움과 생활 방식의 차이는 주로 이주여성에게 한국어와 한국 문화를 습득하도록 요구하는 자문화 중심적이고 일방적인 방식으로 나타난다. 그렇지만 이주여성이 한국어의 의사소통능력이 높으면 취업이나 자녀 교육 등에서 유리한 자원이 된다.

이주여성의 사회경제적 배경이 현실 가족 속에서 어떻게 협상의 자원이 되는가는 태영의 사례에서 잘 나타나고 있다. 태영의 '당당함'은 시어머니와 시누이들에게서 지지를 받고, 친정 네트워크를 이용하여 자녀를 유학시킬 계획을 설계하는 등 적극적인 삶의 실천을 보여주고 있다.

결혼이주가족의 가족전략 측면은 주로 가족이 처한 사회경제적 배경 속에서 가족행위와 관련된다. 생활 방식과 자녀양육 방식, 교육 전망, 삶의 전망 등을 부르디외의 아비투스 개념으로 살펴보았다. 결혼이주가족의 생활 방식은 "없으면 없는 대로" 사는 생활 방식으로 나타났는데, 이는 계급적 위치의 불안정성으로 인해 현실의 삶에 집중해서 충실하게 살려는 전략으로 해석된다. 차영의 경우 친정엄마와 여동생으로부터 생활비를 지원받는데, 이는 초국가적 네트워크가 가족자원으로 활용되는 측면을 보여준다.

자녀의 양육 방식과 교육을 통한 상승이동의 열망에 있어서는 자녀들이 "스스로", "일찍 자고 일찍 일어나는" 생활 습관을 중요하게 여기고 있었고, 대학까지 가르치고 싶다는 높은 기대를 갖고 있었다. 하지만 자녀가 대학에 들어가기 위한 구체적인 실천전략보다는 경제적 뒷받침을 부모의 중요한 역할로 인식하고 있었다. 사교육과 경쟁 중심의 학교교육체제에서 불안감을 느끼기도 하지만, 자녀에 대한 기대를 낮추기도 하고, 경쟁이나 공부의 가치를 좇기보다는 이를 버리는 전략을 보이기도 하였다. 그리고 태영, 소정, 소영의 경우 자녀들을 본국의 가족 네트워크를 이용하여 유학시키고 있거나 그러한 계획을 갖고 있었는데, 이러한 초국가적 가족 네트워크는 계급재생산의 관점에서 계급상승을 위한 가족전략으로 해석할 수 있다.

친밀성의 위기와 갈등에서 가부장적 가족규범과 낭만적 사랑이 만들어내는 불협화음을 살펴보았다. 주로 물질적 자원에 의해 위계화되는 권력관계와는 달리 친밀성은 사랑과 정서적 애착, 성적인 이끌림 등 비물질적인 차원에서 평등한 교류를 전제로 한다는 점에서 이와 다르다고 할 수 있다. 하지만 친밀성은 쉽게 권력관계에 의해 상처를 입기도 한다는 점에서 이주여성은 이중의 불리한 사회적 위치에 놓여 있음을 지적하였다.

다음으로 결혼이주가족에서 나타나는 초국가주의 현상을 가족 네트워크, 가족유대, 송금, 연쇄 이주 등을 통해 분석하였다. 이주여성은 본국과 한국에서 초국가적 네트워크로 연결되어 있고, 정서적·경제적·물질적 자원을 교류하고 있다. 이러한 교류는 일방적이라기보다는 쌍방향적이고, 개인의 사회적 조건에 따라 형태도 다양하다. 이주여성은 초국가적 네트워크를 삶의 자원으로 활용하고, 생존전략으로 실천하고 있다고 할 수 있다.

이주여성은 본국에 미래 삶을 위해 투자를 계획하고, 연쇄 이주를 통해 친정 가족을 불러들이고, 친구나 친척들에게 한국 남성을 배우자감으로 소개하여 결혼이주를 돕는 등 초국가적 가족 네트워크를 유지하고 있었다. 반면, 친정 가족과 네트워크를 단절하기도 하고, 친정 가족으로부터 경제적 도움을 받기도 하는 등 초국적 네트워크 형태는 다양한 방식으로 나타났다. 때로는 예인의 사례처럼 초국가적 가족 네트워크의 도구화 측면은 가족관계에서 갈등을 불러오는 부정적인 요소로 작용하기도 하였다. 이러한 초국가적 네트워크를 형성하는 기저에는 이주여성이 처한 삶의 조건에서 생존전략의 차원으로 이를 활용한다는 사실이다.

이주여성이 본국 가족에게 보내는 송금 행위는 종종 남편과 마찰을 빚기도 하고, 남편과 협상의 영역이 되기도 한다. 때로는 이주여성에게 송금 행위는 '본국 가족'과 '현실 가족' 사이에 놓인 이중적 위치에서 오는 긴장이 존재하고, 누가 가족인가를 놓고 가족경계를 설정하는 방식으로 대처하기도 한다. 끝으로 귀환이나 제3의 이주를 계획하고 실천하는 것은 개인이 가진 자원과 동기, 열망, 삶의 기대 등 다양한 요인이 복합적으로 결합되어 있음을 알 수 있었다. 서로 다른 이유로 이주를 계획함에도 불구하고 동일한 점은 이주는 삶의 전략으로 기획된다는 점이다.

2. 이론적 함의

이제까지 국내에서 국제결혼이주 연구는 주로 이주노동자의 이주 경험을 연구하거나 이주의 여성화와 관련해서는 결혼중개업소에 의한 국제결혼의 피해사례나 이주여성이 인권 침해적 상황에 주목하여 이를 해결하기 위한 방안 마련 차원에서 연구되었다. 그리고 국제결혼의 증가로 인한 다문화 가족의 부부갈등 문제, 자녀교육 문제 등 주로 한국 생활의 어려움을 해소하고, 한국 사회의 일원으로 통합하는 차원에서 실천 방안들이 연구되었다.

그러나 이러한 연구들이 내포한 한계는 결혼이주자가족을 외부자의 시각에서 피해자화하거나 통합의 대상으로 축소시킨다는 점이다. 결혼이주가족에 대해서는 가정폭력의 희생자이거나 도망가는 아내

이거나 전통적인 가부장적 남편이거나 사회·경제적으로 열악한 지위에 있는 주변적인 이미지로 그려진다. 이러한 연구는 결혼이주가족을 타자화하고 대상화한다는 점에 문제가 제기된다. 따라서 결혼이주가족의 연구는 그들의 목소리로 그들의 경험을 이야기하고, 그들의 경험을 이해하려는 노력에서 시작해야 할 것이다.

국제결혼이주가족을 타자화하는 또 다른 문제점은 다문화 사회를 지향한다고 말하면서도 실제로는 그들을 동화의 대상으로 바라본다는 점이다. 우리 사회의 다문화 정책은 주로 동화주의 시각에서 한국어 강좌나 다문화 가족 자녀의 언어치료, 한국 문화 습득 등에 초점이 맞추어져 있다. 한국말을 배우고 한국 문화를 습득하는 것은 현실적으로 결혼이주가족에게 도움이 될 수 있지만, 이주여성의 정체성을 인정하지 않는 방식에 문제가 있는 것이다. 한국 사회가 다름의 가치를 인정하지 않고 동화주의 시각으로 이들 가족을 바라보는 사회적 분위기는 다문화 가족을 영원히 외부인으로 존재하게 하고, 이러한 시각을 사회적으로 재생산한다는 점에서 그 위험성이 존재한다.

이 책은 결혼이주가족의 이주의 경험과 삶을 해석하기 위한 이론적 접근방법으로 행위성(agency) 개념을 도입하였다. 행위성 접근방법은 새로운 것이 아니다. 이제까지 사회과학에서 구조와 행위를 연결하려는 시도들이 부단히 이루어져 왔고, 실제로 구조화 이론이나 아비투스의 이론들은 이를 체계화하는 시도를 하였다. 하지만 서구의 개인주의 시각은 자유의지나 원자론적인 행위자를 가정하고 있으며, 사회적 행위자라는 개념을 상실하고 있다고 비판을 받는다. 한편 여성주의 연구자들은 여성의 주체적이고 능동적인 행위를 드러낸다는 점에서 행위성의 개념을 Kandiyoti(1988)의 "협상"의 개념과 동일한 차원에서 논의하고 있지만 주로 억압적인 상황에서 저항하는 측면에 주로 초점을 맞춤으로써 행위성의 다양한 측면을 축소한다는 비판을 받고 있다. 가족을 위해 헌신하는 모습이나 침묵 등은 서구의 개인주의 시각에서 보면 행위성이 없거나 비주체적인 것으로 보인다. 따라서 행위성은 Ahearn(2001)이 "사회 문화적으로 매개된 행위의 가능성"으로 정의한 바대로 사회 문화적인 맥락을 고려할 필요가 있다.

한편 이주연구에서 결혼이주여성의 이주경험을 초국가적 맥락에서 가족행위를 분석한 연구는 많지 않다. 초국가적 가족이나 초국가적 네트워크, 가족유대 등의 주제는 이제까지 학계의 관심을 끌지 못했다고 보인다. 이는 한국 정부가 이주자들을 단기 취업이나 귀환을 전제로 하거나, 결혼이주의 경우 한국 사회에 동화되는 대상으로 이주정책을 펼치고 있다는 점도 영향을 미친다. 그러나 결혼이주가족과 같이 본국과의 교류가 지속적이고, 이들의 정착에 중요한 의미를 갖는 초국가주의 현상에 관심을 기울일 필요가 있다.

결혼이주에서 특별히 주목해서 보아야 할 현상은 이주 집단이 다양하며 이들의 이주 경험은 서로 다르다는 점이다. 즉, 결혼이주자는 하나의 집단으로 동일화될 수 없다. 결혼이주여성의 삶의 경험은 계급과 민족, 사회경제적 지위, 언어능력과 초국가적 네트워크 등과 같은 자원들과 이주여성의 동기, 열망, 기대 등 개인적 요인에 따라 다르게 나타난다. 이러한 차이들로 인해 동일한 조건 속에서 다양한 행위성이 표출된다고 할 수 있다.

종합하면, 이 연구는 결혼이주에서 나타나는 초국가주의 현상에 주목하여 이를 가족관계 속에서 나타나는 다양한 실천행위들을 살펴본 것이라 할 수 있다. 가족관계는 협상과 갈등, 전략 등 다양한 실천으로 변형되는 영역이다. 개인이 가진 협상 자원들과 행위의 양식들을 계급·민족·젠더라는 사회적 위치 속에서 그리고 초국가주의라는 두 축을 중심으로 결혼이주가족의 다양한 삶의 경험들을 살펴보았다. 구조의 구속력에도 불구하고, 인간은 자신이 처한 조건에 수동적으로 위치 지어지는 것이 아니라 자신의 삶을 실천하는 과정에서 적극적으로 대처해나가면서 이를 변형시킨다. 이러한 분석시각에 입각해서 이제까지 사회적 편견 속에서 획일화된 결혼이주가족에 대한 이미지를 벗겨내는 작업을 하였다. 이를 통해 결혼이주여성과 남편은 구조적 강제 속에서 자신이 가진 자원을 활용하여 전략적으로 행동하기도 하고 타협과 협상을 하며 성 역할 조정이나 가족경계 재설정 등 새로운 방법을 창안하기도 하는 등 다양한 실천행위를 보여주었다.

결혼이주가족은 한국 사회에서 살아가고 있지만, 이주행위가 가져온 '초국가적' 특성으로 인해 본국 가족과 연결되어 있으면서 다양한 삶의 실천들을 만들어가고 있다고 할 수 있다. 따라서 이 연구는 이들 가족을 한국 사회에 정착하는 측면만이 아니라 초국가적 가족 네트워크를 형성하는 사회적·경제적·문화적 교류 측면들과 이러한 가족관계의 역동성 측면을 살펴본 데 의의가 있다.

이 책에서 미처 다루지 못한 틈새를 정리하면 다음과 같다. 먼저 본 연구에서는 초국가적 네트워크 유형 중 본국 가족과 맺는 사적 네트워크 측면만을 살펴보았으나, 이 외에도 성별이나 계급적 배경, 체류 자격, 이주 방식 등을 고려한 다양한 이주 집단이 본국과 한국 사회에서 맺는 사회적·경제적·정치적 활동 측면도 함께 고려되어야 할 것이다. 같은 민족 집단 내에서도 초국가적 네트워크를 실천하는 양상들이 달라질 것이기 때문이다.

이 외에도 결혼 이주 연구에 있어서 앞으로 보다 논의가 보완되어야 할 부분은 이주과정과 이주의 결과가 송출국에 미치는 영향이다. 존스와 센(Jones & Sen, 2008)의 지적처럼, 대부분의 연구가 여성 이주자들이 정착국으로 이주하게 된 과정과 이주의 경험에 초점을 맞추면서 상대적으로 이주과정과 이주의 결과가 송출국에 미치는 영향 등은 소홀히 다루어져 왔다. 또한 결혼이주 연구들에 여성의 경험을 주로 다루면서 상대적으로 남성의 행위성은 관심이 주어지지 않았다(Suzuki, 2005, 2003). 남성은 경제발전이 낮은 나라에서 신부를 데려오는 하나의 동일한 이미지로 표상이 될 뿐, 다양한 맥락 속에서 결혼 결정에 미치는 구조적 요인과 개인적 요인들의 협상의 측면이 간과되었다는 것이다.

한편 국제결혼이주에서 주의 깊게 다루어져야 할 부분은 국가의 역할이다. 결혼을 통해서 두 사람의 국가가 친밀한 사적 공간에서 조우하게 되기 때문에 많은 이슈들을 제기한다(Jones & Sen, 2008). 국가의 정책이나 전략들, 제도, 법적 절차 등은 국제결혼을 장려할 수도 있고 억제할 수도 있고 시민권 획득이나 이주여성의 법적 지위 등에 중요한 영향을 미친다. 국가가 결혼이주를 어떻게 규제하고, 이주여성의 지위를 어떻게 보장하며 결혼이주가족의 복지를 어떻게 접근하는가 등의 문제는 사회적·역사적 맥락 속에서 결정되고, 이는 이주의 행위에 영향을 미치기 때문이다.

끝으로 본 연구는 베트남 결혼이주여성에 초점을 맞추고 있어서 다양한 이주 집단의 삶의 경험으로 일반화될 수 없다. 이러한 점은 앞으로 후속 연구들로 보완되어야 할 것이다. 이러한 비교 연구는 개인적 차원의 차이를 드러내는 데 있지 않고 그 차이를 가져오는 사회적·구조적 요인들을 지적함으로써 그것의 변형 가능성을 탐색하는 데 주어져야 할 것이다.

3. 정책의 시사점

우리 사회가 다문화 사회로 나아가고 있다고 전제할 때, 이러한 구조적 이행을 가로막는 동화론적 시각에 대한 성찰이 요구된다. 정부 기관이나 민간 위탁기관에서 실시하는 다문화 정책도 주로 한국어 강좌이거나 출산지원, 자녀의 이중 언어치료 등임을 볼 때 이주여성은 자신의 문화적 배경을 벗어나 한국 생활에 적응되기를 요구받고 있고, 자녀를 출산하고 양육하는 어머니로서 기대되고 있음을 알 수 있다. 많은 연구에서 지적되듯 이주여성은 단순히 한국인 자녀를 출산하는 어머니로서만 존재하는 것이 아니다. 이들이 보다 한국 사회에서 주체적인 시민으로서 삶을 영위할 수 있도록 도움을 주기 위해서는 무엇보다도 한국 사회가 이주여성들의 문화적 배경과 정체성을 인정하고 존중할 필요가 있다.

하지만 실제 그들의 존재를 인정하고, 우리와 다른 문화를 가치 있는 것으로 존중하는 것은 쉬운 일이 아닐 것이다. 이를 위해 일상 속에서 그들과 더불어 사는 구체적인 실천들을 다양화하고 새롭게 만들어갈 필요가 있다. 이것은 아주 구체적인 삶의 공간 안에서 빈번히 이루어져야 할 것이다. 예를 들면, 지자체에서 벌이는 다문화 축제나 이주민 행사 등은 대규모의 관 주도적인 성격이 강한데, 이를 보다

작게 나눌 필요가 있고 이주민 조직이 주체가 되어서 운영할 필요가 있어 보인다. 또한 다문화 프로그램을 주로 이주자 중심의 한글 교육이 주류를 이루지만, 이를 한국 국민이 다문화를 체험하고 공유할 수 있는 다양한 프로그램을 마련하는 것도 의미 있을 것이다.

둘째, 결혼이주가족을 한국에 정착하는 측면만을 보고, 이들 가족이 가지는 초국가적 가족 특성을 간과하는 것에 대한 문제제기이다. 이주여성이 본국 가족과 맺는 초국가적 가족관계는 결혼이주가족의 가족생활을 역동적으로 구성할 수 있는 자원이 되기도 한다. 이러한 관점에서 이주 정책은 한국 사회에서의 적응과 정착 측면에 집중되기보다는 이주자들이 본국과 맺는 사회적·경제적·문화적 교류를 한국 사회의 긍정적인 사회적 자원으로 전환시킬 수 있는 방안들을 모색해야 할 것이다.

셋째, 이주여성들은 여성이 경제활동에 참여하는 것을 당연하게 인식하고 있었고, 현실적으로도 이들의 경제활동은 가족 경제를 떠받치는 중요한 역할을 차지하고 있다. 이주여성이 안정적으로 경제활동에 참여할 수 있도록 여건을 조성하는 일은 개인적인 차원에서의 취업욕구만이 아니라 그들 가족의 안정적인 가족생활을 위해서도 반드시 필요한 일로 여겨진다. 이주여성이 실제 취업하고 있는 곳은 단순한 부품조립일이거나 봉제일 등 저임금의 불안정한 일자리가 많았다. 따라서 이들이 보다 안정적이고 장기적인 관점에서 직업을 설계할 수 있도록 직업능력을 계발하고 이를 지원하는 프로그램이 현실화되어야 할 것으로 보인다.

넷째, 영주권 혹은 시민권과 같은 결혼이주자들의 법적 지위를 보장하는 문제이다. 앞서 초록의 사례처럼 이주여성의 법적 지위는 남편에게 의존되어 있어 이주여성이 한국에서 십여 년을 살아도 시민권이 없는 상황을 만들고 있다. 이는 우리 사회가 이주여성을 아내, 어머니로서만 간주하는 차별적인 관점을 잘 드러내준다. 따라서 남편의 동의가 없어도 일정한 자격을 갖추면 한국인으로 인정해주는 법적 지위가 보장되어야 할 것이고, 이들이 자신의 권익을 위해 목소리를 낼 수 있는 다양한 채널을 마련할 필요가 있다. 이런 의미에서 최근 필리핀 이주여성인 이자스민이 19대 국회의원에 당선된 것은 의미 있는 일이라고 할 수 있다.

다섯째, 다문화 사회로 접어든 한국 사회에서 결혼이주가족의 자녀들이 어떠한 사회적 차별도 받지 않고 성장할 수 있도록 법적·제도적 장치를 마련하고, 이를 위해서 이주가족의 자녀세대에 대한 연구들이 본격적으로 진행될 필요가 있다. 베트남 이주여성의 경우 자녀들이 초등학교에 진학한 정도이지만, 이들이 성장하여 대학에 진학하고 사회에 진출하여 직업시장에 진입할 때, 서구에서처럼 다양한 사회적 장벽들에 부딪힐 것으로 예상되기 때문이다.

여섯째, 국제결혼을 상업적 측면으로 이용하는 결혼중개업소에 대해서 정책 차원의 규제와 관리가 보다 엄격해져야 할 것으로 보인다. 한국 정부도 국제결혼 피해사례에 주목하여 배우자의 신상정보를 강화하고 18세 미만의 집단맞선을 금지하는 등 결혼중개업관리에 관한 법률 개정을 마련하고 있지만, 국제결혼정책은 보다 엄격하고 신중하게 다뤄질 필요가 있다. 우리 사회는 국제결혼에 대해 지나치게 환상을 갖게 하거나 이벤트성으로 손쉽게 결혼에 이르는 결혼의 상업화 과정에 놓여 있다. 국제결혼 자체가 보다 신중하게 진행되고, 이 과정에서 개인의 자율성이 강조되고 인권의 침해요소가 없도록 제도적 장치들이 보완되어야 할 것이다.

참고문헌

고현웅 외(2005). 『국제결혼중개시스템: 베트남, 필리핀 현지실태조사』. 빈부격
　　차차별시정위원회.

김동엽(2010). "필리핀 국제결혼이주여성의 초국가적 행태에 관한 연구." 『동
　　남아시아연구』 20(2): 31-72.

김두섭(2006). "한국인 국제결혼의 설명틀과 혼인 및 이혼신고자료의 분석." 『한
　　국인구학』 29(1): 25-56.

김민정(2007). "한국 가족의 변화와 지방 사회의 필리핀 아내." 『페미니즘 연구』
　　7(2): 213-248.

김승권 외(2010). 『2009년 전국 다문화가족 실태조사 연구』. 보건복지가족부,
　　법무부, 여성부, 한국보건사회연구원.

김영옥(2007). "새로운 '시민들'의 등장과 다문화주의 논리." 『아시아여성연구』
　　46(2): 129-159.

김이선 외(2006). 『여성결혼이민자의 문화적 갈등경험과 소통증진을 위한 정책
　　과제』. 한국여성개발원.

김정선(2004). "이주노동자 남성과 한국여성의 '가족만들기'를 통해 본 지역가
　　부장제의 변형과 재구성." 『국가횡단시대 변화하는 아시아의 여성』,
　　이화여자대학교 창립 118주년 기념 학술대회 자료집.

_____(2009). 『필리핀 결혼이주여성의 귀속(being)의 정치학』. 이화여자대학교
　　박사학위 청구논문.

김현미(2006). "국제결혼의 전 지구적 젠더 정치학: 한국 남성과 베트남 여성의
　　사례를 중심으로." 『경제와 사회』 70(여름호): 10-37.

김현미·김기돈·김민정·김정선·김철효·이가원(2007). 『고용허가제 시행
　　이후 몽골과 베트남의 이주 및 국제결혼과정에 나타난 인권침해 실태
　　조사』. 국가인권위원·회.

김현재(2007). "베트남 여성의 한국으로의 결혼이민: 그 배경과 원인에 대한 고
　　찰." 『동아연구』 52: 219-254.

김현주(1999). "장남이 세대의 축인 가족관계의 변화 읽기: 세대관계와 부부관

계의 연합과 해체, 그 다섯 가지 방식." 『가족과 문화』 11(2): 1-24.

마크 칼레니코스(2010). 『우편주문신부』. 문형란 옮김. 씨네21 북스.

박홍주(2009). 「이주여성 가사노동자의 경험을 통해 본 돌봄노동의 의미구성과 변화」. 이화여자대학교 박사학위 청구논문.

설동훈(2000). 『노동력의 국제이동』. 서울대학교 출판부.

설동훈·김윤태·김현미·윤홍식·이혜경·임경택·정기선·주영수·한건수.(2005). 『국제결혼 이주여성 실패조사 및 보건, 복지지원정책방안』. 보건복지부.

설동훈·이혜경·조성남(2006). 『결혼이민자가족 실태조사 및 중장기 지원정 책방안 연구』. 여성가족부.

신명호(2006). "교육과 빈곤." 강영호 외. 『한국 사회의 신빈곤』. 한국도시문화 연구소편. 한울아카데미.

안소니 기든스(1991). 『사회이론의 주요 쟁점』. 윤병철·박병래 역. 문예출판사.

_____(1996). 『현대의 성, 사랑, 에로티시즘』. 황정미 외 역. 새물결.

_____(1998). 『사회구성론』. 간디서원.

울리히 벡. 엘리자베트 벡-게른샤임(1999). 『사랑은 지독한 그러나 너무 정상 적인 혼란』. 강수영 외 역. 새물결.

위선주(2009). 「아시아 결혼이주체제에서의 출신국 정책 연구」. 서울대학교 석 사학위청구논문.

윤인진(2003). "코리안 디아스포라: 재외한인의 이주, 적응, 정체성." 2003년도 한국사회학회 전기 사회학대회 발표문. 123-150.

윤택림(2004). 『문화와 역사연구를 위한 질적 연구 방법론』. 아르케.

윤형숙(1996). "그들과 우리 사이에서: 인류학 연구하기, 인류학자 되기." 『한 국문화인류학』. 29(1): 103-129.

_____(2005). "외국인 출신 농촌주부들의 갈등과 적응: 필리핀 여성을 중심으 로." 『지방사와 지방문화』. 8(2): 299-339.

이삼식 외(2007). 『국제결혼 이주여성의 결혼·출산 행태와 정책방향』. 한국보 건사회연구원.

이수자(2004). "이주여성 디아스포라: 국제성별분업, 문화혼성성, 타자화와 섹 슈얼리티." 『한국 사회학』. 38(2): 189-219.

이종일(2001). "질적 연구방법의 역사: 대구교육대학교 초등교육연구논총." 17(2): 277-305.

이재경(2004). "노동자계급 여성의 어머니 노릇(mothering)의 구성과 갈등: 경인 지역을 중심으로." 『사회과학연구』 12(1): 82-117.

_____(2009). "사랑과 경제의 관계를 통해 본 이주결혼." 『여성학논집』 26(1):183-206.

이해응(2005). 「중국 조선족 기혼여성의 한국 이주경험을 통해 본 주체성 변화에 관한 연구」. 이화여자대학교 석사학위 논문.

이혜경(2005). "혼인이주와 혼인이주 가정의 문제와 대응."『한국인구학』 28(1): 73-106.

이혜경·정기선·유명기·김민정(2006). "이주의 여성화와 초국가적 가족."『한국사회학』 40(4): 258-298.

임안나(2005). 「한국 남성과 결혼한 필리핀 여성의 가족관계와 초국가적 연망」. 서울대학교 석사학위 논문.

장명선·이옥경(2008). 『서울시 다문화가족 실태 및 지원체계 구축방안』. 서울시 여성가족재단.

정근식(2004). "한인 디아스포라 연구의 두 개의 진전."『황해문화』 43(여름): 352-358.

젤라이저, 비비아나. A.(2009). 『친밀성의 거래』. 숙명여자대학교 아시아여성연구소 역. 에코 리브르(원제: 『The Purchase of Intimacy』. 2005. Princeton University Press).

조성원(2000). 「외국인 노동자와 노동계층 한국여성의 결혼사례를 통해 알아본 새로운 마이너리티의 형성과 재생산」. 한양대학교 석사논문.

쯔리모토 도시코(2006). 「디아스포라로서의 주체형성을 위한 이주여성의 저항과 전략 : 한국으로 이주한 필리핀 여성들의 경험을 중심으로」. 성공회대학교 박사학위논문.

크레스웰(2005). 『질적 연구방법론』. 조홍식 외 역. 학지사.

최종렬(2009). "탈영토화된 공간에서의 베트남 이주여성의 행위전략: 은혜와 홍로안의 사랑과 결혼이야기."『한국사회학』 43(4): 107-146.

홍기혜(2000). 「중국조선족 여성과 한국 남성 간의 결혼을 통해 본 이주의 성별 정치학」. 이화여자대학교 석사학위 논문.

Ahearn, L. M. (2001). "Language and Agency." Annual Review of Anthropology. 30: 109-137.

Bakewell, Oliver. (2010). "Some Reflections on Structure and Agency in Migration Theory." *Journal of Ethnic and Migration Studies.* 36(10): 1689-1808.

Bhabba, H. K. (1994). *The location of Culture*, London. New York: Routledge. 나병철 옮김(2002). 『문화의 위치』. 소명출판사.

Belanger, D. & Tran, G. L. (2011a). "The impact if transnational migration on genderand marriage in sending communities of Vietnam." *Current sociology*. 59(1) : 59-77.

Belanger, D., Tran, G. L. & Le Bach Duong. (2011b). "Marriage migrants as emigrants: Remittances of marriage women from Vietnam to their natal families." *Asian Population Studies*. 7(2): 89-105.

Bourdieu, Pierre. (1977). *Outline of a Theory of Practice*. New York: Cambridge University Press.

Bourdieu, Pierre. (1986). "The Forms of Capital" 241-258. in *Handbook of Theory and Research for the Sociology of Education*. edited by John G. Richardson. New York: Greenwood press.

Bourdieu, Pierre. (1996). "On the Family as a Realized Category." *Theory, Culture & Society*. 13(3): 19-26.

Boyd, M. (1989). "Family and Personal Networks in International Migration: Recent Developments and New Agendas." *International Migration Review*. 23(3): 638-670.

Bryceson, D. and Ulla Vuorela. (ed). (2002). *The Transnational Family: New European Frontiers and Global Networks*. Berg.

Cohen, Jeffrey. (2001). "Transnational Migration in Rural Oaxaca, Mexico: Dependency, Development, and the Household." *American Anthropologist*. 103(4): 954-967.

Coleman, J. S. (1988). "Social Capital in the Creation of Human Capital." *American Journal of Sociology*. 94(supplement): S95-S120.

Constable, Nicole. (2003). *Romance on a Global Stage: Pen pals, Virtual Ethnography, and "mail Order" Marriage*. Berkeley. CA: University of California Press.

_____(2005). *Cross-Border Marriages: Gender and Mobility in Transnational Asia*. Philadelphia. PA: University of Pennsylvania Press.

Cox, D., J. Fetzer and E. Jimenez. (1998). "Private Transfer in Vietnam." in *Household Welfare and Vietnam's Transition*. Edited by D. Dollar, P. Glewwe and J. Litvack, Washington DC: World Bank. 179-200.

Curran, S. R. & Saguy, A. C. (2001). "Migration and Cultural Change: A Role for Gender and Social Networks?" *Journal of International Women's Studies*. 2(3) : 54-77.

Dang, N. A. (2005). "Enhancing the development Impact of migrant remittances and diaspora: the case of Viet Nam." *Asian-Pacific Population Journal*. 20(3): 111-122.

Faist, T. (2000). "Transnationalization in International Migration: Implications for the

Study of Citizenship and Culture." *Ethnic and Racial Studies*. 23(2): 189-222.

Freeman C. (2005). "Marrying up and Marrying Down: The Paradoxes of Marital Mobility for Chosonjok Brides in South Korea." in *Cross-Border Marriages: : Gender and Mobility in Transnational Asia*. Edited by Constable. N. PA: University of Pennsylvania Press.

Friedman, J., J. Knodel, B. T. Cuong and T. S. Anh. (2003). "Gender dimensions of support for the elderly in Vietnam." *Research on Aging*. 25(6): 587-630.

Foner, Nancy. (1997). "The Immigrant Family: Cultural Legacies and Cultural Changes." *International Migration Review*. 31(4): 961-974.

Glenn E. Nakano. (1991). "Cleaning Up/Kept Down: A Historical Perspective on Racial Inequality in Women's Work." *Stanford Law Review*. 43.

Glick Schiller, N,, Linda Bashe, and Cristina Blanc-Szanton. (1992). *Towards a transnational perspective on migration: race, class, ethnicity, and nationalism reconsidered*. NY: New York Academy of Sciences.

Goodkind, D. (1997). "The Vietnamese Double Marriage Squeeze." *International Migration Review*. 31(1): 108-127.

Harbison, S. F. (1981). "Familty Structure and Family Strategy." in *Migration Decision Making: Multidisciplinary Approaches to Microlevel Studies in Developed and Developing Countries*. Edithed by DeJong. G. F, and R. W. Gardner, New York: Pergamon Press.

Hareven, T. K. (1987). "Family History a the Crossroads." *Journal of Family History*. 12(1-3): 9-23.

Hay, M. C. (2005). "Women Standing Between Life and Death: Fate, Agency, and the Healers of Lombok." in *The Agency of Women in Asia*. Edited by Lyn Parker. Marshall Cavendish.

Hugo, G. (2005). "The New International Migration in Asia." *Asian Population Studies*. 1(1): 93-120.

Johnson, P. J. (2003). "Financial Responsibility for the Family: The Case of Southest Asian Refugees in Canada." *Journal of Family and Economis Issues*. 24(2): 121-142.

Jones, G. W. (1997). "The Demise of Universal marriage in East and South-East Asia." in *The Continuing Demographic Transition*. Edited by G. W. Jones, R. M. Douglas, J. C. Caldwell, & R. M. D'Souza. Oxford: Claredon Press.

Jones, G. W. & Hsiu-hua Shen. (2008). "International marriage in East and South Asia

: trends and research emphases." *Citizenship Studies*. 12(1): 9-25.

Jones, G. W. (2012). "International Marriage in Asia: What Do We Know, and What Do We Need to Know?" Asia Research Institute Working Paper Series No. 174. Asia Research Institute National University of Singapore.

Jongwilaiwan R. and Eric C. Thompson. (2011). "Thai Wives in Singapore and Transnational Patriarchy." *Gende, Place and Culture*.: 1-19.

Kandiyoti, Deniz. (1988). "Bargaining with Patricachy." *Gender and Society*. 2(3): 274-290.

Kao, G. and Jennifer S. Thompson. (2003). "Racial and Ethnic Stratification in Educational Achievement and Attainment." *Annual Review of Sociology*. 29 : 417-442.

Knodel, John., Vu Manh Loi, Rukmalie Jayakody and Vu Than Huy. (2005). "Gender Roles in The Family Change and Stability in Vietnam." *Asian Population Studies*. 1(1): 69-92.

Kibria, Nazli. (1990). "Power, Patriarchy, and Gender Conflict in the Vietnamese Immigrant Community." *Gender and Society*. 4(1): 9-24.

Kim, Andrew Eungi. (2009). "Global migration and South Korea: foreign workers, foreign brides and the making of a multicultural society." *Ethnic and Racial Studies*. 32(1): 70-92.

Kim, Hyuk-Rae and Ingyu Oh. (2011). "Migration and Multicultural Contention in East Asia." *Journal of Ethnic and Migration Stuides*. 37(10): 1563-1581.

Lareau, Annette. (2002). "Invisible Inequality: Social Class and Childrearing in Black Families and White Families." *American Sociological Review*. 67(October): 747-776.

_____ (2011) *Unequal Childhoods*. 2nd (ed). University of California Press.

Levitt, Peggy and Mary C. Waters (ed) (2002). *The Changing Face of Home*. Russell Sage Foundation.

Levitt, P., Josh DeWind and Steven Vertovec. (2003). "International Perspectives on Transnational Migration: An Introduction." *International Migration Review*. 37(3): 565-575.

Lee, Everett, S. (1966). "A Theory of Migration." *Demography*. 3(1): 47-57.

Lee, Hye-kyung. (2008). "International Marriage and the State in Sourth Korea: · Focusing in Governmental Policy." *Citizenship Studies*. 12(1): 107-123.

Lucas, Robert, R. B. and Oded Stark. (1985). "Motivation to Remit: Evidence from

Botswana." *The Journal of Political Economy*. 93: 901-918.

MacLeod, Jay. (1995). *Ain't No Makin' It: Aspirations and Attainment in a Low-Income · Neighborhood*. Westview Press.

Massey, D. S., Alcrcon, R., Durand, J. and Gonzales. (1987). *Return to Aztlan: The Social Precess of International Migration from Western Mexico*. Berkeley: University of California Press.

Massey, D. S., Arango, J., Hugo, G. and Taylor, J. E. (1993). "Theories of International · Migration: A Review and Appraisal." *Population and Development Review*. 19(3): 431-466.

Massey, D. S. et al. (2005). *World in Motion*. *Oxford*: NY: Clarendon Press.

Martin, H. P. & Harald Schumann. (1997). 강수돌 역. 『세계화의 덫』. 영림카디널.

Mies, Maria. (1998). *Patriarchy and Accumulation on a World Scale: Women in the International Division of Labour*. London and New York: Zed Books Ltd.

Minjeong, Kim. (2009). "Gendering Marriage Migration & fragmented citizenship formation." A Dissertation Submitted to the University of Albany, State University of New York. The Requirements for the Degree of Doctor of Philosophy.

Nakamatsu, T. (2003). "International Marriage through Introduction Agencies: Social and Legal Realities of 'Asian' Wives of Japanese Men." in *Wife or Worker?* Edited by Nicola Piper and Mina Roces, Rowman & Littlefield Publisher. Inc.

_____ (2005) "Faces of 'Asian Brides': Gender, race, and class in the representations of immigrant women in Japan. *Women's Studeis International Forum*. 28: 405-417.

_____ (2005b) "Complex Power and Diverse Responses: Transnational Marriage Migration and Women's Agency." in *The Agency of Women in Asia*. Edited by Lyn Parker. Marshall Cavendish.

Ogbu, J. U. (1987). "Variability in Minority School Performance: A Problem in Search of an Explanation." *Anthoropology & Education Quarterly*. 18(4): 312-334.

Ong, Aihwa. (1999). *Flexible Citizenshio: The Cultural Logics of Transnationality*. Durham. N.C.: Duke University Press.

Ortner, S. B. (1995). "Resistance and the Problem of Ethnographic Refusal." *Comparative Studies in Society & History*. 37(1): 173-193.

Osaki, K. (2003). "Migrant Remittances in Thailand: Economic Necessity or Social Norm?" *Journal of Population Research*. 20(2): 203-222.

Oxfeld, Ellen. (2005). "Cross-Border Hypergamy? marriage Exchanges in a Transnational Hakka Community", in *Cross-Border Marriages: Gender and Mobility, in Transnational Asia*. Edited by Nicole Constable. Philadelphia. PA: University of Pennsylvania Press.

Parker, Lyn (ed). (2005). *The Agency of Women in Asia*. Marchall Cavendish International Private Limited.

Parrenas, Rhacel Salazar. (2001). *Servants of Globalization: Women, Migration, and Domestic Work*. Stanford: Standford University Press. 문현아 역(2009), 『세계화의 하인들』, 여이연.

Piore, Michael, J. (1979). *Birds of Passage: Migrant Labor and Industrial Societies*. NY: Cambridge University Press.

Piper, Nicola and Mina Roces. (2003). *Wife or Worker? Asian Women and Migrarion*. Anham: Rowman & Littlefield Publishers. Inc.

Piper, Nicola. (2006). "Gendering the politics of migration." *International Migration Review*. 40(1): 33-164.

_____ (2008). "Feminisation of Migration and the Social Dimensions of Development: the Asia Case." *Third World Quarterly*. 29(7): 1287-1303.

Portes, Alejandro. (1997). "Immigration Theory for a New Century: Some Problems and Opportunities." *International Migration Review*. 31(4): 799-825.

_____ (2003). "Conclusion: Theoretical Convergencies and Empirical Evidence in the Study of Immigrant Transnationalism." *International Migration Review*. 37(3): 874-892.

_____ (2007) "Migration, Development and Segmented Assimilation: A Conceptual Review of tth Evidence." *Annals of the American Academy of Politics and Social Science*. 610: 73-97.

Portes, A., Mcleod, S. A., and Robert N. Parker. (1978). "Immigrant Aspiratons." *Sociology of Education*. 51(October).: 241-260.

Portes, A., Luis E. Guarnizo, and Particia Landolt. (1999). "The study of Transnationalism: Pitfalls and Promise of an Emergent Research Field." *Ethnic and Racial Studies*. 22(2).: 217-237.

Portes, A., & Rumbaut, R. (2005). "Introduction: The second generation and the children of immigrants longitudinal study." *Ethnic and Racial Studies*. 28(6): 983-999.

Portes, A., & Rumbaut, R. (2006). *Immigrant America: A portrait* (3rd ed.). Berkeley

: University of California Press.

Portes, A. & John Walton. (1981). *Labor, Class and the International System*. New York: Academic Press.

Robinson, K. (2007). "Marriage Migration, Gender Transformation, and Family Values in the 'Global Ecumene'" *Gender, Place and Culture*. 14(4): 483-497.

Sassen, S. (2002). "Global Cities and Survival Circuits." in *Global Women: Nannies, Maids, and Sex Workers in the New Economy*. Edited by Barbara Ehrenreich and Arlie Russell Hochschild. NY: Metropolitan Book.

Shim Young-Hee and Sang-Jin Han. (2010). "Family-Oriented Individualization and Social Modernity." *Soziale Walt*. 61: 237-255.

Soucy Allexander. (2001). "Romantic love and gender hegemony in Vietnam." in *Love, sex and power: Women in Southeast Asia*. Edited by Susan Blackburn. Clayton: Monash Asia Institute.

Suzuki, Nobue. (2003). "Of Love and the Marriage Market: Masculinity Politics and Filipina-Japanese Marriages in Japan." In *Men and Masculinities in Comporary Japan*. Edited by Roberson, J. E. and Nobue Suzuki. London: Routledge 91-108.

_____ (2005) "Tripartite Desires: Filipina-Jaanese Marriages and Fantasies of Transnational Traversal." in *Cross-Border Marriage*. Edited by Nicole Constable, University of Pennsylvania Press. 124-144.

Swell, William H. (1992). "A Theory of Stucture: Duality, Agency, and Transformation." *American Journal of Sociology*. 98(1): 1-29.

Taylor, J. Edward. (1999). "The new economics of labour migration and the role of remittances in the migration process." *International Migration*. 37(1). p.63~88.

Thai H. C. (2005). "Clashing Dreams in the Vietmanes Disapora: Highly Educated Oversesas Birdes and Low-Wage U.S. Husbands." in *Cross-Border Marriages: Gender and Mobility, in Transnational Asia*. Edited by Nicole Constable. Philadelphia. PA: University of Pennsylvania Press.

_____ (2006). "Money and Masculinity among Low Wage Vietnamese Immigrants in Transnational Families." *International Journal of Sociology of the Family*. 32(2) : 247-271.

_____ (2012) "The dual roles of transnational daughters and transnational wivers : monetary intentions, expectations and dilemmas." *Global Networks*. 12(2) : 216-232.

Trask, Bahira S. (2010). *Globalization and Families: Accelerated System Social Change*. New York: Springer.

United Nations. (2010). "International migration and development." in General · Assembly 65th session.

Vertocec, Steven. (2004). "Migrant Transnationalism and Modes of Transformation." *International Migration Review*. 38(3): 970-1001.

Wallerstein, Immanuel. (1984). "Household-Structures and Labor-Force Formation in the Capitalist World-Economy." in Households and the World Economy. Edited by Smith, Wallerstein, and Evers. Beverly Hills: Sage.

Wang, Hong-zen. (2007). "Hidden Spaces of Resistance of the Subordinated: Case Sudies from Vietnames Female Migrant Partners in Taiwan." *International Migration Review*. 41(3): 706-727.

Wang, Hong-zen & Chang, Shu-ming. (2002). "The commodification of international marriage: Corss-border marriage business in Taiwan and Viet Nam." *International Migration*. 40(6): 93-116.

Wang, Yi-Han. (2010). "From Farming Daughters to Virgin Brides: Representation of Wives Immigrant Wives in Taiwan." *Gender, Technology and Deveiopment*. 14(2): 217-239.

Williams, Lucy. (2010). *Global Marriage: Cross Border Marriage Migration in Global Context*. Palgrave: Macmillan.

Williams, Lindy. (2009). "Attitudes toward marriage in northern vietnam: What qualitative data reveal about variations across gender, generation, and geography." *Journal of Population Research*. 26(4): 285-304.

World Bank. (2011). *Migration and Remittances Factbook*. 2nd (ed).

Wucker, Michele. (2004). "Remittances: The perpetual Migration Machine." *World Policy Journal*. 21(2): 37-46.

기타자료: 신문자료 및 인터넷

국민일보. 2012. 1. 3일자. "국제결혼 '집단맞선' 금지."

국민일보. 2012. 5. 21일자. "무너지는 다문화 가정 '눈물짓는 아이들……' 이혼 가정 자녀 7년 새 3배 증가."

내일신문. 2007. 7. 5일자. "국제결혼 지원조례 중단하라."

동아일보. 2011. 5. 11일자. "농어촌 총각 작년 3명 중 1명 국제결혼."

문화일보. 2012. 5. 10일자. "처녀 총각 하루에 100만 명 동시 매칭…… '세상에!'"
서울신문. 2011. 9. 14일자. "한국 여성도 사기결혼에 운다."
연합뉴스. 2012. 2. 17일자. "베트남 신부 맞이 까다로워질 듯."
한겨레신문. 2011. 6. 7일자. "국내거주 외국인 5년 새 2.5배로."
한겨레신문. 2012. 3. 17일자. "다문화 가정 60%, 월 200만 원 못 번다."
한겨레신문. 2012. 4. 20일자. "국제결혼이 줄고 있다?"
한겨레신문. 2012. 5. 16일자. "왕따에 분노…… '푸른 눈' 17살, 주택가·학교
    에 화염병."

통계청 홈페이지 http://www.kosis.kr
법무부 홈페이지 http://www.moj.go.kr
출입국외국인정책본부 http://www.immigration.go.kr
여성가족부 홈페이지 http://www.mogef.go.kr
인구보건복지협회 http://www.ppfk.or.kr
World Bank http://www.worldbank.org
UN http://www.un.org

부록: 연구 참여자 특성

	구분/통역*	세부구분	이름(나이)	학력	직업	결혼연도	자녀 수/연령	만남형식	초혼재혼	기타
1	부부	가-1	가영(25세)	7학년	주부	2008	2명(3, 1)	소개업소	초혼	친정어머니 산후조리
2		가-2	김진기(46세)	.	건축 일용직				초혼	장남
3		나-1	나영(26세)	중졸	주부	2009	1명(2)	소개업소	초혼	시어머니 동거
4		나-2	김진교(45세)	고졸	건축 일용직				초혼	장남
5	*	다-1	다영(26살)	8학년	주부/공장	2006	1명(2)	소개업소	초혼	친언니 대만인과 결혼
6		다-2	김진수(50)	고졸	운전 기사				재혼	
7		라-1	라영(34)	8학년	주부/공장	2002	2명(9, 7)	연애	초혼	시어머니 동거
8		라-2	김진석(56세)	중졸	일용직				초혼	장남
9		마-1	마영(27세)	고졸	주부	2005	2명(6, 4)	소개업소	초혼	소영과 베트남 친구
10		마-2	김진배(43세)	고졸	아파트 관리실				초혼	
11	*	바-1	보영(41세)	중졸	주부	2006	2명	개인소개	초혼	여동생 프랑스인 결혼
12		바-2	김진영(47)	대학중퇴	공무원, 장애인				재혼	어머니 동거
13		사-1	수영(24세)	8학년	주부	2008	1명(3)	소개업소	초혼	시어머니 동거
14		사-2	김진철(46세)	고졸	신문 배달				초혼	장남
15		아-1	우영(43세)[85]	중졸	주부	2008	2명(16, 2)	교회	재혼	전 남편 사별
16		아-2	김진태(43세)	고졸	컨테이너 수리				초혼	장남

	구분/ 통역*	세부 구분	이름 (나이)	학력	직업	결혼 연도	자녀 수 /연령	만남 형식	초혼 재혼	기타
17	*	자-1	주영 (39세)	고졸	주부	2007	1명 (5,임신 중)	개인 소개	초혼	산업연수생
18		자-2	김진혁 (42세)	초대졸	택배				초혼	
19	*	차-1	차영 (42세)[86]	초대졸	주부	2008	2명 (16, 2)	개인 소개	재혼	이모가 한국인과 결혼
20		차-2	김진훈 (53세)	초졸	건축 일용직				초혼	
21	여성	A1	하늘 (29세)	고졸	주부	2006	1명 (4)	연애	초혼	시부모 동거 후 분가
			배우자 (45세)	대졸	회사원					장남
22	여성	A2	보람 (22세)	고졸	주부	2009	임신 중	소개 업소	초혼	쉼터 입소 중
			배우자 (48세)		무직 장애인					어머니 동거
23	여성*	A3	소라 (29세)	대학 중퇴	주부	2007	자녀 없음.	소개 업소	초혼	시아버지, 시동생 동거
			배우자 (44세)	고졸	청원 경찰					장남
24	여성*	A4	해림 (22세)	초졸	주부	2008	1명 (2)	소개 업소	초혼	산후조리 친정엄마 오심.
			배우자 (41세)	대학 중퇴	회사원					
25	남성	A5	김상진 (41세)	고졸	회사원	2010	자녀 없음.	소개 업소	초혼	혈액암 투병 중
			배우자 (24세)	대졸	주부				초혼	친언니, 한국인과 결혼
26	여성	A6	보라 (32세)	고졸	주부	2006	1명 (5)	소개 업소	초혼	시어머니 동거
			배우자 (48세)	고졸	사업					장남

---

85) 전 한국인 남편과의 사이의 아들.

86) 전 베트남 남편과의 사이의 딸.

	구분/ 통역*	세부 구분	이름 (나이)	학력	직업	결혼 연도	자녀 수 /연령	만남 형식	초혼 재혼	기타
27	여성	A7	사랑 (31세)	초졸	주부	2002	3명 (9, 5, 4)	소개 업소	초혼	시동생 베트남 여성과 결혼
			배우자 (50세)	고졸	공무원					장남, 어머니 동거
28	여성*	A8	소망 (27세)	고졸	주부	2008	2명 (3, 2)	개인 소개	초혼	큰아빠 이주노동자
			배우자 (49세)		유리 기술자				초혼	
29	여성*	A9	진실 (24세)	7학년	주부	2008	2명 (3, 2)	소개 업소	초혼	
			배우자 (35세)	고졸	정비				초혼	
30	여성	A10	초록 (29세)	고졸	생산직	2001	1명 (9)	소개 업소	초혼	남편과 갈등 여동생 한국인과 결혼
			배우자(5 3세)	고졸	건축 일용직				초혼	장남
31	여성*	A11	아름(28 세)	중졸	주부/부업	2011	자녀 없음·	소개 업소	재혼	남편과 갈등
			배우자(5 2세)	고졸	화물				재혼	필리핀인과 이혼
32	남성	A12	김철진(4 5세)	고졸	건물 관리	2010		소개 업소	초혼	부모 동거
			배우자				1녕 (2)		초혼	
33	여성	A13	소정(39 세)	대졸	상담사	1994	2명 (11, 9)	개인 소개	초혼	산업연수생
			배우자	고졸	자영업				초혼	
34	여성	A14	노영(30 세)	초졸	주부/부업	2005	1명 (7)	친언 니 소개	초혼	친언니 한국인 결혼
			배우자(3 8세)		물류직					어머니 동거
35	여성	A15	소영(22 세)	고졸	상담, 통역	2003	3명 (8, 7, 6)	연애	초혼	동거 후 분가
			배우자(4 7세)	대졸	신문 기자				초혼	장남

	구분/ 통역*	세부 구분	이름 (나이)	학력	직업	결혼 연도	자녀 수 /연령	만남 형식	초혼 재혼	기타
36	여성	A16	희망 (39세?)	초대졸	상담, 통역	1996	2명 (14, 6)	연애	초혼	이혼 갈등
			배우자	고졸	일용직					
37	여성*	A17	희영 (25세)	고졸	주부	2007	2명 (5세, 3세)	소개 업소	초혼	
			배우자 (43세)	고졸	회사원				초혼	
38	여성	A18	수정 (44세)	대졸	상담, 통역	1998	2명 (14, 12세)	연애	초혼	산업연수생
			배우자	고졸	용접				초혼	
39	여성	A19	보석 (32세)	초졸	미싱일	2004	1명 (7세)	소개 업소	초혼	이혼 국적신청 중
			전 남편 (55세)		기사				재혼	재혼함.
40	여성	A20	진주 (21세)	고졸	생산직	2008 2010	자녀 없음.	소개 소 개인 소개	재혼	이혼함. 두 번째 이혼 소송 중
			배우자		농사				초혼	지적장애 신체장애
41	여성	A21	진취 (28세)	중졸	자영업	2002	2명 (8세, 6세)	소개 업소	초혼	고졸 검정 고시 합격
			배우자	검정 고시	자영업					장남

	보조사례	구분	이름	학력	직업	결혼 연도	자녀 수 (나이)	국적	만남 형식	초혼 재혼	비고
46	부부	B-5	예인 (41세)	대졸	영어 강사	2004	자녀 없음.	필리핀	개인 소개	재혼	이혼 갈등
47		B-6	김한수	고졸	생산직			한국		초혼	
48	개별 (남)	B-7	김형철 (40세)	고졸	조리사	2005	2명 (6,4)	우즈베 키스탄	소개 업소	초혼	처남 초청
			배우자 (34세)	고졸	주부			한국		초혼	
49	개별 (여)	B-8	스칼라 (39세)	대졸	생산직	1992	2명 (15, 8)	콩고	연애	초혼	父프랑 스인
			배우자	고졸	해외 거주			한국		초혼	장남
50	개별 (여)	B-9	수마 (31세)		생산직	2009	자녀 없음.	네팔	연애	초혼	취업 중
			배우자	사별							

글로벌 이주와
초국가적
가족유대

초판인쇄 2014년 3월 21일
초판발행 2014년 3월 21일

지은이 김혜선
펴낸이 채종준
펴낸곳 한국학술정보㈜
주소 경기도 파주시 회동길 230(문발동)
전화 031) 908-3181(대표)
팩스 031) 908-3189
홈페이지 http://ebook.kstudy.com
전자우편 출판사업부 publish@kstudy.com
등록 제일산-115호(2000. 6. 19)

ISBN 978-89-268-6125-7 03330

이담 ㅅcooks 는 한국학술정보(주)의 지식실용서 브랜드입니다.